商业伦理与道德

段 婕 高 雪 编

西北工业大学出版社

西 安

【内容简介】 本教材内容分为两部分:第一部分是基础理论,学生可以从伦理与道德的关系入手,认识商业伦理、商业道德、商业活动中的伦理与道德以及商业伦理与商业文化。第二部分是实践应用,主要介绍商业竞争中的伦理与道德问题、国际经营中的伦理与道德问题、人工智能下的伦理与道德问题。本教材注重基础理论与实践应用的结合、理论与案例的结合,并将思政要素融入各章节的学习中,既便于理论学习,也便于课堂讨论和课后拓展。

本教材既可以作为普通高等学校经济类、管理类专业的本科生教材,也可以为从事商业活动的相关人士提供参考。

图书在版编目(CIP)数据

商业伦理与道德 / 段婕,高雪编. — 西安 :西北工业大学出版社,2024.11
ISBN 978 - 7 - 5612 - 9167 - 2

Ⅰ. ①商… Ⅱ. ①段… ②高… Ⅲ. ①商业道德-研究 Ⅳ. ①F718

中国国家版本馆 CIP 数据核字(2024)第 033386 号

SHANGYE LUNLI YU DAODE
商 业 伦 理 与 道 德
段婕 高雪 编

责任编辑:李文乾		策划编辑:李阿盟	
责任校对:马婷婷		装帧设计:高永斌 李 飞	

出版发行:西北工业大学出版社
通信地址:西安市友谊西路 127 号　　邮编:710072
电　　话:(029)88491757,88493844
网　　址:www.nwpup.com
印　刷　者:西安五星印刷有限公司
开　　本:787 mm×1 092 mm　　　1/16
印　　张:12
字　　数:300 千字
版　　次:2024 年 11 月第 1 版　　2024 年 11 月第 1 次印刷
书　　号:ISBN 978 - 7 - 5612 - 9167 - 2
定　　价:68.00 元

前　言

随着时代的发展和新技术的产生,明显落后于时代的经营思想和产品,如不与互联网结合的产品正逐渐被市场所淘汰一样,必将被世界所淘汰。技术革新是促进商业伦理重构的重要因素之一。与技术创新同时更新的,还有人们对自然的认知、对生命的倍加珍惜、对市场的重新适应等,这些都催生消费者的审美取向和购物方向发生根本性的改变。野菜在生活困难时期是人们为了饱腹不得不吃的食物,而在物质充裕时代则成为桌上受食客欢迎的佳肴;过去千万人想从农村奔向城市,而今却有更多的人选择到农村养老,以远离城市的拥挤和嘈杂。

商业伦理从来都是时代的产物,有什么样的商业交往价值观和审美需求,就会产生什么样的商业伦理。商业伦理作为市场社会自然的道德调节机制,从来都是随着时代的变化而变化的。企业在适应商业伦理的变化过程中,也做着自己的选择。企业的选择也反作用于商业伦理的变化,让商业伦理呈现新的表现形式。商业伦理存在于日常交易和生活之中,又不时被各类企业所重构。

习近平新时代中国特色社会主义思想提出了支持企业发展、弘扬企业家精神的新思想、新提法、新举措,使社会主义市场经济体制机制更加健全完善,为新时代企业践行商业伦理创造了有利的政策环境,也为企业商业行为划出了红线。企业家只有在企业经营管理中积极践行新时代商业伦理,弘扬企业家精神,才能实现企业的高质量发展,可持续地创造经济效益和社会效益。

本教材在查阅与研究中外大量文献资料的基础上,结合国内外社会经济生活中的诚信缺失情况以及突出的商业伦理问题,分析了商业伦理、商业道德、商业活动中的伦理与道德、商业伦理与商业文化,重点论述了商业竞争中的伦理与道德问题、国际经营中的伦理与道德问题、人工智能下的伦理与道德问题。本教材适合大、中专商业院校进行职业道德教育,也适合各企业对员工进行职业道德培训。

本教材由段婕负责编写基础理论部分和第八章内容,高雪负责编写实践应用部分的第六、七章内容。

由于商业伦理学在我国是一门新兴学科,加之笔者水平有限,本教材难免存在不妥之处,敬请有关专家和读者批评指正。

编　者

2024 年 8 月

目　录

实 践 应 用

基础理论

第一章 导 论

【开篇案例】福特和通用汽车公司被判天价惩罚性赔偿

1978年,三名美国少女乘坐福特汽车公司 Pinto 牌汽车出行时被另一辆车撞击汽车尾部,汽车起火后三位少女全部被烧死。福特汽车公司因该车型存在安全问题被控过失杀人。虽然陪审团最后认定公司没有犯罪,但人们普遍认为公司负有道德责任。同样的悲剧此后数次发生。1981年,詹姆斯先生驾驶的 Pinto 牌汽车途中起火爆炸,导致其子严重烧伤。这一次,幸运不再站在福特汽车公司这边。在"詹姆斯诉福特汽车公司案"的法庭调查中,公司的一份内部文件曝光。该文件显示公司事前已经知道 Pinto 牌汽车存在安全隐患,并对是否处理该隐患进行过损益分析。

估算结果显示:改进 Pinto 牌汽车安全性能的成本为 11 美元/车,预期可能减少死亡人数和严重烧伤人数均为 180 人。按照当时的标准——死亡赔付 20 万美元/人、严重烧伤赔付 6.7 万美元/人、汽车损失 700 美元/车进行测算,对 1 250 万辆 Pinto 牌汽车进行改进的成本约为 13 750 万美元,而收益为 4 950 万美元。据此,福特汽车公司决定不进行召回。在随后的几年中,也没有做出召回决定。

与福特汽车公司的情况相似,通用汽车公司也曾对是否改进雪佛兰汽车油箱和后保险杠之间距离过短容易引起爆炸事故的问题进行过内部成本测算,测算的结果是安装改进设备的成本是 8.5 美元/车,按照事故概率估算的赔付成本为 2.4 美元/车。与福特汽车公司一样,通用汽车公司也没有针对安全问题及时加以改进。福特和通用汽车公司作为美国最重要的汽车制造商,其内部文件曝光后,公司被视为为获取利润而无视消费者的生命安全,因而受到广泛指责并深陷法律诉讼之中。一位原诉人指出,对这些公司而言,消费者只是数据,是统计数据而已。

最终,在詹姆斯对福特汽车公司的诉讼案中,法庭认为公司严重蔑视被害人的价值,刻意漠视他人安全,判决福特汽车公司赔偿受害人惩罚性赔偿金 1.25 亿美元。在数百起针对通用汽车公司的法律诉讼中,最为著名的是"安德森诉通用公司案"。1999 年,法庭判决通用汽车需向 6 位雪佛兰车祸受害人支付 1.07 亿美元的补偿性赔偿和高达 48 亿美元的惩罚性赔偿。

(资料来源:于惊涛,肖贵蓉.商业伦理理论与案例[M].北京:清华大学出版社,2012.)

问题:福特和通用汽车公司的问题是损益分析引起的吗? 如果你是当时的决策者,会如何思考?

第一节　伦理与道德

习　语

没有良好的道德品质和思想修养,即使有丰富的知识、高深的学问,也难成大器。

——习近平《之江新语》(浙江人民出版社,2007 年)

孔子倡导"君子爱财,取之有道"。这种财富获取方式,反对以"不义"的方式求取财富。古希腊哲学家苏格拉底教育人们追求一种理性的、有伦理的智慧生活,提出"未经审视的生活是不值得过的"。这句广为流传的名言,被视为西方伦理思想的发端。可见,中外哲人很早就认识到,商业行为必须用伦理、道德进行约束和规范。

一、伦理

在系统地解释商业伦理的价值和意义之前,有必要对"伦理"的概念进行详细分析。同时,还需要对与"伦理"密切相关的概念,即"道德"进行分析,比较其与"伦理"之间的差异。

(一)伦理的概念

伦理这个词来自希腊文,本指品格。道德则来自拉丁文,意思是习俗或礼仪。伦理更多地指人与人之间的关系,而道德比较适合描述个人的品格。伦理是指人类在社会生活中所遵守的行为规范和价值观,它涉及道德、法律、信仰等多个方面。伦理的核心是道德,即人们对于对与错、善与恶的判断和行为准则。伦理之所以被视为秩序的关键,其核心就在于它能够指导人际交往。好的伦理规范诸如信任、诚实、忠诚、公平等,是人际交往所必须遵从的基本原则和标准。

所谓伦理学,就是对道德、道德问题及道德判断所做的哲学思考,为哲学的一部分,故伦理学又称为道德哲学。道德与伦理,这两个词在中国历史上很早就已出现,如《礼记·乐记》有:"乐者,通伦理者也。"伦理学研究的就是伦理,或者说人伦之理、做人之理。孟子所说的五伦,即"父子有亲,君臣有义,夫妇有别,长幼有序,朋友有信",他认为"人行逸居而无教,无异于禽兽",因而提出"教人以人伦"。

(二)伦理的本质

伦理的本质属性是道德,即伦理是关于道德的原则和规范。伦理道德关注的是人与人之间的相互关系以及在这种关系中所体现出的价值判断和行为选择。伦理道德是社会生活的基础,对于维护社会秩序、促进人类和谐共处具有重要意义。基于这些基本原则,人类建立了一系列的权利、义务和责任观,从而成为规定社会关系的结构框架。

(1)社会性。伦理是在社会生活中产生和发展的,旨在调整人与人之间的相互关系。它反映了社会共同的价值观、道德观和行为规范,是社会秩序的维护者。

(2)价值性。伦理关注的核心问题是价值的判断和选择。它涉及对善恶、对错、美丑等价值的评判,以及在此基础上的行为选择。

(3)规范性。伦理具有规范性,即它为人们的行为提供准则和标准。伦理可以引导人们在社会生活中遵循一定的行为准则,维护社会秩序稳定。

(4)实践性。伦理是人们在实际生活中不断探索、实践和发展的,随着社会的发展和人类认识水平的提高而不断丰富和发展。

(5)普遍性与特殊性。在不同的文化、历史和社会背景下,伦理具有一定的共性。然而,伦理观念在特定背景下也具有特殊性,需要考虑地域、民族、宗教等因素。

(三)伦理学的重要概念

1. 价值

价值原是经济学中的一个词,系指物品的用途,有使用功能的物品具有价值,而无使用功能的物品则无价值。有时,价值是指交换物品时的价值,例如游牧民族可用 1 头牛换 10 只羊,市场上 100 元可买一斤半牛肉。随着社会的发展,价值已广泛地使用在社会学、政治学、文学、哲学及其他科学。

伦理学常以工具性价值、内在价值和固有价值来判断万物是否有道德价值、是否与人类有伦理关系。

工具性价值是指某个物体的价值,仅可作为一种工具以达到人的目的,例如一块木头可以用于制作桌椅、一块砖头可以用于建造围墙。一个物体具有的内在价值是它本身有价值而非其可供使用的特征。

内在价值是认识的而不是赋予的价值,人们常常用工具性价值来衡量所有事物的内在价值。例如,夕阳的美丽令人心旷神怡,书中的知识能满足人的求知欲望,可见夕阳和书都有内在价值。当某个事物或某种状态能直接给人或有意识的存在物带来愉快的体验时,这种事件或状态就被认为具有内在价值。例如,假期可以给人带来愉快的体验和良好的收获,因此,假期对人来说具有内在价值。

固有价值就是人类将价值置于一个物体或地点,例如艺术品和历史古迹,认为这些应被保存,并不是因为它具有用途或商业价值,而是它们具有美感和历史的重要性或文化上的意义,要尽力去保护。

价值的基本特征主要包括客观性、主体性、社会历史性和多维性。

(1)客观性。价值的客观性是指在一定条件下,客体对于主体的意义不依赖于主体的主观意识而存在。价值作为一种客观存在,独立于人们对它的认识和评价。认识和评价可以反映价值,却不能创造也不能消灭价值。可见,价值的主体性依赖于价值的客观性,或者说,价值的主体性是以价值的客观性为前提的。

(2)主体性。价值的主体性是指价值直接同主体相联系,始终以主体为中心。价值关系的形成依赖于主体的存在,没有主体,就不存在价值关系;同一客体可能对不同主体具有不同的价值。此外,价值关系的形成还依赖于主体的创造,使客体潜在的价值转化为现实的存在。因此,主客体之间的价值关系不是一种自然的、现成的关系,而是主体在实践基础上确立的同客体之间的一种创造性关系。

(3)社会历史性。价值的社会历史性是指由于价值关系的主体具有社会性和历史性,所以人们的需要、实践以及需要满足的形式都表现出了社会性和历史性。这意味着价值会随着社会和历史的变化而变化。

（4）多维性。价值的多维性是指每个主体的价值关系具有多样性，同一客体相对于主体的不同需要会产生不同的价值。任何一个层次的主体都表现为一定的整体，由于其结构和规定性又是复杂的、立体的和全面的，所以每一主体的价值关系都具有多维性或全面性。

综上所述，这些基本特征共同构成了价值的本质，并且在不同的社会历史条件下和个人的不同需要下，会体现出不同的特性。

2. 道德者与道德病体

道德者，类似传统伦理学的道德主体概念，它指任何一种拥有一些能力的存在物，此存在物能做出道德的或不道德的行为，能够负起某些责任和承担相应义务，并对其行为后果负责。这些能力包括：判断正确和错误的能力，权衡赞成和反对某些选择的道德理由的能力，根据这种权衡的结果做出判断的能力，为实现这些决定所需的决心和意志，为自己那些尚未履行义务的行为作出解释的能力，等等。显然，并非所有人都是道德者，只有那些心理健全、具有一定理性的人才能成为道德者。

道德病体指那些不能用理性控制其行为的人，如婴儿、精神病患者、智力障碍者等。不能要求他们理解道德行为的全部含义，也不能要求他们承担其行为的道德责任。

道德者与道德病体都是道德主体，他们都有着自身的利益和目的。同时，道德主体拥有自身的内在价值或固有价值，它们都接受道德共同体成员的道德关怀。

3. 道德地位与道德关怀

道德地位是指一个存在物在道德者的道德生活中所占有的地位。也就是说，一个存在物拥有道德地位，并且仅当它是这样存在物的时候，在决定是否应该采取某个行动或接受某项政策时，会从道德上考虑这个行动或政策给该存在物所带来的影响。

道德关怀是从道德上关心具有道德地位的存在物，把道德者视为应对承担道德义务和责任的存在物。从道德上关怀道德者，意味着道德者不能仅仅把道德病体视为一种工具性的存在物，而应对其采取某些尊重的态度。拥有道德地位的存在物或是道德主体都应获得道德关怀。人类中心主义者认为，所有人类都拥有平等的道德地位，应被给予道德关怀；非人类中心主义者则认为，某些非人类存在物也拥有道德地位，并应获得道德者的道德关怀。

二、道德

（一）道德的界定

道德是指人类在社会生活中所遵守的行为规范和价值观，涉及对他人的尊重、对公平正义的维护、对个人和集体利益的平衡等多个方面。道德是人与人之间、人与社会之间相互关系的基础，对于维护社会秩序、促进人类和谐共处具有重要意义。道德不仅是社会意识形态之一，也是人们共同生活及其行为的准则和规范。道德通过社会的或一定阶级的舆论对社会生活起约束作用。

"道德"一词在汉语中可追溯到先秦思想家老子所著的《道德经》一书："道生之，德畜之，物形之,势成之。是以万物莫不尊道而贵德。道之尊,德之贵,夫莫之命而常自然。"其中,"道"指自然运行与人世共通的真理,而"德"是指人世的德性、品行、王道。在当时,道与德是两个概念,并无道德一词。"道""德"二字连用始于荀子《劝学》:"故学至乎礼而止矣,夫是之谓道德之极。"荀子认为人性本恶,因此人不可以停止学习,需要严格遵行礼法规范,才能达到道德的最高境界。《论语·学而》云:"其为人也孝弟,而好犯上者,鲜矣;不好犯上而好作乱者,未之有也。君子务本,本立而道生。"钱穆先生注解为:"本者,仁也。道者,即人道,其本在心。"可见,"道"是人关于世界的看法,属于世界观的范畴。

因此,"道德"成为对个人品性的衡量标准,被提升到一个非常之高度,其最高境界便是"圣人"。中国社会对道德的要求优先适用于"士大夫"阶层,所谓"礼不下庶民","士"成为中国社会的精神代表。

无论是东方社会还是西方社会,道德都受家庭、群体以及整个社会潜移默化的影响。个人的道德标准总是会受制于所在群体和社会,人们对何为道德、何为不道德的理解往往与其所在家庭、群体、社会的习俗和信仰分不开,因而道德往往表现出强烈的社会性。不可以强求相同的人遵循不同的道德,也不可以强求不同的人遵循相同的道德。

(二)道德的特征

(1)共同性。道德有一定的共同性,指同一社会的不同阶级,甚至不同社会的不同阶级的道德之间,由于类似或相同的经济条件、文化背景和民族心理而存在着某些类似或相同的特性。

(2)民族性。民族性是一个民族区别于其他民族的个性特征,包括民族的精神、气质、心理、感情、性格、语言、风俗、习惯、趣味、理想、传统,以及生活方式和理解事物的方式等诸多方面。不同民族间道德的原则或标准亦有所不同。

(3)阶级性。阶级社会的各种道德都是为特定的阶级利益服务的,因而都具有特定的阶级属性和特征,但也以和谐为目的。

(4)历史继承性。道德与其他观念一样,既有发展的一面,又有继承的一面。

(5)自律性。道德主体借助于对客观世界的认识,借助于对现实生活条件的认识,自愿地认同社会道德规范,并结合个人的实际情况践行道德规范,从而把被动的服从变为主动的律己,把外部的道德要求变为自己内在的自主行为。

(6)规范性。道德是调整人与人之间、人与社会之间关系的行为规范。道德的规范作用包括内、外两个方面。外在的规范作用是传统习俗和社会舆论,通过传统习俗和社会舆论,告诉人们在处理人与人、人与社会之间的关系时,应该遵循哪些原则、采取哪些行动,从而起到他律作用;内在的规范作用是内心信念和高尚追求,通过内心信念和高尚追求使自己按照道德规范行事,内心深处抵制违反道德规范的行为,从而起到自律作用。

(7)相对独立性。道德虽然由一定社会的经济基础决定,但其形成后,同其他社会意识形态一样,具有相对独立性。道德的相对独立性表现在道德的变化同经济关系的变化并不完全同步,道德的发展同经济发展水平之间具有不平衡性,道德有其自身相对独立的发展过程。

(三)道德的五大功能

1. 认识功能

道德引导人们追求至善的方向。它教导人们认识自己,对家庭、对他人、对社会、对国家应负的责任和应尽的义务,教导人们正确地认识社会道德生活的规律和原则,从而正确地选择自己的生活道路和规范自己的行为。

2. 调节功能

道德是社会矛盾的调节器。人在社会中生活总要和自己的同类发生这样那样的关系,不可避免地产生各种矛盾,这就需要通过社会舆论、风俗习惯、内心信念等特有形式,指导和纠正人们的行为,使人与人、个人与社会之间的关系臻于完善与和谐。

3. 教育功能

道德是催人奋进的引路人。它可以培养人们形成良好的道德意识、道德品质和道德行为,树立正确的义务、荣誉、正义和幸福等观念,使人们成为道德纯洁、理想高尚的人。

4. 评价功能

道德是公正的法官。道德评价是一种巨大的社会力量和人们内在的意志力量。道德是人评价社会现象、把握现实世界的一种方式。

5. 平衡功能

道德不仅调节人与人之间的关系,而且平衡人与自然之间的关系。它要求人们端正对自然的态度,调节自身的行为。

(四)道德标准

1. 道德标准的界定

道德标准亦称"善恶标准",是指判断和评价人们行为是非、善恶、荣辱的尺度。新时期的道德标准是建立在人人平等这个基础之上、以和谐为准则的,它更多地体现了个体的社会价值而不是个人价值。

2. 道德标准的特征

既然道德是一种价值的判断,那么,一般的道德标准有什么样的特征呢?如何区分道德标准与其他标准呢?普拉利和维拉凯兹对此进行了界定,描述了道德标准的5个显著特征。

(1)道德标准与人类自身重大利益密切相关。道德标准关注的是与人类共同福祉密切相关的问题。诚实、信用、善待他人、不偷窃等标准之所以被绝大多数民族视为道德标准,是因为如果没有这些共同准则作为人类社会关系的约束,人类社会将与丛林世界无异。不仅与人类自身利益相关的事物需要建立道德标准,对于动物以及生活的环境,也需要建立相应的道德标准。现代文明已将动物福利以及自然环境的保护纳入人类的道德标准并融入商业伦理中,形成了普遍性的商业规范。

(2)道德标准成立与否取决于其自身是否有充分的正当性。道德标准的建立是某个社会或社会群体共同的选择,它不是建立在权威的基础上。例如,中国人认为"己所不欲,勿施于人"是一条很重要的道德标准,而西方人也把"你想别人怎么对待你,你就怎么对待别人"

视为"道德金规"。这一道德标准,是基于人们内心深处的认同而不是法律的威严。

（3）道德标准优先于任何其他标准。道德之所以成为道德,是因为它来自人类内心对责任的认同而非利益博弈的结果。因此,当道德标准与个人或公司利益产生分歧时,道德标准具有天然的优先顺位。在道德与战略利益存在冲突时,坚持道德未必一定会损失利益;但如果允许将道德标准置于其他标准之下,那么一定会产生更为严重的问题。在极端情况下,道德与法律也可能发生冲突。第二次世界大战时期的纳粹法律与犹太民族生存权利之间的矛盾,孰是孰非已经毋庸置疑。

（4）道德标准建立在公正思考之上。虽然道德总是受到法律和人情的影响,但总体上看,道德标准具有普遍价值,不受某一群体或利益相关者损益的影响。现代文明社会与传统社会的主要差别之一在于人们承认权利平等,无论社会形态有何种差异,总是能够在差异中找到一些共同之处。共同价值观的存在,使不同社会以及不同社会成员之间能够和谐共处。

（5）道德标准经常与情感密切相连。虽然情感不等于道德,但由于道德根植于人们的内在价值,所以对于违反道德标准的行为,人们会自然而然地产生愤怒和厌恶的反应。在商业社会中,不道德行为所引发的社会厌恶同样会严重损害企业的利益。

3. 社会主义公民道德建设的要求

为加强社会主义公民道德建设,中共中央于 2001 年 9 月印发《公民道德建设实施纲要》。随后,中共中央、国务院于 2019 年 10 月印发了《新时代公民道德建设实施纲要》。这对加强公民道德建设、提高全社会道德水平,促进人的全面发展、社会全面进步具有重要作用。

《新时代公民道德建设实施纲要》中提出,"要把社会公德、职业道德、家庭美德和个人品德建设作为着力点。推动践行以文明礼貌、助人为乐、爱护公物、保护环境、遵纪守法为主要内容的社会公德,鼓励人们在社会上做一个好公民;推动践行以爱岗敬业、诚实守信、办事公道、热情服务、奉献社会为主要内容的职业道德,鼓励人们在工作中做一个好建设者;推动践行以尊老爱幼、男女平等、夫妻和睦、勤俭持家、邻里互助为主要内容的家庭美德,鼓励人们在家庭里做一个好成员;推动践行以爱国奉献、明礼遵规、勤劳善良、宽厚正直、自强自律为主要内容的个人品德,鼓励人们在日常生活中养成好品行。"

三、伦理与道德的关系

伦理主要指客观的道德法则,具有社会性和客观性;而道德是客观见之于主观的法则,主要指个人的道德修养及其结果。道德作为社会意识形态是指调节人与人、人与自然之间关系的行为规范的总和。

伦理与道德的联系在于,伦理与道德"具有社会效用",伦理与道德是"应该而非必需的非权力"规范。伦理与道德的区别在于以下三方面。

1. 辞源的不同

"伦"本义为"辈"。《说文解字》曰:"伦,辈也。"引申为"人与人之间的关系"。中国古代的"五伦"指五种人际关系:君臣、父子、夫妇、长幼、朋友。"理"本义为"治玉"。《说文解字》曰:"理,治玉也。"引申为治理和物的纹理,进而引申为规律和规则。"伦理"一方面是外在的规范,另一方面是人际关系的规律。

"道"本义为道路。《说文解字》曰:"道,所行道也。"引申为规律。所谓人道,指社会行为应该如何规则,如《礼记》云:"亲亲、尊尊、长长、男女有别,人道之大也。""德"本义为得。《管子·心术上》:"德者,得也。""德"是"外得于人,内得于己"。"道"与"德"的连用,始于《荀子·劝学篇》:"故学止乎礼而止矣,夫是之谓道德之极。""道"和"德"联系在一起的意思是:"道者,人之所共由;德者,人之所独得。""道德"一方面指外在的行为规范,另一方面指内在的行为规范。

2.概念的不同

伦理是"行为事实如何的规律"。道德是"规范在人们身上形成的心理自我品德"。

3.表现形式不同

道德是个体的立场,伦理是社会的立场;道德是内在的,伦理是外在的;道德是直接的,伦理是间接的;道德具有境界性(不同人的道德标准是有差异的),伦理具有普遍性(伦理有社会的标准);道德具有鼓励性,而伦理具有禁止性;道德具有非功利性(道德行为本身就构成了它的目的),伦理具有功利性。

四、伦理道德与其他领域的关系

(一)伦理道德与伦理学的关系

伦理学以道德现象为研究对象,不仅包括道德意识现象(如个人的道德情感等),而且包括道德活动现象(如道德行为等)、道德规范现象等。伦理学将道德现象从人类活动中区分开来,探讨道德的本质、起源和发展,道德水平同物质生活水平之间的关系,道德的最高原则和道德评价的标准,道德规范体系,道德的教育和修养,人生的意义、人的价值和生活态度等问题。其中最重要的是道德与经济利益和物质生活的关系、个人利益与整体利益的关系问题。对这些问题的不同回答,形成了不同的甚至相互对立的伦理学派别。

马克思主义伦理学将道德作为社会历史现象加以研究,着重研究道德现象中的带有普遍性和根本性的问题,揭示道德的发展规律。马克思主义伦理学建立在历史唯物主义基础之上,强调阶级社会中道德的阶级性及道德实践在伦理学理论中的意义。

伦理学的本质是关于道德问题的科学,是道德思想观点的系统化、理论化。或者说,伦理学以人类的道德问题作为自己的研究对象。伦理学要解决的问题既多又复杂,但伦理学的基本问题只有一个,即道德和利益的关系问题,或者说"义"与"利"的关系问题。这个问题包括两个方面:一方面是经济利益和道德的关系问题,即两者谁决定谁,以及道德对经济有无反作用的问题;另一方面是个人利益与社会整体利益的关系问题,即两者谁从属于谁的问题。对这一基本问题的不同回答,决定着各种道德体系的原则和规范,也决定着各种道德活动的评判标准和取向。

(二)伦理道德与法律的关系

从规范的角度讲,伦理和法律都是指导、协调、规范和控制人与人、人与社会以及人与自然的行为准则。法律是由国家权威机关制定或认可,并依靠国家强制力保证实施的行为规范体系。伦理与法律既有联系也有区别,二者相互依赖、相辅相成。

作为行为规范,既不能以法律取代伦理,也不能主张伦理而忽视法律。西方自由主义道德哲学家、诺贝尔经济学奖获得者哈耶克曾指出,"良好的社会不是简单依赖于在政府所提供的法律框架内追求私有制,相反,它应依赖于一套复杂的法律、道义传统和行为规则的框架,这套框架的特点应该为大多数社会成员所理解和认同"。也就是说,良好的社会不仅依赖法律制度,也依赖伦理道德。在西方学者看来,法律本身就是一种社会秩序,是社会秩序的天然组成部分,任何一种法律秩序都有根本性的道德需求。伯尔曼指出,"法律必须被信仰,否则它将形同虚设"。法律要发挥作用必须被信仰、被内化,尊法、守法、护法是公民素质不可或缺的重要内容,也是个人伦理认知的重要组成部分。

现代文明在张扬个人权利时放大了法律的功效而弱化了伦理的作用。在黑格尔的客观精神里,抽象法、道德和伦理是从低到高依次递进的三个范畴,这就是人们常常说的"法律是最低的道德,道德是最高的法律"。将法律置于"最低道德"的定位,这是从人性恶的角度出发,基于对人的不信任所提出的"禁止"或"应当",这样一来,法律实际上就以规则的形式将"不能为非"的最基本的道德规定下来,将人性的"恶"制度化。法律虽然确保了社会生活的基本有序,但法律所实现的公平只是针对"恶行"的公平,却无法最大限度地张扬人性善的光辉一面。

(三)伦理道德与科学技术的关系

科学技术的应用引发了一系列的伦理道德问题,造成了一些较为深远的负面影响,但是绝不能因此说科学技术的高速发展与伦理道德背道而驰,关键是如何正确理解伦理道德与科学技术的关系。科学技术只有借助伦理道德的正确引导,才能朝着有利于人类的方向健康发展。要全面深刻地把握科学技术与伦理道德的复杂关系,使科学技术与伦理道德共同促进、协调发展。

当代科技发展引发的伦理道德冲突涉及的领域更加广泛。例如:安乐死、人工授精等研究带来的生命伦理问题;网络技术带来的网络伦理问题,包括利用网络的虚拟、无序、开放等特征导致的网络犯罪、网络侵犯等;核能、核武器的和平利用引发的伦理问题;等等。

当代科技发展引发的冲突更加直接,更加尖锐。例如,高科技应用导致的生态环境污染问题,克隆技术引发的人类身份确定问题,核能的开发引发的安全以及世界和平问题,这都是直接关系人类生存和发展的最基本也是最关键的问题。

第二节 商业伦理与商业道德

习 语

国无德不兴,人无德不立。必须加强全社会的思想道德建设,激发人们形成善良的道德意愿、道德情感,培育正确的道德判断和道德责任,提高道德实践能力尤其是自觉践行能力,引导人们向往和追求讲道德、尊道德、守道德的生活,形成向上的力量、向善的力量。只要中华民族一代接着一代追求美好崇高的道德境界,我们的民族就永远充满希望。

——2013 年 11 月 24 日至 28 日,习近平在山东考察时的讲话

一、商业伦理

(一)商业伦理的内涵

随着中国经济的蓬勃发展,在市场经济领域中的商业伦理已成为社会讨论的焦点。商业伦理是社会活动中非常重要的一个领域,是一门关于商业与伦理学的交叉学科,是商业与社会关系的基础。商业伦理研究的是商业活动中人与人的伦理关系及其规律,目标是让经济活动既充满生机又有利于人类的全面健康发展,建立合理的商业道德秩序。同时,它还对社会上因经济利益而发生的贿赂、胁迫、欺骗、偷窃、歧视等现象做重点探索,以警示这些行为所造成的终极损害以及波及的一系列社会负面影响。

简单来说,商业伦理将是非之伦理应用于企业营运与管理行为。通过对商业伦理的研究,有助于理解商业在社会中与日俱增的地位和影响力;有助于理解商业不法行为的起因和结果,了解其对于个人、团体以及环境的有害性并力求改善这种状况;有助于理解商业伦理挑战性和复杂性需求的方式,提高管理者的道德决策力;有助于理解为什么经常会发生违背伦理道德的商业行为,使人有能力评估机构中不同管理方式的利与弊;有助于以一种更系统的方式理解现代社会。

(二)商业伦理的作用

1. 商业伦理促进市场经济有序运行

在市场经济下,市场调节具有自发性,商品生产者和经营者的经济活动都是在价值规律的自发调节下追求自身的利益。但一些个人或企业由于对自身经济利益的过分追求而产生了不正当的行为,比如生产和销售假冒伪劣产品等。因此,在市场经济下,除了要遵守市场规则外,还要受法律和商业伦理的约束。通过商业伦理秩序的建立,让市场经济主体自觉遵守商业伦理规范,约束不道德不合法的逐利行为,促进市场经济的有序运行。市场经济存在负外部效应等缺陷,比如企业向河流排污,造成水源污染,给下游居民的生产生活带来危害。因此,针对市场经济的负外部效应等缺陷,需要商业伦理发挥作用,约束市场主体产生负外部效应的行为,鼓励能够带来正外部效应的行为,促进市场经济健康运行。由于市场经济中存在信息不对称的问题,所以交易主体为达成交易,防止商业欺诈,存在较高的交易成本。而商业伦理秩序的建立,能增加交易主体之间的信任度,降低双方的交易成本,促进市场经济有序运行。

2. 商业伦理促进企业可持续发展

企业是商业社会运行的主体,是增加社会财富、提高居民生活水平的重要推动力量,这就需要促进企业的可持续发展,而商业伦理对于促进企业可持续发展具有重要作用。首先,商业伦理是实现企业基业长青的长期发展战略。对于企业来讲,只追求经济利益,而忽视社会利益和道德责任,只能给企业带来短期的利益。而遵守商业伦理规范,不仅能够理顺企业内部投资者、管理层、员工等利益相关者的关系,还能有效调节企业与外部竞争者、消费者、社会公众、政府的关系,确保企业生产经营活动在一个健康、有序的环境中开展,实现企业可持续发展。其次,商业伦理是企业文化的重要组成部分。企业文化可以使员工紧紧地团结在一起,形成强大的向心力和凝聚力,为实现目标而努力奋斗。良好的商业伦理能够产生正向的引导作用,对员工产生导向和激励作用,并约束员工的不道德行为,促进企业健康发展。最后,商业伦理是企业进行国际化发展的需要。随着我国对外贸易的不断发展,国际化已经成为企业发展的重要途径。而不同国家在商业伦理的遵循与理解上存在偏差,这就需要企业学习和遵循优秀的商业伦理规范,为企业国际化经营提供支持。

3. 商业伦理促进商业从业人员自我完善

在商业社会中,与金钱打交道是普遍现象,而部分从业人员在拜金主义、利己主义思想的影响下,经不起金钱的诱惑,产生以权谋私、权钱交易等腐败问题。而商业伦理教育,能够借助商业伦理规范的作用,帮助从业人员树立正确的人生观、价值观和金钱观,完善从业人员的综合素养,实现守法经营、廉洁自律、勤劳致富,从而减少各种腐败现象的发生。

(三)商业伦理的功能

商业伦理的调节功能具体体现在以下三个方面。

1. 指导功能

商业伦理具有指导主体行为的功能。商业伦理规范是以祈使句来表达的,它的典型形式是"应该如何"或"不应该如何"。这种指示或劝诫表达了社会对企业行为的期望和要求。这种期望和要求如果被主体认同,就会转变为主体的行为;即使不被主体认同,由于社会舆论的强大压力,这种期望和要求往往也会被企业和个人接受和遵循。例如,各种社会团体发动和组织各种募捐活动以援助贫困或受灾地区的做法越来越普遍,救危扶困、乐善好施的道德规范和同情心是主导这种非强制性募捐活动的驱动力。有许多企业就是出于同情心、出于对扶危济贫的道德规范的认同而自愿捐款捐物的;也有企业对频繁的募捐活动已经厌烦,但迫于道德舆论的压力,尽管不大情愿,还是捐款捐物。

2. 评价功能

根据一定的商业伦理标准,对企业主体的行为进行评价,是商业伦理的又一个重要功能。这一功能又可分解为褒扬功能和谴责功能。前者通过引起主体的自豪感和光荣感,对主体的动机和行为起激励、鼓舞的作用;后者则通过引起主体的羞愧、内疚等情感,对主体的动机和行为起抑制和纠错的作用。比如,对企业员工的行为进行道德评价,表扬遵守商业伦理准则的员工和批评违背准则的员工,激发他们的荣辱心,使他们受到商业伦理的教育并将其深植于心,从而自觉地用商业伦理规范自己的行为。

3. 教化功能

商业伦理具有引导企业行为的功能,这种引导的特点是劝善戒恶,并辅之以社会舆论的赞扬和谴责,进而作用于企业的道德情感与道德文化。这对于企业的文化、理念和行为有一种潜移默化的塑造作用,不但能够影响企业当下的动机和行为,而且能够改善企业的道德品质,提高企业的道德境界。在现实生活中,对企业的行为选择起决定性作用的往往是利益因素,但是,追求利益最大化的企业往往会与同样追求利益最大化的其他利益相关者发生冲突。无论是对企业主体行为的指导,还是对企业主体行为的评价,最后都要通过主体对自身行为的选择起作用。

(四)商业伦理的原则与标准

1. 效用原则

效用原则认为,当且仅当行为产生的总效用大于其他替代行为的总效用时,该行为合乎伦理。在企业的商业决策中,效用原则是最具影响力的一项伦理原则。例如,开会的时候,有人用手机高声地与人通话,分散了在场所有人或大多数人的注意力,这种行为就是不道德的行为。一个企业家捐资兴建了一所希望小学,使当地大多数或所有的失学儿童得以复学,这种行为就是道德的行为。如果一个行为给全体当事人都带来利益,也造成损失,但利益的总量超过了损失的总量,那么这个行为也是道德的;反之,则是不道德的。

从效用的关联性和时间维度来看,效用原则不仅要考虑当事人自身行为的直接和当前后果,而且要考虑所有可能为每个人带来的当前与可预见未来的成本、收益和任何显著的间接效应。此外,效用原则并不认为只要行为自身的收益超过了自身的成本就是正确的,因为在很多决策情境下可能有几个备选行动方案,而且每个方案的收益都大于成本。效用原则强调的是,与其他所有可能的行动方案的效用相比,应该选择能带来最大效用的行动方案。

效用原则是西方主流经济学的一个基点。比如,经济学的经济人假设认为,人类总是企图使自身效用最大化,产品效用可以用人们愿意为其支付的价格衡量,完全竞争市场能够带来帕累托最优,效用原则是成本收益分析方法的基础等。效用原则与管理学和经济学中关于效率的价值判断相一致,效率是指利用给定资源获得最大产出或利用最少资源获得要求产出。效用原则要求采取以最低成本产出最大收益的行为,也就是说在效用主义看来正确的伦理行为是效率最高的行为。效用原则也能够有效解释一般的道德准则,比如撒谎使人们不再愿意相信对方或与之合作,信任与合作的减少导致集体福利的减少,撒谎让人们付出了代价,违背道德;而诚信减少了沟通等交易成本,加强了人们之间的信任与合作,从而使集体福利增加,合乎道德。

2. 权利与义务标准

权利指个人对某事物拥有的资格。资格可能来自法律制度,这些权利被称为法律权利。资格也可能来自道德标准,这些权利被称为道德权利或人类权利。权利作为一种手段,被用以支持个人自由选择追求特定的利益或参加某种活动。保护个人的选择自由具体包括:不禁止个人追求某些利益或参与某种活动,得到批准或授权去做某事以此保护别人或自己的利益,禁止别人阻碍个人追求某些利益或参与某种活动,其中最重要的道德权利是要求别人不得干涉个人追求某些利益或参与某种活动的权利。

道德权利具有如下特征:道德权利和义务是一枚硬币的两面,一个人拥有某项道德权利就意味着他人要对该项权利持有者承担某些义务;道德权利为个人自由追求利益提供了自主权和平等权,道德权利为合理化某些人的行为以及恳求他人的保护或帮助提供了基础。

从道德权利的特征可以发现,道德权利从个人角度表达了道德要求,而效用主义从社会整体角度表达了道德要求,道德权利强调个人的权利,不能根据效用原则计算的效用来限制个人权利的实施。

3. 正义与公平标准

在商业活动中往往涉及利益分配与成本分担、规则执行与违规处罚、合作与竞争等事宜,在这些相互关系的处理中,一个重要的道德标准就是正义与公平。在商业伦理判断中,一般认为正义标准比效用标准更重要,不过正义标准通常不能超越个人的道德权利。在现实生活中,分配领域、处罚领域和补偿领域的正义与公平问题涉及人的根本利益,因此最引人关注。正义可分为三类,即分配正义、应报正义和补偿正义。

(1)分配正义。在资源有限的前提下,当人们对社会的收益和负担提出各种不同的要求,而这些要求不能全部得到满足时,就产生了分配正义的问题。分配正义的基本原则要求平等的人必须得到公平对待,不平等的人必须得到差别对待。

在实践中,分配问题涉及人的根本利益,非常敏感复杂,可用一例说明。甲、乙、丙、丁、戊五人共有一块蛋糕,现拟分食之。如何分,必须有一个分的根据或原则。甲提出等分;乙提出根据食量大小来分;丙提出按做蛋糕时每人出力大小来分;丁提出做蛋糕时大家都出钱买了原料,应按每人出资多少来分;戊则提出应按级别的高低来分。甲的原则是平均分配,乙的原则是按需分配,丙的原则是按劳分配,丁的原则是按资分配,戊的原则是按等级分配。五个人都一致同意必须根据公平的原则来分配,但对于哪一个原则最公平,五个人各持己见,争论不休。这种原则之争的实质是利益之争,而且往往是不同利益集团之争。主张按出力大小分蛋糕的可能是工人,主张按出资多少分蛋糕的可能是企业主,主张平均分配或按需分配的可能是失业者、残疾人,主张按等级分配的则可能是贵族。上述案例表明,至少有平均主义原则、贡献大小原则、需求和能力原则、自由主义原则等分配原则。

平均主义原则认为,人类在一些基本方面处于平等地位,每个人对社会物品有平等的要求权,因此收益与负担分配的基本原则是:每个人都应该被给予社会或群体收益与负担的平均数。比如,当企业的工作任务要求合作时,工人觉得每个人都应该从工作中获得平等的报酬。很多人认为,平等是社会追求的理想,不平等是社会的缺陷。平等思想推动了取消种族歧视、性别歧视,建立义务教育制度,等等。但是,不得不承认,每个人在能力、智力、美德、需要、欲望和其他身体及心理方面是存在天生差异的,换言之,在这些方面人与人之间是不平等的。而且,分配中的平均主义忽视了每个人在投入、能力和需求方面的差别,这样平均主义原则就可能导致社会生产力和效率的下降。平均主义者认为政治权利和自由不应该分配不均,至少应该坚持政治平等,而在经济平等方面至少应该坚持拥有最低生活标准的权利。

贡献大小原则是基于贡献来进行分配的。贡献大小原则要求人们获得的收益应该与他们的贡献的价值成比例。在美国的企业中,制定薪资标准时广泛采用的就是贡献大小原则。当然,分配正义的贡献大小原则面临的主要难题是每个人的贡献价值难以准确衡量。

需求和能力原则是基于需求和能力来进行分配的。基于需求与能力的正义要求"各尽所能,按需分配",也就是工作负担应该根据人的能力分配,收益应该根据人的需求分配。在该原则下,工人的投入和薪酬之间不存在直接的联系,在社会财富尚未达到高度充裕的条件下,可能会导致经济停滞和生产力下降。而且,个人从事的职业由能力而非意愿决定,个人得到的商品由需求而非自由选择决定,这样可能出现个人自由被家长式统治替代的情况。

自由主义原则是基于个人的自由选择来进行分配的。这个原则认为,如果分配是个人自由决定的,那么收益和负担的任何分配方式都是正义的。但是,不得不注意,自由主义原则可能会使老弱病残等社会弱势群体受到不公正的对待。

（2）应报正义。应报正义是指关于惩罚过失者的正义。只有满足以下三个条件时，惩罚过失者才是正义的。第一是被惩罚的人并非无知和无能。也就是说，如果一个人不知道或者不能自由选择自己的行为，那么对他的行为进行惩罚是不公正的。在无知和无能的条件下，人们无法为自己的行为承担道德责任。第二是确信被惩罚的人真的有过失。依据不足信或不完整的证据进行惩罚是不正义的。第三是惩罚必须一致且与过失相符合。只有当每个人都因为同样的过失受到同样的惩罚时，惩罚才是一致的；当惩罚的级别不大于过失者造成的伤害时，惩罚才与过失相符合。

（3）补偿正义。补偿正义是指为个人因他人过失而遭受的损失提供补偿的正义。当一个人错误地给另一人造成损失时，过失者有道德义务或法律义务补偿受害者遭受的损失。补偿额应该等于过失者对受害者造成的损失额。如果个人行为是造成伤害的真正原因，即个人故意造成了伤害，那么个人有义务补偿受到自己伤害的人。

4. 关怀标准

关怀标准，认为道德的任务不是遵循普遍和公正的道德原则，而是照顾和回应与个体有宝贵及亲密关系的特定人群。关怀伦理强调两个道德要求。第一，每个人都生活在特定的关系网络之中，应该维持和培养与特定个人和群体的具体且宝贵的关系。比如，需要别人在我出生时养育我、关怀我，如父母等；需要别人在我成长时教育我、关心我，如老师等；需要别人在我成熟时作为朋友或爱人来关怀我，如妻子、丈夫、同学等；需要和别人一起生活在具有相同语言、传统、文化和类似利益的团体中，如老乡、战友等。这些特殊关系定义了一个人的自我认知。第二，每个人应该对那些与其有特殊关系的人给予特殊关怀，照顾他们，积极回应他们的需求，尤其是当他们处于弱势时。

运用关怀标准进行决策时，需要特别注意两点。第一，在社会关系中，并非所有的关系都具有价值，因此并不是所有的关系都会产生关怀的需求。比如，以非正义、剥削或伤害别人为特征的关系就缺乏关怀伦理要求的价值。第二，关怀需求与正义要求有时会产生矛盾，出现关怀需求超越正义义务或者正义义务超越关怀需求的情况。处理这一矛盾的基本原则是视具体情况而定，比如在存在制度性义务的情况下，一般应该首先选择制度性义务而非关怀需求；在关怀需求重于制度性义务的情况下，则需要先解除制度性义务，然后再实施关怀。关怀伦理也受到人们的指责，比如在极端情况下关怀伦理可能导致偏袒而有失公正，也可能过度牺牲自己的福利和精力来关怀别人致使自己不堪重负而不幸福。

5. 道德评价标准的选择

道德标准是商业实践中进行道德评价的思考基础。在现实生活中，当资源有限时，为了避免资源浪费，一般会运用效用标准进行道德评价；当某项决策会影响他人的权利时，一般会运用权利与义务标准；当某项决策会导致不同的分配结果时，一般会运用正义与公平标准；当某项决策涉及人际关系时，一般会运用关怀标准。

值得注意的是，运用单一的标准是有局限性的。比如，效用标准考虑了社会总体福利，却忽视了公平；权利与义务标准考虑了个人权利，却忽视了社会总体福利和分配；正义与公平标准考虑了分配问题，却忽视了社会总体福利和个人本身；关怀标准考虑了对亲近之人的照顾,却忽视了正义的要求。

可见,商业伦理评价中还存在很多主观成分。为此,伦理学界构建了一个解决道德两难问题的框架,以识别道德问题,并用当事人自己的价值标准来确定如何采取正确的行动。具体包括 6 个步骤:①确定目前所面临的具体问题及相关事实是什么;②确定这些问题及相关事实所涉及的道德问题是什么;③确定哪些人或哪些群体将受到道德两难问题结果的影响以及受到的影响具体是什么;④确定这些人或群体解决该道德两难问题的方法有哪些;⑤确定每一种方法所产生的后果是什么;⑥确定哪一行动最为恰当并采取该行动。

(五)商业伦理研究

商业伦理是一门关于商业与伦理学的交叉学科,是商业与社会关系的基础。随着我国经济的蓬勃发展,市场经济领域中的商业伦理已成为社会讨论的焦点。商业伦理研究的是商业活动中人与人的伦理关系及其规律、使商业和商业主体既充满生机又有利于人类全面和谐发展的合理的商业伦理秩序,进而研究商业主体应该遵守的商业行为原则和规范、应当树立的优良商业精神等商业道德问题。

1. 研究的目的

研究商业伦理的目的在于,在商业领域中建立经济与正义、人道相一致的一种理想秩序:不仅能促进经济良性循环和持续增长,而且能使商业起到激励和促进每个人满足需要、发展能力、完善自我的作用,并能将商业整合到社会整体协调发展的大系统中去。

2. 研究的对象

商业伦理的研究对象是经济活动中人与人的伦理关系及其规律,目标是让经济活动既充满生机又有利于人类的全面健康发展,建立合理的商业道德秩序。同时,它还对社会上因经济利益而发生的贿赂、胁迫、欺骗、偷窃、歧视等现象做重点探索,以警示这些行为所造成的终极损害以及波及的一系列社会负面影响。

3. 研究的内容

(1)制度伦理。商业伦理中的制度伦理问题是关于企业经营所在大环境的经济、政治、法律和其他企业的问题,包括有关道德的问题,有关企业运营环境的法律法规、工业结构和社会实践的问题。

(2)公司伦理。商业伦理中的公司伦理问题是关于特定组织的伦理问题,包括关于活动、政策、实践和将公司视作整体时的组织结构问题。

(3)个人伦理。商业伦理中的个人伦理问题是与公司中特定个人及其行为、决定有关的伦理问题,包括个人决定、行为与个性等。

4. 研究的层次

商业伦理是以企业为行为主体,以企业经营管理的伦理理念为核心,企业在处理内外部各种关系中的道德品质、道德规范及道德实践的总和。商业伦理作为一种"善与恶"或"应该与不应该"的规范,具有群体性、中介性、内隐性、地域性、双向性等特点。

(1)宏观层次伦理,探讨国家、政府的经济制度和秩序问题的伦理评价。一方面研究和阐述经济制度、经济体制、经济政策的伦理评价,比如市场经济的伦理评价问题、社会福利政策的伦理评价问题、世界经济秩序的伦理评价问题;另一方面研究整个社会经济活动的道德价值导向问题,比如公正和效率、道义和功利等问题。

(2)中观层次伦理,也是企业中的伦理问题,主要包括企业的社会责任、企业内部的管理伦理和企业外部关系中的伦理问题。

(3)微观层次伦理,主要包括个体在社会经济活动中承担的职业角色涉及的伦理问题,个体对消费的伦理评价及消费道德规范。

(六)商业伦理研究的理论基础

1. 舞弊冰山理论(二因子理论)

舞弊冰山理论将舞弊比喻为一座冰山,露在海平面上的只是冰山的一角,更庞大的危险部分隐藏在海平面以下。从结构和行为方面考察舞弊,海平面以上的是结构部分,海平面以下的是行为部分(见图1-1)。舞弊结构的内容实际上是组织内部管理方面的,这是客观存在且容易鉴别的。而舞弊行为的内容则是更主观化、更个性化、更容易被刻意掩饰起来的。

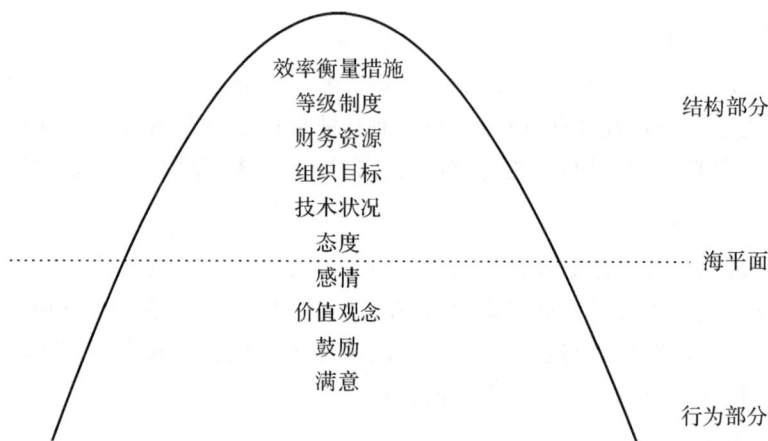

效率衡量措施
等级制度
财务资源
组织目标
技术状况
态度
感情
价值观念
鼓励
满意

结构部分

海平面

行为部分

图1-1 舞弊冰山理论图

舞弊冰山理论说明,一个公司是否可能发生会计舞弊,不仅取决于其内部控制制度是否健全和严密,更重要的是取决于该公司是否存在财务压力,是否有潜在的败德可能性。该理论强调:在舞弊风险因素中,个性化的行为因素更为危险,必须多加注意。因此注册会计师在审计时,不仅应对内部控制、内部管理等结构方面的内容进行关注与评价,而且应该注重个体行为因素的影响,用职业判断分析和挖掘人性方面的舞弊危险。

2. 舞弊三角理论

舞弊三角理论由美国注册舞弊审核师协会(ACFE)的创始人、现任美国会计学会会长Jane F. Mutchler 提出。他认为,企业舞弊产生的原因由压力(Pressure)、机会(Opportunity)和自我合理化(Rationalization)三个要素组成,缺少了上述任何一个要素都不可能真正形成企业舞弊。舞弊三角理论如图1-2所示。

(1)压力要素是企业舞弊者的行为动机。刺激个人为其自身利益而进行企业舞弊的压力大体上可分为四类:经济压力、恶癖的压力、与工作相关的压力和其他压力。

（2）机会要素是指可进行企业舞弊而又能掩盖起来不被发现或能逃避惩罚的时机,主要有六种情况:缺乏发现企业舞弊行为的内部控制,无法判断工作的质量,缺乏惩罚措施,信息不对称,能力不足和审计制度不健全。

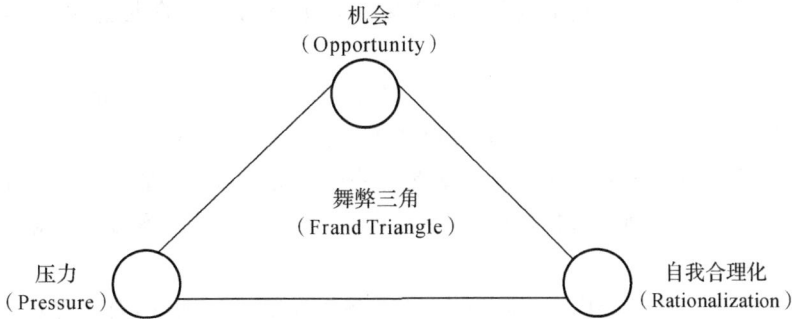

图 1-2 舞弊三角理论图

（3）真正形成企业舞弊还有最后一个要素——自我合理化（借口）,即企业舞弊者必须找到某个理由,使企业舞弊行为与其本人的道德观念、行为准则相吻合,无论这一解释本身是否真正合理。企业舞弊者常用的理由有:这是公司欠我的,我只是暂时借用这笔资金、肯定会归还的,我的目的是善意的、用途是正当的,等等。

压力、机会和自我合理化三个要素,缺少任何一项要素都不可能真正形成企业舞弊行为。

3. GONE 理论

GONE 理论是在美国流传最广的一个企业会计舞弊与反会计舞弊的著名理论。GONE 由 4 个英语单词的首字母组成,其中:G 为 Greed,指贪婪;O 为 Opportunity,指机会;N 为 Need,指需要;E 为 Exposure,指暴露（见图 1-3）。上述 4 个因子实质上表明了舞弊产生的 4 个条件,即舞弊者有贪婪之心且十分需要钱财、自尊时,只要有机会,并认为事后不会被发现,他就一定会进行舞弊,导致"You can consider your money gone"（被欺骗者的钱、物、权益等离他而去）。因此,产生了一种很巧妙的说法,即在贪婪、机会、需要和暴露四因子共同作用的特定环境中,会滋生舞弊,促使"被欺骗者的钱、物、权益等离他而去"。该理论认为:企业会计舞弊由 G、O、N、E 4 个因子组成,它们相互作用,密不可分,没有哪一个因子比其他因子更重要,它们共同决定了企业舞弊风险的程度。

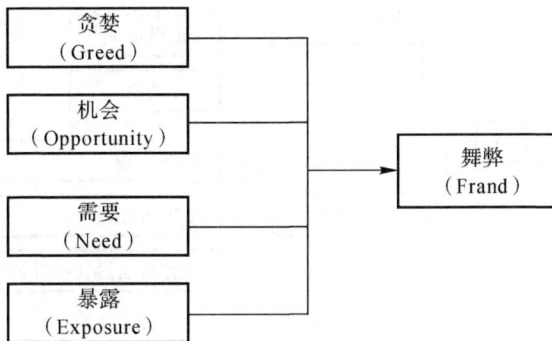

图 1-3 GONE 理论图

舞弊者(包括个人和管理当局)进行会计舞弊出于一系列复杂、繁多的理由,但最普遍、最基本的理由是"需要"。例如:成都红光实业有限公司伪造了 3 年的盈利财务报告,非法上市筹集了 2 亿元资金,其主要目的是弥补其日益恶化的财务亏损。此外,舞弊者还有其他需要,如弥补现金短缺,甚至是吸毒或赌博的需要。根据行为科学的观点,需要实际上构成了行为的动机。

"需要"因子也被称为"动机"因子。动机是行为产生的关键,正当的行为动机产生适当的行为,而不良的行为动机则容易在外界刺激下产生不正当的行为,即舞弊。

"机会"因子同潜在舞弊者在企业中掌握的一定权力有关,管理当局本身拥有相对信息优势及管理工作的权限,倘若它的行为得不到应有的监督和制约,那么,它就有机会通过非法操作获取利益。

"暴露"因子包括两部分内容:舞弊行为被发现和披露的可能性,对舞弊者的惩罚性质及程度。

舞弊具有欺骗性和隐瞒性,这种行为被发现和揭露的可能性会影响舞弊者作出是否实施舞弊行为的判断。惩罚的性质与程度也会关系到行为实施前的判断,从而给潜在的舞弊者以足够的威慑力。

"贪婪"因子已超越其本义,被赋予了更广的含义:道德水平低下。道德对舞弊者而言是一种心理因素,在行为产生与实现过程中其对行为主体的作用是无所不在的。它表现为一种个体价值判断。对符合自身价值判断的行为就推动其实施,对不符合自身价值判断的行为予以放弃。舞弊者通常有不良的道德意识或在道德意识方面不良的价值判断占了上风或个体已为违背良好的道德规范找到了合理的借口,在这样的不良道德观念作用下,舞弊成为一种符合其价值判断的行为。

4. 舞弊风险因子理论

舞弊风险因子理论是伯洛格那等人在 GONE 理论的基础上发展形成的,是迄今最为完善的关于形成企业舞弊的风险因子的学说。它把舞弊风险因子分为个别风险因子与一般风险因子。个别风险因子是指因人而异,且在组织控制范围之外的因素,包括道德品质与动机。一般风险因子是指由组织或实体来控制的因素,包括舞弊机会、舞弊被发现的概率以及舞弊被发现后舞弊者受罚的性质和程度。当一般风险因子与个别风险因子结合在一起,并且被舞弊者认为有利时,舞弊就会发生(见图 1-4)。

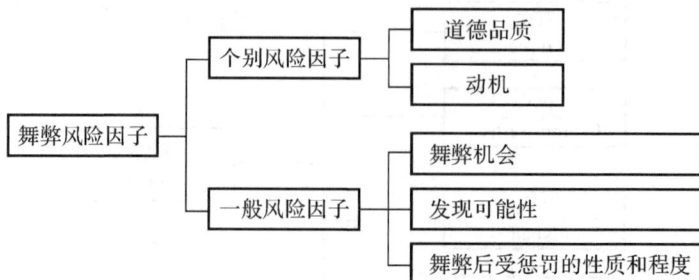

图 1-4　企业舞弊风险因子理论

5. 利益相关者分析

利益相关者是指那些对企业战略目标的实现产生影响或者能够被企业实现战略目标的过程影响的个人和团体。根据米切尔的利益相关者分类方法,利益相关者具有下面三个属性中的一个或几个。一是紧急性,即其要求是否能立即引起企业管理层的注意。二是权力性,即其是否具有影响企业决策的地位、能力和相应的手段,能否对企业施加压力。三是合法性,即其是否在法律上、道义上或特定方面对企业具有合法的索取权,也就是说是否可以和企业共享收益。具有以上所有三个特征的属于确定型利益相关者,具有以上任意两个特征的属于预期型利益相关者,只具有以上三个特征中的一个的属于潜在型利益相关者。

他们与企业的利害关系基于以下三个原理:一是合作原理。它说明利益相关者可以通过和企业合作来满足他们的需求,两者之间不是零和博弈的关系。企业家和管理者一起工作,维持和员工、顾客、供应商、金融家和社会机构之间的交易和关系。每个团体对企业工作的支持对企业战略的成功至关重要。二是持续创造原理。它认为企业是一个持续创造价值的源泉,在价值的激励下和利益相关者合作,创造出新的价值。现代企业创造价值不但不必摧毁别人,而且可以通过改善每个人的状况来实现。三是复杂性原理。它认为人是复杂的,具有许多不同的价值观。人不仅是"经济人",还是"社会人"。人有时是自利的,有时又会为了他人的价值而行动。

基于上述原理,利益相关者对企业战略成功的利害关系表现在:一是和企业合作。利益相关者可以通过和目标企业进行合作创造更多价值,并共同分享这些价值。二是对企业提供政策支持或社会支持。当利益相关者预期企业的行为对社会有利时,他们可能会主动为企业提供政策支持或社会支持。

利益相关者分析用于分析与客户利益相关的所有个人(和组织),帮助客户在战略制定时分清重大利益相关者对于战略的影响。不同利益相关者能够通过是否与企业合作、是否为其提供社会支持及政策支持以改变企业的竞争环境、竞争优势和竞争标的,从而影响企业战略的成功。除了对战略制定产生影响以外,利益相关者分析也是战略评价的有力工具。战略评价可以通过确定持反对意见的股东和他们对一些有争议的问题的影响力来完成。

二、商业道德

(一)商业道德的内涵

商业道德是公司的道德原则,是公司需要定义和遵循的一套规则和道德标准,概述了公司将如何合乎道德地运营并遵守相关法律。商业道德将正直、透明和诚信等道德标准应用于商业活动,这些标准有助于定义和实践公司处理贿赂、腐败、不当影响和利益冲突等问题的方法。

商业道德是一个历史范畴,作为一种意识形态,不仅为一定的社会经济和文化所决定,而且反作用于一定的社会经济,对商业活动具有重要的指导意义。改革开放四十多年来,社会主义市场经济体制经历了重大的历史性转型时期,完成了从计划经济到市场经济模式的转变,在这个漫长的转型期,虽然经济建设取得了巨大成就,社会生产力逐渐提高,商品经济日益发达,但是,经济领域的道德缺失现象日益凸显,这些问题不但严重影响着人们的经济活动,而且影响社会风气,制约着人的全面发展,造成了巨大的环境压力。这就需要从事商业活动的商业主体讲究商业道德,具备良好的商业信誉,树立正确的商业道德价值观,才能使他们在商业经济大潮中健康、长远地发展下去。因此,只有加强商业道德建设,提高商业主体的道德水准,树立正确的商业道德价值取向,找寻现代商业道德建设的新思路,才是解决商业领域种种问题的出路所在。

商业道德是指公认的道德规范在具体商业情景和商业活动中的应用,是职业道德的一种。商业道德从分析商业的本质、商务活动的前期行为入手,为人们提供了判断商务活动是否符合道德规范的商业道德行为准则。商业道德涵盖任何企业的常规、法律、科学、心理或哲学行为(活动)的道德和不道德方面。商业道德存在于某些领域,这些领域是根据地点和公司的业务、他们的工作以及他们的商业伦理学家人为组织的道德准则而形成的。

(二)商业道德的内容

随着计算机技术的发展,道德困境似乎也迅速出现。收集、储存、操作和交流数据的应用使信息的使用发生了革命性变化。信息系统中广泛存在的道德问题包括信息的控制和访问、数据的隐私和滥用,以及信息技术系统的全球化。与此同时,受到国际社会企业社会责任观念的影响,社会发展对于互联网企业也提出更高层次的道德需求和社会期待。

(1)企业道德的建设。管理者要帮助员工在使用信息技术时做出道德决定,不仅要以身作则,更重要的是,企业要制定相关的制度,规范管理者和员工的行为。

(2)加强企业文化建设。优秀的企业文化对企业发展会起到巨大的促进作用,而企业道德建设是企业文化建设的重要组成部分。企业道德建设与企业文化建设水乳交融、相互渗透、同步发展,企业文化建设是企业道德建设最直接的途径。

(3)提升管理者的道德素养。作为企业经营的组织者和领导者,企业管理者是企业道德建设的第一倡导者,其主要职能是制定企业道德规范,把握企业道德的方向,监督企业道德建设。首先,要求管理者要加强基本道德修养,树立正确的价值观和世界观;其次,管理者应树立良好的职业道德;最后,管理者要知行合一,率先垂范自己所倡导的道德规范。

(4)发挥企业员工的积极作用。企业员工不仅是物质文明的创造者,也是精神文明的创造者。他们不仅是企业道德建设的客体,即被教育者,也是企业道德建设的主人,即主体。"近朱者赤,近墨者黑",良好的工作和生活环境、融洽的人际关系、蓬勃向上的集体是铸造企业员工优秀品质的熔炉。

(5)严格制度管理。道德与法制的作用是相辅相成的,道德是自我约束的行为规范,法制是强制性的行为规范,只有二者同时发挥作用,企业才能在正常的轨道上前进。一方面,要完善企业管理的各项制度;另一方面,必须强化激励机制,鼓励善的道德行为。

(三)商业道德的作用

(1)良好的企业道德能够吸引优秀人才,提高管理效率。当前,企业之间的竞争归根结底还是人才之间的竞争。企业因人而发展,只有拥有高素质的管理人才和高技能的技术骨干,才能在激烈的市场竞争中立于不败之地。

(2)良好的企业道德能够提高企业信誉,对外塑造形象。企业道德是企业信誉提高的基础和关键因素,是企业的无形资产和无价之宝。良好的企业信誉带来良好的企业形象。近年来,围绕市场树形象、塑好形象占市场,是国内外许多企业提高产品市场占有率的有效方法。

(3)良好的企业道德能够促进思想统一,对内形成凝聚力。优秀的企业道德文化能够为企业确立一种持续发挥作用的群体指导意识,建立共同认同的健康的道德水准,营造企业的文化氛围,树立共同的价值观,进而调动企业员工爱岗敬业、奋发向上的工作积极性,使员工的主动性、创造性得到最大限度的发挥,进而产生凝聚力、归属感、使命感和向心力。

(4)良好的企业道德能够补充制度之不足,协调内外关系。企业道德水平的提高,对内可以减少摩擦,对外可以带来企业信誉度和美誉度的提高,为正确处理企业与社会的关系创造一个良好的环境。针对隐私权、知识产权、控制权等公司或顾客的权利,针对数据和系统的准确性和安全性问题制定相关的政策。随着信息技术能力的增强和信息技术对商业过程的渗透,未来的管理环境可能更加具有挑战性,企业需要不断改善相关政策以适应公司内外部的环境,才能使企业向着更好的方向发展。

三、商业伦理与商业道德的关系

(一)商业道德是商业伦理研究的基本问题

商业伦理的研究对象是商业领域的道德规律和利益关系。商业伦理是研究商业道德的学科,它是对商业道德现象的理论概括。马克思主义认为,伦理学作为一门学科,它研究的对象是道德的本质及其发展规律。商业伦理的主要内容有:商业道德的起源、形成和发展规律;商业道德和经济基础相互作用的规律;商业道德与其他上层建筑和意识形态相互作用的规律;商业道德行为的发生规律;商业道德评价、商业道德教育和修养等活动规律。

从商业伦理的规范体系角度来看,伦理的规范体系是以基本的道德原则为核心展开的应用伦理规范体系。道德以道德规范为基本单元和核心。所谓规范,就是人类自我规定的特定生活模式或行为方式,是限定行为方向或运行范围的标准或准则。所谓道德规范,简单地说,是道德关系的一种价值指令或价值命令形式,这种价值指令或价值命令是人类在长期的探索和选择的历史事件基础上向自己提出的行为要求或行为导向,并以社会所要求的行为准则的形式表现出来。因此,商业行业的道德规范又表现为各个具体行业的道德规范,包括采购业道德规范、销售业道德规范、饮食服务业道德规范、仓储运输业道德规范、广告业道德规范、会计业道德规范等。

(二)商业伦理与商业道德的区别

理论界有一种观点,就是以商业伦理这个概念指称个体社会关系层面或社会制度层面的道德,而以商业道德概念指称个体内心信念及其相应的行为活动层面的道德。但在日常用法中,商业伦理更具客观、客体、社会、团体的意味;商业道德更多地或更有可能用于人,更具有主观、主体、个人、个体的意味。商业道德主要针对业务人员的行为规范,商业伦理侧重于企业之间、企业与消费者之间的关系。当表示商业规范、商业理论的时候,倾向于使用"商业伦理"一词;而当指称商业现象、商业问题的时候,倾向于使用"商业道德"一词。

商业伦理又是一种职业伦理,是商业行业的道德心理、道德品质、道德情操的历史积淀。

从商业群体的角度来看,商业伦理表现为职业所特有的商业道德传统和商业道德习惯,表现为制度上的强制性、固定性和必要性,从而呈现出不同行业的人们在道德品行方面的职业差异,以至于有"隔行如隔山"之说;从商业个体的角度来看,商业伦理表现为商业从业人员所特有的商业道德心理和商业道德品质,其表达形式具有灵活性、适用性和多样性,它总是从商业行业的具体活动形式和特定的对象、内容出发,根据商业企业活动的客观环境和具体条件,为商业从业人员选择简明、实用的价值传输形式。在商业道德规范的表达形式上,往往采取章程、守则、公约、誓言、保证、条例等简洁、明了的形式。

商业伦理在制度上的强制性、固定性和必要性,以及商业道德规范在形式上的灵活性、适用性和多样性,比较易于被商业从业人员接受和实行。这对于本行业从业人员的职业伦理心理、职业伦理品质和职业伦理习惯的形成是必不可少的。传统的商业伦理不仅以实践范例、规范原则、思想学说的形式,更以寓意深刻的格言的形式代代相传,诸如:"公平交易,斗秤不欺""货真价实,童叟无欺""货是草,客是宝""买卖不成仁义在,一团和气福自生""薄利客盈门,厚利冷落人""莫嫌利钱少,客广利自多""仁义经商,义财方取""经商有德,奉公以廉""君子爱财,取之有道""勿贪意外之财"等等。

四、商业伦理与商业道德的价值

(一)商业伦理与市场经济

市场经济被普遍认为是实现资源最佳配置的机制,但如果视商业世界为丛林世界,将极大削弱这种能力。市场经济的有效运作,离不开几个关键因素:对财产所有权的有效保护、公平和自由交易、准确透明的信息等。

1. 对财产所有权的保护

对财产所有权的保护意味着私人财产未经所有者同意不得被侵占,这是保障公平交易的前提条件,可以视为经济活动的重要基础。如果一个市场环境不能尊重和保障财产所有权,市场经济体系就无法正常运作。商业丛林世界无视一切规则,强者可以变相掠夺弱者,这将使一切秩序成为空谈。当商业活动参与者依附于权力规则而不是商业伦理规则时,任何个体的、群体的或组织的财富都无法得到保障。当社会处于封闭状态时,商人可能随时丧失其所创造的财富;而当全球化时代来临时,商人选择用脚投票,财富和资源也将随之流出。

2. 公平和自由交易

公平和自由交易是调节产品和服务配置的工具。人们可以通过自由选择、购买他们认为具有最大效用的产品和服务,从而使资源按照最有价值的方式进行配置。

3. 准确透明的信息

准确透明的信息一直被看作是自由竞争的重要条件,如果人们无法得到准确透明的信息,就可能不得不选择满意度较低的产品和服务,从而用不情愿的购买行为为错误的产品和服务"投票",这种情况降低了市场经济有效配置资源的能力。

商业伦理帮助建立共同的商业道德标准,就如同每个人都带来美酒,所有人共享畅饮之乐。反之,少数人掺水,大家喝到的是淡酒;每个人都掺水,大家就只能喝水;每个人都强行抢夺,最后可能连喝水也无法保障。从整个社会角度衡量,缺失商业伦理的成本远远高于遵守商业伦理的成本。

（二）商业伦理与企业关系

在企业经营管理中，商业伦理发挥着以下作用：

（1）崇高的企业目标为企业发展指明了正确的方向。以发展生产力，提高经济效益，企业的发展与国家、民族乃至人类社会的发展相联系的崇高目标作为企业追求的目标，赋予了企业一种庄严的使命感，为企业发展指明了方向。

（2）提高员工的道德素质，有利于企业人力资源和物质资源的配置。

（3）管理者运用伦理手段可以调动员工的积极性和创造性，有利于企业在竞争激烈的市场中立于不败之地。

（4）管理者的人格魅力可以增强企业的内聚力。管理者的人格魅力主要由管理者的道德素质决定，它能产生威信，使管理者赢得员工的信任，有助于二者之间的沟通。它能产生感染力和号召力，使员工产生一种归属感、安全感、责任感，并进一步转化为对企业的忠诚，产生强大的内聚力。

（5）产品伦理道德内涵是企业立足社会的保证。产品质量、企业信誉和服务是一个企业立足社会的三大要素，产品伦理道德内涵意味着企业在生产经营过程中坚持一流的产品意识，坚持信义高于一切，并坚持一流的服务意识和行动。

（6）注重社会效益是企业长期发展的动力。企业在追求经济效益的同时，注重社会效益，企业不仅为社会提供优质产品和服务，而且积极参与社会的公益活动，履行社会的义务和完成社会的使命，树立良好的企业形象。

（7）高尚的道德觉悟是企业间竞争与合作的基础。

第三节　学习商业伦理与道德的意义

习　语

推动金融高质量发展、建设金融强国，要坚持法治和德治相结合，积极培育中国特色金融文化，做到：诚实守信，不逾越底线；以义取利，不唯利是图；稳健审慎，不急功近利；守正创新，不脱实向虚；依法合规，不胡作非为。

——2024 年 1 月 16 日，习近平在省部级主要领导干部推动金融高质量发展专题研讨班在中央党校（国家行政学院）开班上的讲话

作为人类社会生产实践和社会生活的客观现象，伦理的历史与人类的历史一样久远，无论是在以追求公共利益为最终目标的公共领域，还是在以追求个人利益最大化为根本目标的私人领域或市场领域，抑或在作为传统保留地的以家庭为核心的日常生活领域，时时刻刻都产生着伦理。伦理既孕育出在人类历史长河中永绽光芒的伦理思想、观念和理论，也滋生了永远值得警惕和令人深思的伦理灾难甚至危机。正是这些伦理思想、观念和理论推动着智慧的人类不断向前，也不会失去方向。即使我们进入了一个"数字化存在"的时代，伦理仍然是也必然是我们生活的一部分，并在某些方面比以往任何时候显得更为必要。

20 世纪初,美国新闻界掀起一场揭露丑闻、呼唤正义与良心的"扒粪运动",引发了人们对商业伦理的关注。第二次世界大战以后,美国社会长期积累的问题集中爆发,一场商业伦理运动就此展开。1962 年,美国政府公布了《关于商业伦理及相应行动的声明》,表达了政府和民众对商业伦理的关注。1964 年,《美国公民权利法案》及系列社会立法运动进一步唤起了公众的觉悟,在人们心目中,商业伦理这一概念变成了"企业的社会责任"。与此同时,商业伦理也开始成为学术界关注的话题,相关论文、著作、期刊、研究机构等纷纷出现。1974 年,美国堪萨斯大学召开了第一届商业伦理学研讨会,标志着商业伦理学作为一门学科正式诞生。

但是,理论关注和实践推动并没有带来商业伦理现状的明显改善,反而在 20 世纪 90 年代末到 21 世纪初有愈演愈烈的趋势。安然、安达信、世通等知名跨国公司的商业丑闻,在世纪之交的下一个百年开始之际,将这一趋势推向了高峰。进入 21 世纪后,网络信息技术的快速更新迭代、社会运行和社会变化的加速、社会的高度复杂性和高度不确定性,对我们已拥有的社会生活和活动模式构成了极大的挑战,商业伦理问题也呈现出了"数字化"特征。至此,人工智能伦理、大数据伦理、数字伦理也迅速成为新的议题。

在万物互联的时代,商业伦理问题已经不再是"我"或"你"或"他"的事,而是"你我他"必须共同面对的行动议题。面对商业伦理问题,我们既不能独善其身,也不能随波逐流,必须以更加严肃的态度审视商业伦理问题,思考 21 世纪商业发展的方向,这也是人类未来发展的方向。在这百年未有之大变局中,共同面对伦理困境,寻找道德共识,包容、合作、共享,共建人类命运共同体,正是我们行动的方向和目标。人类有史以来就始终没有中断过对商业伦理问题的关注,总会为商业行为提出一些道德规范和行为规则。例如,在古代埃及,只有把乘客安全送达彼岸以后才会收取过河费。在我国传统文化中,一直倡导"仁中取利,义内求财""利从诚中出,誉从信中来"。《孟子·滕文公上》指出:"从许子之道,则市贾不贰,国中无伪,虽使五尺之童适市,莫之或欺。"

一、认清道德的起源

公元前 4 世纪,古希腊哲学家亚里士多德命名了"伦理学"这个学科,并在雅典的学院里向学生系统讲授伦理学。作为一门历史悠久的哲学社会科学,伦理学以道德为其研究对象,探寻道德的本质、范畴及其发生发展过程等。商业伦理学是管理学和伦理学的交叉学科,其内容也是以道德为研究对象的。道德是人类社会活动的一种客观现象,但在古今中外的伦理思想史上,关于道德的起源,有四种不同的观点:天意神启论、先天人性论(或称天赋论)、情感欲望论或自然本能论、动物本能论。马克思唯物主义史观认为,道德作为一种社会现象,属于社会上层建筑和社会意识形态。它的产生和发展是由人类的社会物质生活条件所决定的。只有从人类的历史发展和社会实践、从人类的社会关系和社会生活本身出发,才能科学地说明道德的起源。

首先,劳动是人类道德起源的首要前提。劳动将人与动物区分开来,创造了人、社会和社会关系,也创造了人类社会的道德。其次,道德是适应社会关系调节需要的产物,或者说社会关系是道德产生的客观条件。最后,道德是人类自觉意识的结晶,或者说人的自觉意识的形成是道德产生的主观条件。总而言之,劳动、社会关系和自觉意识是马克思主义理解道德起源的基本视角,将道德的起源归因于其中任何一个因素都失之偏颇。道德是在劳动、社会关系、自我观念和自我意识这些因素相互作用和交互融合中产生的。

二、认识各种商业丑闻

人类社会发展至今,在现代文明的旗帜下,物质文明和精神文明获得了极大发展,但不可忽视的是,在很多商业领域仍然存在有违伦理道德的现象。

俗话说,民以食为天,食以安为先。近年来,食品安全问题始终是社会最为关注的热点话题之一。2008 年,三聚氰胺毒奶粉引爆了食品安全问题,造成了极为恶劣的社会影响,也重创了我国制造商品的信誉,多个国家禁止进口我国乳制品。党的十八大以来,国家出重拳整治,食品安全问题已经得到有效遏制,但是在利益驱使下,仍有一些企业和个人铤而走险,时不时仍会爆出一些问题食品。

随着互联网技术的发展,人们交往空间不断扩大,市场经济被赋予了全新的形态,商业伦理问题也出现了新的类型和特点,如大数据伦理、人工智能伦理等。事实上,无论是过去还是现在,企业生产经营的各个领域、各个环节都可能会出现不道德的现象。

商业伦理问题是所有国家都会面临和客观存在的问题。21 世纪初期,日本的商业丑闻遍布各个行业,如东京电力故意隐瞒核电站安全隐患、日立发电设备存在重大质量问题、雪印公司销售过期乳制品、三笠食品公司售卖工业用(残余农药超标及发霉)大米等。在美国,会计、能源、金融、电信、软件等行业是爆发商业伦理丑闻的重灾区。例如,在会计行业中,曾位列全球五大会计师事务所之首的安达信会计师事务所,故意销毁为安然公司做审计时的相关文件,并为其在安然、环球电讯、奎斯特通信和世界电信的财务审计上的漏洞辩解,后被指控犯有妨碍司法罪。2002 年,安达信会计师事务所因安然事件倒闭,五大事务所变成四大事务所。即使是现存的四大事务所,也都出现过有违会计伦理的商业行为。

三、反思问题出在哪里

无处不在的商业伦理问题,并不是向大家展示这个世界不美好、不安全、不靠谱,而是要告诉大家,商业伦理问题离我们很近,加强商业伦理建设意义重大,我们需要去反思这些问题产生的根源,找到解决这些问题的办法。一般来说,在思考商业伦理问题时,可以从三个层面入手,即个体、组织和社会。

从个人层面看,作为个体,必须关心伦理。不管从事什么工作,不管是否在企业或在哪个企业中,首先我们都是一个人,我们必须将自己的行动融入社会,获得社会的认可和尊重,同时也必须尊重和维护其他人,这样才能构成一个完整的社会、一个和谐的共同体。这是个体作为社会人属性的必然要求,也只有每个个体都合乎伦理地参与社会生活,才会构建起一个文明的社会。因此,作为企业中的一员,在从事商业活动时,必须意识到我们自己的行动会影响哪些人,会带来哪些后果。本质上,所有商业伦理问题都是若干个体行为不断叠加的结果,而一个社会的商业伦理状况归根结底取决于这个社会公民的基本道德素养和水准。

从组织层面看,任何一个企业都必须合乎伦理地参与商业活动。现代社会是一个高度组织化的社会,企业或公司是现代组织的重要形式,是商业活动的主要参与者,是市场经济中最活跃的主体。一方面,在商业活动中的个体,主要是以企业的员工来开展商业活动的,其行为会受到企业的文化、目标、规章制度以及上司、同事和下属等各种因素的直接影响。因此,很多情况下,商业伦理问题首先是一个组织问题,是企业以组织的形式展现出来的。另一方面,企业以组织的形式存在,目的是在市场竞争中获得更大优势。但是,企业作为社会系统中的一个子系统,必须以符合社会一般要求的行为准则进行生产经营活动,才会得到社会的承认和尊重,才能实现可持续发展。企业存在的社会意义就在于其提供的产品和服务符合社会整体利益的需要,如果损害了社会整体利益、违背了社会伦理的一般要求,企业也就失去了存在的社会意义。

从社会层面看,商业伦理建设是一个需要所有行动者参与进来的系统工程。作为构成社会文明的重要部分,商业伦理是社会一般伦理在商业活动领域中的具体体现,商业伦理问题不仅仅是商业领域中存在的现象,也与这个社会息息相关。虽然说商业伦理问题与企业及其经营活动中的个体直接相关,但企业及相关个体并非真空存在,其行为深受社会习俗、传统文化、法律制度、道德观念以及社会中其他组织和个体的影响。可以说,有什么样的社会,就有什么样的商业伦理。因此,商业伦理建设,不仅是企业及其相关人员的事情,也需要社会中的其他组织如政府、行业组织、新闻媒体以及公民个人都参与进来。每一个组织和个人既不能独善其身,也不能随波逐流,都有各自的责任和义务。

四、学科发展的需要

学科发展有两种趋势:一是分工越来越细,分支学科越来越多,越来越向纵深发展;二是学科之间的综合、交叉、渗透越来越多,在相互交叉的广阔地带形成了一批新兴系列学科。开设商业伦理与道德课程,是这两种趋势综合作用的结果。

首先,经济学和伦理学的相关性使得商业伦理学的诞生成为可能。经济学与伦理学作为两门相对独立的学科,在相当长的一段时期内走着平行发展的道路,但进入现代以来,受学科综合化和整体思维的影响,它们朝着相互融合、交叉渗透的方向前进。现代经济生活中的某些问题仅仅依靠经济学是无法解决的,必须借助其他学科并与其他学科相结合,才能加以解决。因此,经济学与伦理学就结合起来,进而产生了商业伦理。

其次,一般伦理学与应用伦理学之间互补,是伦理学自身发展的需要。一般伦理学研究一个社会中普遍性的道德问题,但经济特别是商业及其经营活动毕竟有其特殊性,因而要把一般的伦理学 用于经济活动或商业经营活动,还需要进行专门的探讨,这就是经济伦理学或商业伦理学。商业伦理为一般伦理学与实践的结合提供了新的途径,增强了伦理学的实用性和相关性。

最后,研究商业伦理与道德还是深化商业经济学、企业管理学的需要。如前所述,当今的商业经营活动在许多方面都涉及商业伦理问题,因此商业经济学、企业管理学的研究也必须渗透商业伦理学的内容和观念。

五、人才培养中课程体系建设的需要

对致力于学习商科专业的大学生来说,他们未来的社会角色定位大多是商人或企业家。在社会主义市场经济条件下,这些商人或企业家应该是"经济人"。在追求物质利益的同时,商人和企业家也应该具有合法、自由、公平竞争的市场规则意识,诚实信用的商业道德,良好的人格修养、社会公德和较强的社会责任感,在市场活动中能正确处理义、利、道的关系,不为狭隘的物质利益所驱使,自觉、理性地实现经济效益和社会效益的统一,成为物质财富的创造者、精神文明的传播者和社会进步的推动者。从国外的经验来看,要使商人或企业家达到上述要求,开设商业伦理课程与进行商德教育是非常重要的途径。

第四节　商业伦理与道德的研究方法

习　语

一个人只有明大德、守公德、严私德,其才方能用得其所。修德,既要立意高远,又要立足平实。踏踏实实修好公德、私德,学会劳动、学会勤俭,学会感恩、学会助人,学会谦让、学会宽容,学会自省、学会自律。

——2014 年 5 月,习近平与北京大学师生座谈时的讲话

一、商业伦理研究方法

(一)一般科学的方法

对于一般科学来说,或者说,对于整个自然界、人类社会和人的思维现象的科学来说,在现代,其最根本的方法就是唯物辩证法。唯物辩证法是人类在生产实践、阶级斗争实践和科学实践的基础上产生的,它是人类智慧的最伟大的成果之一。唯物辩证法是从物质世界、人类社会和人类思维的发展中概括出来的最完整、深刻而无片面性弊端的关于发展的学说。在商业伦理学的研究中,我们必须自觉地掌握和运用。

唯物辩证法强调,整个自然界、人类社会和人们的精神世界的发展,都是由于内部的自我运动的矛盾而发展变化的,是新事物不断代替旧事物的一个永无止境的过程。在这个过程中,其发展、变化的根本动力不在事物的外部,而在每一事物的内部的对立面之间的斗争。正是由于一切事物的内部都不可避免地包含着相互排斥、相互对立的因素,所以,科学探索和理论研究工作,就要自觉地掌握运用和揭示对立面之间的这种关系,从而科学分析事物的发展。唯物辩证法认为:任何事物,作为一个统一体,是由其内部的矛盾斗争而发展变化的;同时,它又必然受到外部各种因素的制约和影响。外因是变化的条件,内因是变化的根据。这种内外因交互作用的发生,使事物在其相互影响中不断发展。在某一特定的情况和条件下,某种因素只是外部的条件,但如果从更广泛的范围来说,这种外因又称为内因了。在商业伦理学研究中运用唯物辩证法就是运用事物矛盾与统一的辩证原理分析商业经营活动中关于道德运行的矛盾,进行辩证的分析,找出商业经营中的一般规律与道德建设的统一,促进新兴商业道德的形成。

(二)社会科学的方法

作为一门社会科学的商业伦理学,除了要掌握作为一般方法的唯物辩证法之外,还必须理解和掌握社会科学的方法。一般来说,社会科学是相对自然科学而言的,它是以

社会现象为研究对象的科学。各门社会科学,一般都属于上层建筑意识形态的范畴,如政治学、经济学、法学、教育学、哲学、伦理学等。在有阶级的社会里,社会科学具有阶级性。伦理学是社会科学的一个分支,从方法论上来看,社会科学的根本方法,对伦理学来说都是适用的。

1. 历史的方法

历史的方法是社会科学的重要方法。道德现象作为社会现象的一个重要方面,是在历史中不断发展变化的。因此,考察人类社会的道德现象,最重要的就是要将道德现象放在一定的历史条件中,特别是要放在当时的经济关系和政治制度、文化形态中进行研究。社会的经济关系是人们道德关系的基础。一定的政治制度,对人们的道德关系有重要的影响。因此,不但什么样的经济关系和政治制度,决定什么样的道德关系,而且,随着经济关系和政治制度的改革、变化和发展,道德关系也必然要产生这样或那样的变化。世界各国之间经济和文化交流逐渐加强,对于道德现象的研究还必须考虑世界经济、政治的发展及其对各国的影响。

社会是发展的,人类社会的道德现象也是不断发展的。历史的方法要求人们在研究道德原则和道德规范时,还必须注意社会发展不同阶段产生的不同要求。总之,历史的方法要求我们在研究道德现象时,绝对不能孤立静止地进行,必须认真考察道德现象的各种内外机制,考察各种机制的相互联系和相互影响,并从道德现象的发展变化中分析研究。只有这样,商业伦理学研究才不会如堕烟海,才能够得出合乎实际的结论。

2. 理论联系实际的方法

这是一切社会科学最基本的方法论原则。对于伦理学的研究来说,在当前,应该特别强调两个方面:首先,要注意从历史和现实的道德关系出发,从中引出道德的特有规律;其次,由于事物本身是在不断发展变化的,所以在理论研究中,应当特别注意在发展变化中的事物。我们现在所进行的改革开放和现代化建设,在道德领域里,也出现了许多前所未有的新情况、新问题、新关系、新要求、新规范等。理论研究,必须根据正在变化的事物,开辟新的视野,进入新的境界,才能使商业伦理学的研究随着社会的不断前进而发展。

(三)其他方法

1. 价值分析的方法

对伦理学研究来说,价值分析方法是一个重要的方法。伦理学是以道德现象作为研究对象的。道德现象之所以区别于其他社会现象,就在于它是以人们的利益为基础形成的善恶关系。因此,可以说伦理学是一门有关善的价值的科学。从人类历史的发展来看,在人和人的关系中,在对待自己、对待他人和对待社会方面,哪些是有价值的,哪些是无价值的,哪些是负价值的,这是伦理学特别要研究的。因此,人们的主观态度、人作为主体对客体的关系,说明伦理认识总是同从一定利益出发的人们的主观评价相联系的。在阶级社会中,这种主观评价带有阶级的特点。在一个阶级内部,有着不同的阶层,因而对事物的评价也是不一致的。这就是说,伦理认识是受一定利益关系所制约的人的评价和分析。应当指出,尽管不同的人对善有不同的认识,但是,只有代表历史进步的先进力量的个人或群体的认识与评价,才真正是善的。

2. 科学抽象的方法

对道德现象进行理论分析,不能是直观的或依靠直觉的,而必须运用科学的抽象方法。要使道德思考从现象到本质,从实然到应然,得出正确的价值目标和价值标准,不是简单地直接地反映事实,而是一系列的抽象过程。这就是把在事实基础上得到的感性的或表象的具体,在思维中提升为抽象的规定性,并在思维中加以综合,把各种抽象规定结合为"思维中的具体",从而得到关于现象的本质的认识。例如,要从道德现象中得出对道德的特殊本质的认识,就必须从大量道德现象的事实中,抛开一切直观的、直接的具体因素,抽象出"对人的活动和关系的规范调节"这个一般规定。然后从历史起源和发生过程中,把道德的规范调节同其他社会规范调节区别开来,进一步找出道德规范调节的特殊规定性。而这种分析,必须选取道德现象完整的、典型的形态,从这种形态中把握逻辑与历史的统一。诸如对道德结构的分析、对道德原则和规范的分析,以及对个体道德的分析,无不是运用抽象的方法进行剖析,把握道德现象中的结构、模式、本质和规律,甚至概括成必要的抽象公式。离开抽象方法,伦理学的研究是不可能的,或者不可能是科学的。

3. 推己及人和自我省察的方法

在对道德现象的观察研究中,特别是在个体道德的研究中,往往结合使用推己及人和自我省察的方法。所谓推己及人,就是借由自己的特殊需要、愿望和追求,体察和理解他人,并自觉地调节自己和他人的关系。这种推己及人的方法,是从自己的所欲来推知他人的所欲,在人和人的关系中,要尽量理解别人、同情别人、帮助别人。这也可以说是从"类"的观念出发,把他人当作自己的同类(同人类、同民族、同阶级、同家族等),因而应当有一类的同情心,能够互相理解、互相信任和互相帮助。当然,在阶级社会和阶级斗争中,这种推己及人的同情要受到很大限制,不可能是普遍可行的,但从伦理学的研究来说,还是一个应当采取的方法。由于伦理学主要以人们的道德活动、道德意识和道德规范为研究对象,所以,对这些现象的认识,除了按照辩证唯物主义认识论的基本原理,贯彻实践—认识—再实践—再认识的原则外,对于道德意识现象,特别是对于"良心"的研究,还必须肯定自我省察法的重要意义。唯心主义的心理学家,往往把所谓内省法视作心理学的基本方法。这种内省法认为,心理现象只有通过自我的内省或内视才能认识,而不需要社会实践对这些内省、内视中得来的认识进行检验。这种断言,当然是错误的。辩证唯物主义的认识论认为,作为道德意识现象,有着自己的生理、心理等各方面的影响,因此只要是正确地运用自我省察所得到的认识,把这种认识同人们的道德活动联系起来,并用道德活动来检验从自我省察中所得来的认识,那么,这种方法就应当是研究道德意识现象,特别是研究"良心"这种道德意识现象的一种必要的辅助方法。

4. 心理学、教育学和社会学的方法

对伦理学研究来说,心理学的方法、教育学的方法、社会学的方法都非常重要,其中有许多具体的方法是有借鉴作用的。例如,观察实验的方法、个案研究的方法、调查统计的方法等。对于系统论、控制论和信息论中的某些原理,除作为一般的方法外,都可以在辩证法的指导下,使其成为研究伦理学的方法。比如反馈原理,对于研究社会的道德教育、个人的道德修养,都能产生一定的作用。道德教育要在特定的时间内,对受教育者施加影响,达到提高其道德觉悟的目的。因此,从输入相关道德教育信息,到对相关信息的控制、调整和反馈等,如果有明确的方法作指导,那么商业伦理学的研究将更容易取得成果。

二、商业道德决策方法

(一)道德决策的含义

道德决策是指当个体面对一定的道德情境和多种可供选择的行为路径时,对可能的行为选择进行善恶以及道德与否的评定,最终做出决策的过程。道德决策通常涉及两难权衡,即个体会在“维护自我利益”与“阻止对他人的伤害”之间进行决策,这种两难权衡使得决策者在道德情境中体验到认知和情绪的相互冲突。

(二)道德决策的相关理论

1. 社会直觉理论

社会直觉理论强调道德决策是一个快速的、直觉的过程。认知推理和直觉处理过程是道德决策的两大过程,其中,直觉处理过程是道德决策的决定性过程。当个体做出道德决策时,他会先根据自己的直觉迅速决定,这个过程是自动的,不需要任何有意识的努力。初步的道德决策之后,个体会根据道德决策的结果进行缓慢的道德推理过程,决策后的道德推理主要是对自己的道德决策进行解释,从而找到相应的依据,并以此依据来说服别人,或者对自己的决策进行反思和评价。在道德决策过程中,情绪成分多于认知推理成分,情绪先行于认知,认知推理在道德决策之后,起着补充说明的作用。社会直觉理论强调情绪是道德决策的核心成分。

2. 理性推理理论

根据理性推理模型,道德决策主要是基于人的理性思维和推理过程,情感因素是在理性推理之后产生的,而不是道德决策过程中的主导因素。个体在进行道德决策时,会先对情境中的信息进行搜集整理,然后对这些信息进行充分的加工,在充分的评估权衡之后进行决策。情绪产生于决策之后,并没有参与到道德决策的过程中,即理性推理理论强调的是道德决策过程中内在认知推理的重要性。

3. 双加工理论

双加工理论强调在个体的道德决策过程中,认知推理系统和情绪知觉系统同时存在,个体的道德认知和决策是两套系统协同作用完成的。其中,情绪直觉系统是一种自动的、直觉的内隐加工过程;认知推理系统是一个由认知控制的智力衍生过程,它关系到个体道德原则的学习发展以及对这些原则的遵守。在不同道德情境的认知加工过程中,两种系统在情感推理和理性认知推理的成分上是不同的,在决策和判断的过程中,这两种成分之间存在着竞争关系。当情感成分大于认知成分时,个体进行道德判断和决策时倾向于由情感驱动,而当认知成分较多时,个体的道德判断则倾向于由认知推理和结果导向驱动。双加工理论强调个体在道德决策时,既会对道德情境中的信息进行充分的推理加工,又会有相应的情绪参与其中,个体决策取决于两种系统竞争的结果。

4．道德人际关系理论

道德人际关系理论阐明了在社会关系领域中,个体的道德行为应当与相应的人际关系相结合。道德行为的产生是与特定的社会人际关系有关的,对道德行为效价的评定应当结合道德情境中的人际关系以及道德行为主体的道德动机。然而,在相同的道德情境下,个体的道德行为不是只依赖于单一的道德动机,往往存在基于多重人际关系模式下的多重道德动机。多重动机之间相互竞争和冲突的结果便是道德判断和决策的结果。

（三）道德决策方法

1．道德决策树模型

道德决策树模型是杰拉尔德·卡瓦纳等人于 1981 年提出的。道德决策树模型的基本逻辑方法如图 1-5 所示。该模型具有两个特点:一是从决策的后果和决策对义务与权利的尊重两方面来评价决策在道德上的可接受性;二是运用加勒特的相称理论考虑例外情况的解决方式。该模型的缺陷在于对利益相关者长短期利益平衡未加考虑。

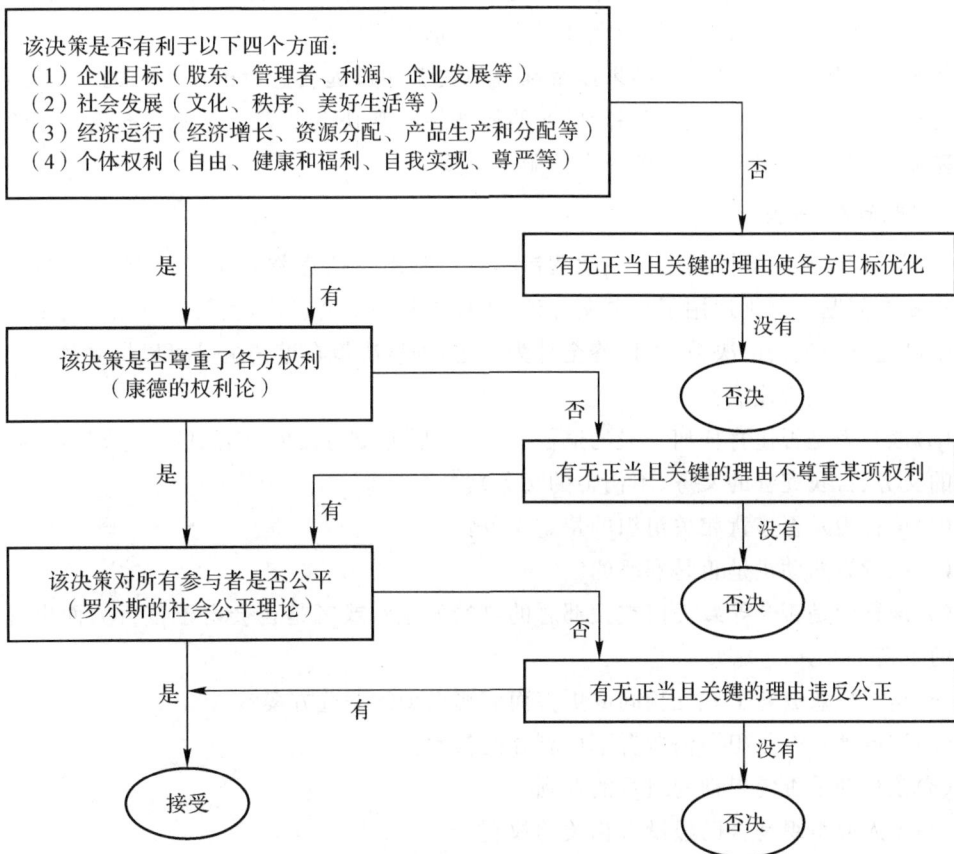

图 1-5　道德决策树模型

2. 衡量决策伦理性的 12 个问题

劳拉·纳什列举了衡量企业决策伦理性的 12 个问题,供决策者在进行伦理决策时考虑。

(1)你已经准确地定义决策问题了吗?

(2)如果你站在他人立场上,会怎样定义问题?

(3)问题是怎样产生的?

(4)作为一个个体和公司成员,你忠诚于谁? 忠诚于什么?

(5)你做该决策的意图是什么?

(6)你的决策意图与可能的结果相符合吗?

(7)你的决策会损害谁的利益?

(8)你能在做决策前与受决策影响的各方讨论该决策问题吗?

(9)你认为从长远来看该决策将与现在看上去那样有成效吗?

(10)你能毫无顾虑地与你的上司、高层管理者、董事、家庭以及整个社会谈论你的决策或行动吗? 你是否感到不安?

(11)如果理解正确,人们会对你的行为产生什么样的看法呢? 误解了又会怎样?

(12)在什么样的条件下,你会允许对你的立场有例外?

该分析框架从决策动机与结果以及利益相关者和长远利益考虑该决策的合道德性,同时也考虑了例外情况的发生,有一定的实践操作性。其缺点在于缺乏相应的伦理理论作为逻辑基础,主观性太强,难以得到令人信服的决策。

3. "九问式"模型

"九问式"模型由美国马奎特大学营销学教授基恩·拉克兹尼亚克于 1983 年提出。该模型在 9 个问题中分别运用了显要义务论、相称论和公平公正论,决策者可以通过回答这些问题来制定符合道德的决策,若回答全部为否定,则该决策在道德上是可以接受的。

(1)该行为是否违法?

(2)该行为是否违背任何一般的道德义务(包括忠诚的义务、感恩的义务、公正的义务、仁慈的义务、自我完善的义务、不伤害的义务)?

(3)该行为是否违背相关组织的特定义务?

(4)该行为的动机是否是邪恶的?

(5)该行为是否会导致任何重大邪恶的事情发生? 或者是否会由于该行为而出现重大邪恶的事情?

(6)是否故意放弃了好处相同或更多而邪恶更少的备选方案?

(7)该行动是否侵犯了消费者不可剥夺的权利?

(8)该行动是否侵犯别的组织的权利?

(9)个人或组织是否已经没有相关的权利?

该分析框架综合了义务论和结果论,以法律检验为起点,依次进行义务检验、特定组织的责任与目的检验、过程检验、结果检验、权利检验、公证检验。该模型的缺陷在于没有考虑当道德义务发生冲突时应该如何抉择。

4. 伦理检查模型

伦理检查模型由肯尼斯·布来查德和诺曼·皮尔于 1988 年提出。该模型主要依据合理利益论和显要义务论,简单实用,无须掌握较抽象的伦理原则,便可进行大致符合伦理的决策,因此被很多企业采用。该模型的分析框架由以下三个问题构成:该决策合法吗? 该决策的长、短期利益平衡吗? 自我感觉如何? 该模型的基本逻辑如图 1-6 所示。

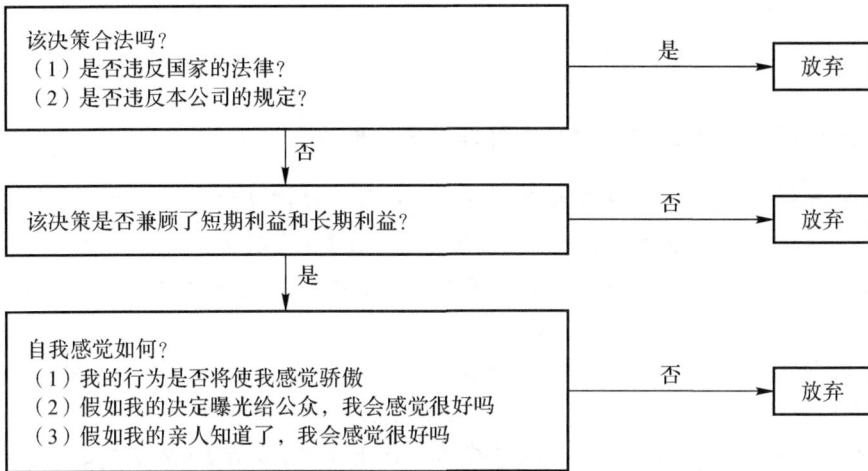

图 1-6　伦理检查模型

该模型从表面上看,好像并未直接谈到伦理,但实际上却与伦理有关。一般而言,伦理与法律是一致的,即不合法的也往往是不道德的。违反伦理的行为从长远来看往往得不偿失。依靠自我感觉来判断,就是要唤醒决策者本身拥有的伦理意识。然而该模型的局限性也显而易见:一是未对利益相关者进行考虑;二是由于法律的滞后性,仅遵守字面上的法律不足以避免不道德的决策;三是对于复杂的问题仅凭自我对道德的认识,而没有系统的伦理分析作为理论基础,无法获得清晰的答案。

第二章　商 业 伦 理

【开篇案例】中国传统文化对日本管理思想的影响

日本麦肯锡公司董事长、著名经济评论家大前研一说:"经过长时间的思索和调查,我终于找到了一本教科书,这就是《孙子兵法》。"《孙子兵法》开宗明义:"兵者,国之大事也。"而在视竞争为战争、视商场为战场的日本企业家眼里则是:"人者,企业之本也。"只有充分发掘人的主动性和创造性,才能使企业产生强大的活力。

日本前东洋精密工业公司董事长、经营评论家大桥武夫也惊奇地发现中国的《孙子兵法》有助于经营,并将其运用于实践,很快使濒临倒闭的企业起死回生,步入坦途。其经验之谈《用兵法指导经营》一书,曾引起日本经营界的巨大反响,成为 1962 年日本畅销书。在此基础上,大桥后来又编写了一部长达 10 卷的《兵法经营全书》,成为日本经营者的经营管理法宝。

拥有"日本企业之父"之称的涩泽荣一也是企业教育家。他说:"我以《论语》为买卖指南,一步也离不开孔子之道。"他常把论语抄本带在身边,并根据日本实际对《论语》做了新的注释。涩泽认为富贵和货殖与论语并不矛盾,孔子并不轻视富贵,只是强调不能淫于富贵,要按照正道取得富贵。并举例道,孔门弟子中就有大商人子贡,孔子并未反对子贡从事"货殖",孔子周游列国时还可能受到子贡的资助。于是涩泽的结论是"过去学者认为仁义与生产殖利不可两立,这是错误观念,我以论语精神经营事业,十年却无一失败……有道理而失败的人不是失败,无道理的人成功也不算成功。"在涩泽的努力下,明治时期的实业家逐渐形成了一种为国、为公、义利结合的实业思想,使儒教成为企业家的精神支柱。

如此,以《孙子兵法》《论语》和《大学》等为代表的中国经典被日本企业界推崇为现代企业制度赖以建立的发展的文化基础。

(资料来源:曹姝婧,范征.日本管理与中国传统文化[J].上海管理科学,2009,31(3):1-4.)

第一节　传统的商业伦理

习　语

要善于运用中华优秀传统文化中凝结的哲学思想、人文精神、道德理念来明是非、辨善恶、知廉耻,自觉做为政以德、正心修身的模范。

——2017年1月6日,习近平在十八届中央纪律检查委员会第七次全体会议上的讲话

一、中国传统的商业道德

中国是文明古国,商业道德是中国传统文化中的重要美德之一,是商品交易者应遵循的最基本的行为准则。中国古代商人讲究从商先要学会做人,成功的商人首先应该是一个好人。中国传统伦理提倡"诚者,天之道也;思诚者,人之道也"(《孟子·离娄章句上》),这句话的意思是,诚是宇宙万物运行的根本规律,而追求诚心诚意是做人的基本原则。中国传统文化中确立的做人标准是"修身、齐家、治国、平天下",先"修身",然后才有其他。"修身"指"修"个人的道德修养。这就是说,先让自己成为有道德修养的人,才能做成其他事业。"修身"的标准是"穷则独善其身,达则兼善天下"(《孟子·尽心章句上》),意思是说,人在逆境或条件受限之时,应该专注于自身的修养和完善,努力提升自己的品德和能力;取得一定的成就或达到一定的高度时,不仅关注自身的利益,还要积极承担社会责任,用自己的力量去帮助他人、改善社会。它的最低标准是"独善其身",自己做一个道德高尚的人;最高标准则是要"兼善天下",承担社会责任。"修身、齐家"属于个人的事情,即"独善其身"。"兼善天下"就是要爱国,要关注社会,关心公众利益。

中国的商业道德产生于先秦,以司马迁的《史记·货殖列传》为标志,其基本框架形成于西汉;经过大约15个世纪的沉默,到明代中期由于农业、手工业与商业的发展,商业道德获得了丰富发展,主要表现在刊行了一批总结经商经验与用于商业道德教育的书籍(即商书)上,如明代李晋德撰写的《客商一览醒迷》、清代儋漪子编写的《士商要览》、清代王秉元纂集的《生意世事初阶》、清代吴中孚编撰的《商贾便览》等,还有如《营生集》《醉笔堂三十六善歌·商贾三十六善》等专讲商业道德准则的蒙训读物,至于散见于家规、族法、地方志、文艺小说以及学者文集中的有关商业道德的内容,更是比比皆是。中国古代商业道德主要有八大规范,即市不豫贾、诚实守信、货真量足、勤劳经营、节俭生活、和睦有礼、爱国守法、乐善好施等。其中以"市不豫贾""诚实守信"为基本,它们是支配其他商业道德规范的两大商德原则。"市不豫贾",就是商人不虚高走价以欺骗顾客,买卖要公平;"诚实守信",就是童叟无欺,讲求信誉。如清代石成金所说:"为商者,诚欲通有无,权子母,总不出公、诚二字。"

信义是中国传统文化中重要的道德标准,是修身、处世的行为基础,商业道德也以此为支柱。以信义为重,乃是商人中诚贾、廉贾的本色。衡量一个商人是否讲信义,最直接的方法就是看他在经商时是否诚实不欺,能做到这点,离信义的最高标准就相差不远了。"非诚贾不得食于贾"(《管子·乘马》),贾而能诚,才是好商人。

古代商人深知,只有讲求商业道德,才能把生意做长、做稳、做大、做活。经商谨厚重义,可富而经久,合乎商人的最大利益和长远利益。

二、中国现代商业伦理原则

中国学者结合社会主义商业伦理建设实践,对商业伦理的基本原则进行了总结,主要包

括集体主义原则、诚实守信原则、义利统一原则、公平与效率兼顾原则①。

（一）集体主义原则

集体主义是社会主义道德的基本原则。集体主义主张个人利益应当服从集团、民族和国家利益，最高标准是一切言论和行动符合人民群众的集体利益。集体主义从无产阶级的根本利益出发，处理个人与集体、个人与社会之间的关系，强调无产阶级的集体利益高于个人利益，要求个人利益服从集体利益、眼前利益服从长远利益、局部利益服从全局利益。集体主义原则反对并谴责把个人利益凌驾在国家、集体利益之上，更不允许用个人利益否定国家和集体利益。企业在商业活动中推行集体主义原则，有利于培养团队精神，打造优秀的企业团队，发挥团队合作的力量。

（二）诚实守信原则

诚实守信是中华民族的传统美德。诚实要求人表里如一，言行一致，不弄虚作假，不隐瞒欺骗，不自欺欺人；守信要求人讲信用，守诺言，言而有信，诚实不欺。诚实守信是企业立业的根本，是企业经营的灵魂。诚实守信要求企业在商业活动中恪守商业信誉，公平、公正地竞争，将追求经济利益与维护社会公众等利益相关者的利益有效结合起来。诚实守信要求企业员工要忠诚于企业，热爱本职工作，诚信待人，在工作中精益求精、真抓实干、言行一致，树立企业信誉，赢得社会公众的信任和认可。

（三）义利统一原则

社会主义义利观是指把国家和人民利益放在首位的同时，充分尊重公民个人合法利益的伦理价值观，反映了社会主义物质文明建设和精神文明建设的内在要求。社会主义义利统一的原则，体现在三个方面。首先，在道德规范与物质利益的关系上，社会主义义利观不仅肯定利益是道德的基础，而且强调道德对社会物质利益关系的调节作用，在鼓励和保护公民追求正当合法利益的同时，强调人们要讲道德、讲理想，要有高尚的精神追求，实现追求理想道德和追求物质利益的统一。其次，在公利与私利的关系上，社会主义义利观强调把国家和人民利益放在首位的同时，充分尊重公民个人合法利益，实现追求国家大义与追求个人合法权益的统一。最后，社会主义义利观强调义利的统一，还体现在以义导利、以义取利、见利思义等要求上。义利统一原则要求企业在商业活动中实现遵循商业伦理与追求经济利益的最佳结合，既不空谈道德，也不利字不出口，既不重利轻义，也不重义轻利，既追求经济效益，又讲究社会责任，反对见利忘义、唯利是图以及各种形式的不道德的和非法的牟利行为，构建起以义利统一为基础的企业道德文化。

（四）公平与效率兼顾原则

在社会主义市场经济条件下，效率与公平具有一致性。一方面，效率是公平的物质前提；另一方面，公平是提高效率的保证。效率与公平分别强调不同的方面，社会主义市场经济要体现"效率优先，兼顾公平"的原则。公平与效率兼顾原则要求企业在商业活动中，既反对"平均主义"，反对以不道德的方式去追求绝对公平，也反对"效率至上"，反对以不道德的

---

① 叶陈刚.商业伦理[M].大连：东北财经大学出版社，2014.

方式追求绝对效率,要公平与效率兼顾,促进企业可持续发展。

三、对商业伦理的关注

20 世纪 60 年代以来,随着人们对消费者权利保护的关注,商业伦理逐渐成为人们关注的社会热点话题之一。研究者开始将商业伦理纳入研究范围,并推向课堂教学和讨论,各种学术杂志和专业出版物上关于商业伦理的内容激增,各种商业伦理学术团体开始设立,商业伦理培训项目成为企业培训的重要内容。新闻媒体秉持"扒粪运动"①的精神,对商业伦理过失和丑闻进行热点追踪和持续报道。政府相关部门逐步出台各种行政规制措施,加大对生产行业尤其是垄断性企业的监管。各种行业协会、教育机构、慈善机构等社会组织积极参与人权、环境等公益事业。社会公众对商业伦理和价值观的问题越来越感兴趣,积极参与讨论并落实到行动上。所有这些表明,人们对商业伦理问题越来越关注,这绝不仅仅是一种潮流。

(一)个体对商业伦理的关注

作为普通个体,随着社会交往的不断扩大,人们越来越关注自身的名誉。老实人吃亏不会是长期现象,良好的道德形象是个人立足于市场经济的前提和保障。作为企业员工,尤其是新生代员工,多数是在衣食无忧、物质条件富足以及互联网快速发展的环境下成长起来的,对自由、平等、尊重和自我价值实现有更强烈的需求,因此他们越来越倾向于并且更忠诚于有商业伦理的企业。目前,我国很多高校毕业生在就业时会签署承诺书,做出诚信就业的保证,一些医学院校的学生在毕业时承诺"医而忘己,公而忘私,努力践行医学情怀"。

(二)企业对商业伦理的关注

不断在媒体出现的商业丑闻让企业首席执行官及高层对企业的形象越来越关注。有些商业问题直指企业高管群体本身,如高管的天价薪酬、掏空企业、奢侈浪费等。企业高层越来越意识到,良好的企业形象有赖于企业内部的伦理建设,或者说企业内部的商业伦理建设是提升企业形象最根本、最有效的途径。除了企业高层,企业的一般管理者也越来越关注商业伦理,这是因为他们在企业中扮演着重要的人际关系角色,几乎一半的时间都在处理与人有关的事务。他们经常面临的棘手问题就是要处理下属的不道德行为,即防止团队中的不道德行为,如员工对企业资源的不合理使用。企业关注商业伦理,不仅仅是为了避免违法产生的成本,更重要的是有助于在社会上建立起良好的商业信用体系。可以说,企业是商业信用体系建立当仁不让的主力军。

(三)各类社会组织对商业伦理的关注

在西方,媒体被称为国家立法权、行政权、司法权之外的第四权力,具有舆论监督的权力。越来越多的新闻媒体聚焦消费者权利保护、环境保护、员工工作条件的安全健康等,一些媒体发起、参与到受尊敬企业的评选中,这对企业名誉和形象具有十分重要的影响。某些

---

①　扒粪运动,又称"揭丑运动"。19 世纪下半叶,美国经济进入前所未有的快速发展阶段,资本主义从自由竞争走向了垄断,出现了百余个经济巨头。这些经济巨头奉行所谓"只要我能发财,让公众利益见鬼去吧"的经营哲学,引起了社会公众舆论的强烈不满和抨击。从 1903 年开始,一批记者、作家开始撰文专门揭发大企业与政客相勾结、贿赂、操纵、贪污等丑闻,形成了近代美国史上著名的"扒粪运动",这一运动持续到 20 世纪 30 年代。

产业组织或行业组织为了推动产业或行业内部的商业伦理行为,制定本产业或行业领域的行为规则、职业伦理规范等。例如,中国纺织工业联合会(原中国纺织工业协会)在 2005 年制定了中国纺织服装企业的社会责任管理体系,即 CSC9000T(China Social Compliance 9000 for Textile & Apparel Industry),目前已经修订到 2018 版。这一体系为我国纺织服装行业如何履行社会责任提供了明确的指引。各类社会组织对商业伦理的关注,在社会中形成了这样一种共识:在经济层面,企业必须对社会负责,否则可能遭受经济损失,丧失合法性;在伦理层面,企业对利益相关者的责任远不止经济利益的维护,否则可能遭受名誉损失,丧失合理性。

(四)政府对商业伦理的管制

政府在社会治理中承担着"元治理"的角色,在政策管理、制定规章制度、保障平等、防止歧视或剥削等方面具有不可替代的作用。在应对商业伦理方面,政府首要的责任就是保护消费者、劳动者以及社会其他群体和组织的利益,防止垄断企业对社会整体利益的损害。早在 19 世纪末 20 世纪初,美国就开始制定反垄断法和反托拉斯法,如《谢尔曼法》(1890 年)、《克莱顿法》(1914 年)、《联邦贸易委员会法》(1914 年)等,限制贸易的协议共谋垄断或企图垄断市场、兼并、排他性规定、价格歧视、不正当的竞争或欺诈行为等。学界称美国这一时期是从镀金时代到进步时代的转变,根本原因并不在于社会生产力的快速发展和物质财富的突飞猛进,而在于政治文明领域形成了有力的行政管制,加强了对大型企业和利益集团的管理。1993 年,新中国成立不到 50 年,就通过了《中华人民共和国消费者权益保护法》,2007 年通过了《中华人民共和国反垄断法》。根据国家市场监督管理总局的消息,2021 年上半年,国家市场监督管理总局累计对互联网领域 22 起违法实施经营者做出行政处罚,涉及滴滴、阿里巴巴、腾讯、苏宁、美团等多家互联网巨头,旨在保护平台经济领域有效的竞争格局,坚决向垄断企业不合规、不合法的行为说不。

从社会学的意义来讲,"伦理所带来的更加难以言传的好处就是信任"。神经生物学家发现,在错综复杂的信任关系中,人的大脑能够释放出一种激素——催产素,让人认为"合作的感觉不错"。无论是个人,还是组织,信任就像一种银行账户,具备了信任储备金,就会获得行为的灵活性和自由度,但是一旦过度支取,灵活性就会消失,并面临被怀疑。所有市场经济中的商业体系都建立在公众信任之上,"市场经济的成功运作要求市场参与者之间的相互信任,要求对私有财产和法律原则的尊重,对此我们可以称之为'道德资本',它是市场交换所必需的。"缺少了信任,商业体系就失去了根基,而信任机制一旦被破坏,要重建商业体系就会困难重重。

第二节　我国商业伦理思想

📖 **习　语**

我们全面深化改革,就要激发市场蕴藏的活力。市场活力来自于人,特别是来自于企业家,来自于企业家精神。

——2014 年 11 月 9 日,习近平在亚太经合组织工商领导人峰会上的发言早在商周时代，我国的商业伦理思想就已产生。在这漫长的历史岁月里，不少思想家对商业及其伦理思想有过有益的探索。在丰富的商业道德宝藏中，可以找出至今都值得借鉴的有益思想。

一、见利思义

"见利思义"要求商人在获利时，一定要考虑此举是否符合道德标准。商人要赚钱、谋利，但是这个钱、这个利必须来得合理，不能不走正路。我国古代商业活动提倡道德，重视道德，"见利思义""见得思义""以义生利"等已成为广大商人共同的行为准则。商人如果唯利是图、以利害义，会遭到同行的鄙视、世人的唾弃。有人说过："于己有利而于人无利者，小商也；于己有利而于人亦有利者，大商也；于人有利，于己无利者，非商也；损人之利以利己之利者，奸商也。""我有利，客无利，则客不存；我利大，客利小，则客不久；客我利相当，则客久存，我则久利。"

中国古代商人"里仁为美"。湖南洪江古商城里有一条街巷叫作"里仁巷"，关于巷道名字的由来流传着一个感人的故事。据说清代有一李姓富商因资金周转不灵，无奈将一栋窨子屋卖给了一刘姓商人。刘姓商人买房后在地下发现黄金，便要将黄金归还卖主。卖主却以房屋"已卖出"为由拒收。双方都不要这"义"外之财，相持不下只能诉诸汛把总署。买卖双方最后听从师爷建议，将此钱充公，用于修桥铺路等公益事业。两位商人因此获得很好的商誉，生意也越做越红火。人们为嘉奖两人的善举和高尚的品德，便赠其"里仁为美"四个大字。这条街巷也因此被称为"里仁巷"。"里仁为美"出自《论语·里仁》："子曰：里仁为美。择不处仁，焉得知？"意思是：居住在有仁风的地方才好。选择住处，不居住在有仁风的地方，怎么能说是聪明呢？

二、诚实守信

诚实守信要求商人诚实不欺，讲求信誉，这是中国商业文化的底色。信必须建立在诚的基础之上，不能诚，便不能信；有了诚，信才能实。自春秋以来，儒家的"仁、义、礼、智、信"，道家的"道法自然"，佛家的"善恶报应，隐恶扬善"，就从不同角度对商人的诚信经营发挥着教育和引导的作用。诚信文化是贯穿中国几千年商业史的主流价值观和基本的商业经营原则——"诚乃商之本，信乃利之源。"

春秋时期的政治家、经济学家管仲非常重视诚信。管仲说："诚信者，天下之结也。"（《管子·枢言》）意思是，恪守诚信，是天下行为准则的关键。管仲说："非诚贾不得食于贾，非诚工不得食于工，非诚农不得食于农，非信士不得立于朝。"（《管子·乘马》）意思是，不是诚实的商人，不得依靠经商为生；不是诚实的工匠，不得依靠做工为生；不是诚实的农夫，不得以务农为生；不是诚信的士人，不能在朝中做官。在管仲看来，士、农、工、商都应讲究诚信，否则，就不要以此谋生。其中"非诚贾不得食于贾"，对商业道德做出了严格的规范。这里所说的"诚"，首先是诚于商业，即要专于商业、精于商业、献身商业，同时又要具备相应的行业道德，即诚于顾客、诚于同行、诚于国家。这样的人才允许经商，否则，"不得食于贾"。

司马迁在《史记·货殖列传》中写道："本富为上，末富次之，奸富最下。"意思是，靠从事农业生产而致富为上,靠从事工商而致富次之,靠玩弄技巧甚至违法而致富是最低下的。

守信用,讲信誉,重信义,是中华民族的传统美德,也是商业道德的重要准则。在诚贾良商眼里,做生意就好比守着一棵大树讨生活,"诚""信"是大树的根,"义"是大树的枝干,而"利"才是大树的果实。只有"诚""信"和"义"都得到滋养和爱护了,这棵大树才能根深叶茂,才有可能结出累累硕果。

三、买卖公平

买卖公平即等价交换,这是价值规律的根本要求。中国历来提倡公平交易,诚实守信与买卖公平是相互关联的。前者是后者的保证,后者是前者的基础。买卖公平是诚实守信的核心内容。

例如,杆秤是中华民族古老智慧和古代科技的活态见证物。作为一种衡器,杆秤在历史的长河中也负载了一定的社会文化意义。在中国,旧制杆秤,1 斤等于 16 两,一般用 16 颗星表示。16 颗星分别代表北斗七星、南斗六星,再加上福、禄、寿三星。16 颗星分别用金色星(铜丝镶嵌星)或银色星(铝丝镶嵌星)表示,金色银色星表示"星明眼亮,童叟无欺",意在用道德约束商家。商贩如果缺斤少两,欺骗顾客,就会"折损"他的福、禄、寿。卖东西给顾客,若缺一两要"损福",缺二两要"伤禄",缺三两要"折寿"。杆秤上的星星,时时刻刻告诫商人:买卖要公平,要秤平斗满,不能缺斤少两,否则就是在伤害自己。称量的是斤两,称的是良心。商人做生意要心地纯善,不能黑心。

司马迁在《史记·货殖列传》中写道:"廉吏久,久更富,廉贾归富。"意思是,为官清廉就能长久做官,时间长了,便会更加富有;商人买卖公道,讲信用,就能多赚钱从而致富。

四、以和为贵

中国传统文化强调"以和为贵""和而不同""天时不如地利,地利不如人和"等。

"和而不同"是儒家提出的生存和发展策略,体现了社会合作中的辩证关系,其本身既是对君子人格的认同,也体现了良好的合作理念。只有在包容各种"不同"的基础上才能真正达到理想状态中的"和",这也是"以和为贵"的真正内涵。

商人在经营过程中,总会面临不同的人、不同的事,在买卖过程中协调好各方面的利益诉求,其实并不是一件简单的事情。这个时候,中国传统文化中"和而不同"的价值观就起到决定性作用,因此"以和为贵"就成了中国古代商人最为尊崇的信条之一。"和气"是沟通感情的前提和基础,是调节人际关系的润滑剂。和气生财,讲求企业内部的人际和谐,以及企业与顾客保持和谐的人际关系。"和气能招万里财""和气能生财,蛮横客不来",这些商业谚语都道出了"和"在商业经营中的重要作用。

五、勤劳节俭

勤劳和节俭,是中华民族的传统美德,也是中国商业道德的重要组成部分。勤劳和节俭相连,勤劳可以增收,节俭可以节支。勤劳与节俭,二者不可偏废。明代李晋德在《客商一览醒迷》中写道:"财富必由勤苦而后得,得之必节俭而后丰。"

第三节　中国儒家经济伦理思想

习　语

研究孔子和儒家思想要坚持历史唯物主义立场,坚持古为今用,去粗取精,去伪存真,因势利导,深化研究,使其在新的时代条件下发挥积极作用。

——2013 年 11 月 26 日,习近平在山东曲阜孔府考察时同有关专家学者代表座谈时讲话

【引入案例】华为超越的义利观

作为华为的创始人,任正非在"义利观"上实现了超越。他强调企业是功利性组织,企业的使命首先是活下去,如果没有利润,企业就会死亡。企业同时也是社会性组织,必须守法经营、合法纳税、创造就业。他要求华为员工要热爱祖国、热爱人民、热爱华为,关心国家和民族的前途命运。

在利益的分配上,和一般的企业老板不同,任正非把个人利益看得比较轻,愿意和员工分享公司发展创造的财富。无论是从华为的股权结构还是华为的薪酬制度上,任正非都做到了最大限度地分享。一直秉承"要活大家一起活"观念的任正非认为企业赚了钱首先要大家分,大家都有份才会愿意跟着他干。

在法律制度还不规范的时候,华为的全员持股制度已经开创了中国企业的先河。目前,任正非在华为个人持股已经不足 2%,其余的股份由大多数员工共同持有。也正是由于任正非有如此的胸怀和魄力,华为才集聚了一大批优秀人才并发扬艰苦奋斗的精神,成就了华为今日的辉煌。这是一般企业家难以企及的大智慧,也正是这种大智慧使华为一直乘风破浪,奋勇前行。

三十余年的发展历程,不仅成就了华为,也形成了任正非独特的企业哲学思想。当任正非说"哲学改变中国"的时候,也意味着他已经不仅仅着眼于目前的华为,而是开始思考华为的未来和中国企业的未来。同时,中国企业也可以在学习和批判华为的企业哲学中获得启迪与智慧。

(资料来源:周留征.华为哲学:任正非的企业之道[M].北京:机械工业出版社,2015.)

一、孔子经济伦理思想

(一)发展经济与道德教化并举

古今中外,普通人生存的重要目的就是获得更多的财富,追求更好的物质享受。人民喜好富贵厌恶贫贱,只要以正当的方式去追求就可以接受。而有德行的人必须按照一定规范为人处世,即使生活困顿也不能更改。在充分肯定物质追求的基础上,孔子更加看重人更高的精神需要,就是知仁懂礼的道德要求。孔子意识到如果不对百姓进行教化,物质水平的上升会使人的行为放纵,没有具体的生活目标。在对弟子冉求询问卫国人口众多以后怎

办的回答中,孔子首先回答道"富之"继而在"富之"的基础上加上"教之"。富裕只是基础,提升修养才是更高层面的升华和保障。

(二)商业活动规范有序

春秋末期,战争多发,交通不便,商人旅途不便。鲁国大臣臧文仲对商人态度恶劣,不仅设置多处关市并且大幅增加征税额度,商人苦不堪言。孔子认为这种行为"不仁",虽然在短期可增加国家收入,但商人积极性受挫,从长远来说是不利于商业发展的。在商业经营活动中,孔子提倡"信",所谓交往有"信",交易双方在往来时"信必行,行必果",注重对行为负责,提高运行效率,降低交易成本。统治者也要秉承诚信原则,"谨而信""信而后劳其民",以赢取百姓信任支持。在义利之分中,孔子不反对获取财富,只是侧重于获得财富的手段是否正当,手段正当则予以支持,反对不择手段地谋取私利,这样的富贵就同"浮云"。

(三)财富分配相对合理

孔子在主张"富民之道",发展经济作为社会稳定基础的同时也强调分配的重要性。只发展经济,社会财富总量扩大,人们生活水平提高,认同国家统治,但如果分配不公平照样会使社会动荡。当然,孔子不强调财富的绝对平均分配,根据朱熹的解释重点在于对孔子"均"的正确理解,他认为"均"不是绝对平均而是在于分配得各得其分,也就是在一定的标准下使得各阶级都能获得相对合理的财富,只要分配做到相对公平,社会就会相对安定。孔子推崇周礼规定标准的公正合理性,也就意味着分配本身具有层次性。

二、孟子经济伦理思想

(一) 何必日利

在对待"利"和"义"的关系中,孟子对百姓私利不持反对态度,认为这是合理的,他还呼吁制民以产,让百姓有一定的物质经济保障。但孟子更看重社会秩序的和谐,百姓追求私利只能在一定的范围进行,不能违背"义"的要求。但现实当中义和利往往有冲突,孟子在特定情况下在维护义的基础上也具体变通。在国家大事上,孟子认为不应对个人利益太过重视。当然,孟子绝对不是否认国家利益,他还指出国家追求整体利益必然侵犯百姓或者其他诸侯的利益,也就鼓励大夫和百姓追求私利,这样下去,社会将争斗不停、混乱不止,最后国家就会陷入危险的境地。

(二)社会分工

面对社会分工的现实,孟子对此表示支持。他说:"以粟易械器者,不为厉陶冶;陶冶亦以其械器易粟者,岂为厉农夫哉?"农夫用粮食换取工匠的陶器,这对双方都是有利的。商人是商品交换的中介,商业的发展有助于商品交换,因此孟子批评统治者对商人征收重税的行为。"市,廛而不税;关,讥而不征。"孟子认同在劳动工作上采取分工合作,为此指出:"劳心者治人,劳力者治于人;治人者食人,治于人者食于人。"当然从表面看来,这段话容易被理解为统治阶级对被统治阶级的剥削,但客观来看这反映了当时社会分工的现实情形,劳力者通过体力劳动来促进社会发展,劳心者耗费脑力劳动规划社会发展,从事体力劳动和脑力劳动是社会分工的合理结果。

三、荀子经济伦理思想

（一）以义制利

在继承孔孟、肯定人民天性追求利益的基础上，荀子主张用道义来克制利益。社会道义和个人利益都是人们本身追求的东西，人们追求私利的同时必须要接受道德教化的制约，既然"不能去民之欲利"，就要加强道德教化，促使百姓克制心中欲望，认同宗法制度的规定。人的欲望是必须存在限制的，是绝对不能违背礼制的。所谓"义胜利者为治世，利克义者为乱世"，即道义战胜功利的时代为社会安定繁荣的时代，私利战胜道义的时代是混乱野蛮的时代。

荀子还对礼制的存在原因做了精彩的分析："人生而有欲，欲而不得，则不能无求；求而无度量分界，则不能不争；争则乱，乱则穷。"人的欲望是天生的，欲望得不到满足，人就会采取行动去追求。当人在追求欲望的满足时，如果没有明确的度量标准或界限来规范这种追求，就会发生纷争。当纷争变得无序和激烈时，它不仅会破坏人际关系和社会和谐，还可能导致资源浪费和效率降低，最终对整个社会造成负面影响。"先王恶其乱也，故制礼义以分之，以养人之欲，给人之求，使欲必不穷于物，物必不屈于欲。两者相持而长，是礼之所起也。"（《荀子·礼论》）古代圣王厌恶祸乱，制定礼制调养人的欲望，使人能正确处理欲望和物质的关系，让两者保持和谐的状态，这就是礼制存在的原因。社会分工是礼制在个人从事职业上的具体体现，人天生有追求物质利益的欲望，职业体现着获取利益的能力，而社会物质的总量是固定有限的，欲望越大，矛盾越激烈，如果不加以协调控制，就会危害社会正常秩序。

（二）合理消费

荀子反对君王过度的奢侈消费，认为奢侈消费是危害社会稳定的。荀子说："故知节用裕民，则必有仁义圣良之名，而且有富厚丘山之积矣。"君主节俭就会控制向百姓征收税收的欲望，使民众富裕，自然会得到好声名，而且还会拥有丰富的积蓄。"民贫则田瘠以秽，田瘠以秽则出实不半"，百姓贫困就不能在土地上多产出粮食；"上虽好取侵夺，犹将寡获也"，君王即使拼命搜刮百姓也没有结果。这道出了君主为短期利益搜刮百姓，百姓贫穷导致消费不足，进而导致君主整体利益受损的道理。

平均的生活使人丧失追求更好生活的动力，国家也就丧失了对人民的动员能力。荀子强调："若是，则万物失宜，事变失应，上失天时，下失地利，中失人和，天下敖然，若烧若焦。"事情不能和谐运行，有应急之事也不能妥善处理，国家也就会处于丧失天时地利人和的混乱状态。

四、儒家经济伦理思想对传统商业道德的影响

（一）乐善好施、爱国济民的道德情怀

内圣外王、入世拯救，是儒家传统的精神，"穷则独善其身，达则兼善天下"是古代儒士不断追求的目标。儒家伦理强调人们在其所处的道德关系中所承担的道德责任，古代商人对儒和商的价值观进行整合，以儒家的价值判断来理解和规范商业经营活动，实现了儒和

商在价值层面上的统一。

中国传统商人不仅是"经济人",更是"道德人"和"社会人"。他们有着比较强烈的道德要求和精神向往,敢于肩负自己的社会责任。他们不仅有"治生裕民"追求利润的功利追求和"创家立业"的功业意识,更有"先天下之忧而忧"的忧患意识和"达则兼善天下"的胸怀。经济活动具有济世担当、兼善天下的意义。

首先,古代商人虽身处商业经营的俗世生活,却追求高尚的道德人格,即"独善其身"。他们"虽游于贾人,实贾服而儒行"(歙县《潭渡黄氏族谱》卷九)。同时,中国古代商人有富好德行,周济贫民,捐赠国家的传统行为,即"兼济天下"。他们认为经商者"要以利为德于当世,富而仁义附焉","非董董于财役"(《休宁西门汪氏大公房挥金公支谱》卷四)。讲究对家族和社会的积极回报。他们出资关心孤老、扶助贫病、修桥铺路、筑堤设渡、兴办学校。

随意翻检各种地方志和文献,古代商人济困扶危、乐施公利的例子随处可见。商人始祖陶朱公范蠡,多次散尽资财,为中国商人树立了仗义疏财、慷慨捐赠的榜样;清代歙县商人刘正实在扬州经商期间,曾经捐万金,用于龙门桥的兴修;经商四川的清代婺源商人詹文锡,曾经捐数千金凿山开道,劈开惊梦滩,使来往重庆的商旅行人免遭覆舟之苦;光绪三十一年(1905 年),晋商积极参与争回矿权运动,特别是祁县富商渠本翘,为筹措赎矿银多方奔走,在山西各票号的支持下集银 150 万两,从英商手中赎回了山西煤铁采矿权,保护了山西的煤铁资源。

(二)"以义制利"的价值理念

"义利"观是儒家思想的重要组成部分。孔子认为"富与贵,是人之所欲也",《史记·货殖列传》讲得更加直白:"天下熙熙,皆为利来,天下攘攘,皆为利往。"可见对财富的追求是天经地义的事。如何处理义和利之间的矛盾呢?儒家伦理反对重利轻义、见利忘义、唯利是图,强调要先义后利,"见利思义""以义制利",即"君子爱财,取之有道"。"利以义制"同诚、信、仁等一起构成一个完整的道德体系,是对商人一种软的制约。

"以义制利""义利并重"是个人利益和社会利益的统一,也是一个短期利益和长期利益的博弈过程。传统商人把"义利观"贯彻到中国传统商业经营实践中,具体表现为商业经营理念上的"见利思义",商业行为准则上的"取之有义",商业经营效果上的"先义后利",商业价值判断上的"重义轻利"。传统尚义伦理内化为中国古代商人内在的行为准则,积淀成公平交易、诚信无欺、货真价实、讲求信誉的优良商业道德。古往今来,诚贾义商们正是本着义以制利、义中取利的交换原则,恪守着"仁中取义真君子""义中求财大丈夫""君子爱财,取之有道""货真价实,童叟无欺"等高尚的道德信条经商行事。

"义"同时成为古代商帮血缘、地缘之外的精神纽带。关公崇拜集中体现了传统商人对"义"的理解。关羽事君至忠,待人至信,事友仗义,古代商人把诚实守信的商业伦理寄托在关羽身上,把关公与孔子并列称为文武二圣,尤其晋商更是把关公当作财神加以供奉。按照晋商"诚信为本、以义制利"的经营理念,只要坚持"以义制利","财"自会滚滚而来,"义"的集中代表——关公,自然也就被奉为财神。

(三)"诚信为本"的企业经营理念

"诚信"是儒家最基本的道德原则。孔子指出"人而无信,不知其可也"。治理国家时,即使"去兵""去食"也不能去"信"。孟子进一步把"朋友有信"与"君臣有义、父子有亲、夫妇有别、长幼有序"并列为"五伦",将其作为道德评价的基本标准和伦常规范。荀子还把是否有"信"作为区分君子与小人的重要道德标准。

"诚信"是古代商人的人格追求与立业根本之准则,处理与国家、同行、顾客、主人、佣工等关系的基本原则,也是商德的核心、经商长久取胜的法宝。社会经济活动是由群体组织而非个人完成的。信用直接影响群体组织的凝聚力,影响社会交往能力的发挥,并由此影响经济活动的效果。商业活动中的信用、公平、兑现的观点,就是"信"的体现。只有诚信才能联结起社会交往关系中稳固的伦理网络,实现"闭门一家亲,开门天下亲"。古代诚信的商业道德,主要表现在:一是取信于人,这是经商立身的基础。二是交往有信。三是买卖公平,童叟无欺。

商品交换行为本质上是一种契约行为。信誉的好处就在于它能将前一次的信用与以后每一次的交易联系起来,形成某种因果关系。以牺牲信用为代价攫取眼前利益的行为无异于杀鸡取卵。建立在诚信基础上的社会信用体系,不仅可以节约货币流通差,降低金融成本,而且可以降低交易风险和交易成本,提高交易效率。由此可见,传统商人恪守"诚信",以"诚"释"信",不仅可以获得自我道德完善和心理满足,在"诚信"道德选择背后,也隐藏着物质利益的驱动。

(四)和厚生财、以人为本的人际关系经验

中国传统儒学十分强调人际关系的和谐,注意营造稳定、互利互惠的人际关系。传统商人将儒家的礼和之道用于润滑商业中的人际关系,用于商业经营管理实践,作为处理商家内外关系的基本方法,总结出"和气生财""人无笑脸休开店"等处理公共关系的经验。他们认为"和"是生财的基本条件,力求在自己的周围创造一种"和"的气氛,从而减少贸易阻力。古代商人,对内行仁道以增强员工的凝聚力、积极性和忠诚度,以营造商家内部的有序关系与和谐气氛,最终换来企业的业绩;对外塑造商家的仁厚形象,热情待客,广结善缘,以稳定和扩大商业关系网络。

(五)刚健进取、自强不息的职业道德传统

《周易》讲:"天行健,君子以自强不息。"敬业勤业、艰苦创业是中国传统商德的重要内容之一。成功的商人既要遵守市场的游戏规则,又要能够经受住挫折的考验。

不论是肩挑手提的小商贩,还是拥资百万的富商巨贾,中国古代商人无不勤进货、勤销货,精于工计。他们深知"功崇惟志,业广惟勤""敬其事而后其食"的道理。商业实践的磨炼造就了中国古代商人艰苦创业、敢于冒险、初心不改、无怨无悔的优良职业品德。古代晋商不畏艰难险阻,长途跋涉于甘肃、宁夏、青海、新疆、内蒙古等边远地区,于艰苦卓绝、勇敢顽强中成就自己的事业。著名的旅蒙商大盛魁,其创始人原是三个小贩,他们白手起家,逐渐积累资本,大盛魁最后成为旅蒙商中最大的商号。古代徽商成功的一个关键同样在于其诚意敬业、锲而不舍,形成"一贾不利再贾,再贾不利三贾,三贾不利犹未言焉"(清光绪年间《祁门倪氏族谱》卷下)的"徽骆驼"精神。

受儒家文化影响的中国传统伦理道德曾经一度成为商业发展与繁荣的巨大推动力量,这些伦理训条不仅造就了昔日明清商帮的辉煌,也与现代市场经济存在不少同构与契合的因素。社会主义市场经济建设不能忽视商业道德的力量。在新的历史条件下,要对传统的商业伦理进行扬弃,赋予其时代内涵,实现传统文化精神与商品经济法则的有机结合。

第四节 中国经济伦理学

习 语

长期以来,广大民营企业家以敢为人先的创新意识、锲而不舍的奋斗精神,组织带领千百万劳动者奋发努力、艰苦创业、不断创新。我国经济发展能够创造中国奇迹,民营经济功不可没!

——2018年11月1日,习近平在民营企业座谈会上的讲话

一、中国经济伦理学概述

回首人类历史,问题是时代的声音,实践是思想之源。伟大的时代往往需要伟大的精神力量、道德力量,也必将产生适应并引领时代的伟大的伦理学。改革开放40多年,这是一个物质财富飞速增长的伟大"经济"时代,也是一个文化软实力迅速提升的伟大"伦理"时代。人类经济行为必然会产生相应的经济伦理问题,而具有五千年文明史的中国有着历史悠久的经济伦理思想与实践传统。改革开放为中国经济伦理学的产生提供了前所未有的机遇。

在马克思主义指导下,中国经济伦理学深深植根于中华五千多年的思想文化沃土,借鉴西方伦理文化的精华,源自新中国成立以来特别是改革开放以来的伟大实践。事实上,中国经济伦理学不仅是对改革开放伟大实践的思想描摹,而且是对其的理论回应和"伦理学解答"。从这个意义上说,中国经济伦理学的内容是改革开放实践中的问题和矛盾,而形式则是中国经济伦理学的概念、命题、逻辑和范畴等。可以说,中国经济伦理学研究的创新,主要不是"自说自话""自我圆融"的"新",而是创新性实践的"思想折射";改革开放实践为中国经济伦理学理论创新提供了巨大的"可能性空间"。在和平与发展的时代,中国逐步从封闭走向开放,从僵化走向繁荣,这种新的时代之风和经济改革的实践走向极大地预设了中国经济伦理学研究的基本走势、议题设置和可能解答。

从功能来看,经济伦理学既能够时时批判现实,也能够事后反思现实,还可以大胆预言未来。改革开放40多年来,中国经济阔步前进,取得了史无前例的巨大飞跃,经济总量稳居世界第二,这背后离不开中国经济伦理学的伦理约束与价值引领。经济学与伦理学的互动、经济与伦理的张力,是改革开放40多年来中国经济快速发展不可或缺的"重要密码"。中国经济伦理学乘改革开放之东风,学术旨趣由"宏大叙事"转向"细小叙事",由"教条优先"转向"价值优先",这种思路转换发展迅猛,绵延扩展至今,在学科体系构建、基础理论研究、现实关怀与对策回应、思想史与跨国比较研究、专业书刊出版与外文著作译介、学术共同体的建立与运转等方面成就斐然。中国经济伦理学确立了其在当代中国伦理学谱系中的重要地位,并在当代中国应用伦理学中成为"旗帜"和"显学"。

二、中国经济伦理学的发展历程

中国经济伦理学根植于中国大地和中国传统文化,紧跟世界潮流,借鉴西方伦理文化的精华,诞生并成长于改革开放伟大实践中,至今已经走过了萌芽期、形成期、繁荣期和发展期四个阶段。

(一)萌芽期:问题的提出与初步解答(1978—1991 年)

经济伦理学能够萌芽,是因为伴随着改革开放的步伐,现实生活中经济与伦理道德之间的矛盾冲突日益凸显,这对人们已有的伦理道德观念产生了巨大的冲击。相关问题包括:经济、商品经济乃至市场经济是否有伦理道德内涵?赚钱是否需要遵守伦理道德规范,或者说,是否需要伦理道德的约束?伦理道德对于经济发展而言是"干扰性因素"或者"可忽略不计的因素"吗?企业在经营中是否需要遵守法律之外的道德?……诚然,如果就思想营养来说,中国传统伦理文化及马克思主义伦理思想中存在大量的经济伦理思想,计划经济时代的经济发展在具有经济理性的同时,也具有道德理性,这些伦理文化共同构成中国经济伦理学的文化资源。从根本上说,它们对当代中国经济伦理学而言不是"源",因为只有社会实践是"源"。

改革开放初期,中国伦理学主要研究经济伦理领域的本体论追问、经济与伦理的关系、企业与道德的关系、"发家致富"的伦理底线等问题。这些思考只是宏观的、粗略的、零星的,最多只是提纲挈领式的"宏大叙事"。同时,现实中许多问题尚未展开,关于改革开放、经济体制改革的一些重大问题尚未弄清。显然,这样的理论状况难以适应改革开放和经济社会迅猛发展的要求,经济伦理学作为一个学科呼之欲出。这一时期研究经济伦理问题的学界代表人物有东方朔、许崇正、戢克非、乔法容、王小锡等,他们主要聚焦经济与伦理关系的探讨,特别是改革开放进程中的经济伦理问题。作为学科体系的经济伦理学尚处于"萌芽期"。

(二)形成期:专著出版与学科奠基(1992—2000 年)

1992 年,确立了经济体制改革的目标即建立社会主义市场经济体制,为进一步改革开放指明了方向,中国经济伦理学也进入快速发展时期。伴随着经济体制改革和市场经济建设迅速发展,社会结构发生了巨大变化,实践中"市场无伦理""经济无道德""为富不仁"等经济伦理问题频发,经济道德危机事件,特别是企业不承担社会责任事件屡禁不止。对此,社会各界反响强烈,纷纷呼吁防范企业"野蛮增长"和遏制其"无德经营"。学者普遍认为,市场经济建立前提是社会有理性平和的社会心态,有足够的文化软实力供给,也纷纷论证经济伦理的必要性或者理论和实践价值,论证市场经济与经济伦理之间的关系,并挖掘中国传统文化中的经济伦理思想(如孔子、孟子、墨子等的经济伦理思想)。

(三)繁荣期:原创成果迭出、具备国际视野(2001—2012 年)

2001 年,中国正式加入世界贸易组织(WTO)。随着市场经济的发展和中国进一步改革开放,中国经济伦理学发展的国际性动因产生。与此同时,市场经济发展过程中的诚信问题、公平正义问题、生态经济伦理问题、全球经济伦理问题等凸显出来。中国经济伦理学研究,从理论向实践、从学界向社会渗透与辐射,日益繁荣。此时,片面追求国内生产总值(GDP)增长、过度追求经济发展和企业利润的发展方式导致社会问题时有发生。为此,围绕如何完善和推进市场经济,如何建构和谐社会,如何处理经济发展与生态文明建设之间的矛盾,如何处理全球化、跨国经济交往中的经济伦理问题,学者进行了大量的研究。学术研究呈现深耕思想史研究、厚植基础研究、注重交叉研究、突出拓新性研究的研究特色,出现了原创性的经济伦理学范式,诸如"道德生产力""道德资本""经济道德人""道德经营""国有资本人格化""乡土伦理"等。这一时期研究力量日益雄厚,研究分支众多,研究成果多有创见。

(四)发展期:新发展理念与共同价值确立(2013 年至今)

进入新时代以来,中国特色社会主义走上从富起来到强起来的新征程。围绕中国经济社会发展中的问题,以习近平同志为核心的党中央提出了新发展理念,学界围绕习近平新时代中国特色社会主义思想中的经济伦理意蕴、经济伦理问题、社会主义核心价值观的问题及在人类命运共同体思想中的"共同价值"问题等展开了研究。与此同时,经济伦理学对外交流合作的良好态势继续保持。几十年来,中国经济伦理学,从无到有、从有到优、从片面到全面、从理论到实践、从实践到理论,取得了长足的进步,已经确立了自己在伦理学谱系中的"显学"地位,成为应用伦理学中的"旗帜"。放眼全球,改革开放 40 多年来中国经济伦理学可以说已经成为世界经济伦理学中一支不可忽视的重要力量,不仅为当代中国经济伦理问题提供了科学的理念和可行性对策,而且为解决当代经济伦理问题贡献了中国智慧与中国方案。

三、中国经济伦理学的主要学术贡献

(一)经济伦理学的本体论问题

1. 经济伦理学的概念

改革开放以来,经济社会中的利益冲突与矛盾日渐增多,因此伦理学研究聚焦经济与伦理的整合,提出了经济伦理学的概念、范式。这关涉经济伦理学的知识合法性问题。由于学者的知识背景、兴趣点以及理论旨趣有差异,所以他们对经济伦理学概念的界定也见仁见智。尽管学者的具体观点存在差异,但是他们都认为经济现象与伦理道德是密切联系的,经济动机、经济行为、经济制度与相关体制机制需要伦理道德的必要约束和引领,这就是经济伦理学的理论主旨和存在的合法性空间。关于经济伦理学的学科性质问题,学界同样存在着歧见,诸如"应用伦理学说""实践伦理学说""理论和实践双重特性说"等。而关于经济伦理学的研究内容,学界有宏观、中观和微观的"三层次说""四环节说""三层次和四个环节的统一说""五环节(增加'科学技术')和三层次说的结合"等。

2. 经济伦理的概念

关于经济伦理,学术界对此展开的研究已有数十年。现在学术界对经济伦理概念的理解,大致分为以下三种:一是将经济伦理理解为经济的伦理。这是目前学界的主流看法,认为经济伦理是经济活动、经济制度的伦理道德观念和实践,他们侧重从经济活动自身出发来揭示其本质。二是将经济伦理理解为伦理的经济。这种理解是把伦理当作经济活动的道德前提或先决条件,强调伦理目标对经济的引导和制约。三是将经济伦理理解为经济与伦理及其相互关系。这种观点把经济学与伦理学相结合起来理解,与前两种观点不同之处在于把经济与伦理当作两个事物来看待。

3. 经济与伦理道德的关系

基于伦理学的研究旨趣,伦理学界普遍认为经济与伦理(道德)具有不可分割的关系。由于中国已经在进行市场化改革,所以,不少学者通过论证市场经济的道德性(即合法性),来为市场经济"立法"。事实上,基于唯物辩证法,市场经济具有道义上的正当性,因而具有建立的合法性,但这种正当性是有历史局限性的。如果过分夸大这种正当性,并将这种正当性作为"完全的正当性",进而作为终极价值去追寻,恐怕难以立足。上述观点的问题、视角不尽相同,涉及经济或者市场经济自身的道德性问题、经济现象在本体论意义上是否是道德的问题、经济的道德根源问题、道德的经济功能问题等。总之,学界适应市场经济发展,加强了对经济伦理的重要性与紧迫性的认识。

4. 经济伦理学的范畴

实际上,从事社会科学的研究,"既不能用显微镜,也不能用化学试剂。二者都必须用抽象力来代替"。抽象力是概念范畴建立的前提,而概念范畴又是经济伦理学建立的理论前提。经济伦理学究竟有哪些基本范畴? 又涉及哪些非基本范畴? 学界围绕该问题进行了较为深入的讨论。有学者认为无论从道德的起源还是道德的保障方面来说,产权或产权制度都不是道德的基础,好的、有效的社会赏罚机制的构建才是让人们遵循道德的根本,而产权制度只是构成这个社会赏罚机制的众多制度之一。

5. 经济伦理学的人性假设

经济伦理的实现需要通过对经济活动的管理来实现,因而经济伦理学也是经济管理学。管理涉及的对象是人、财、物,核心是人。要管人就要有对人的洞察,基于此,有必要提出关于人性的某种合理抽象或者假定。学界提出了涉及经济伦理学的五种重要的人性假设。单维的人性假设主要有三种:经济人、道德人、社会人。多维的人性假设主要有两种:一是经济人、道德人和生态人(法律人)有机整合的人性假设;二是把经济人与道德人整合的人性假设。从方法论层面来看,问题不在于抽象不抽象,问题在于何种抽象、如何抽象。

(二)经济伦理学的基本问题

1. 道德的经济功能

一般来说,对于道德有无经济功能的问题,经济伦理学界并无争议,可是对道德究竟有何经济功能、有多大经济功能及经济功能如何发生等问题,分歧非常大。上述理论的提出,在学界和商界引起了巨大反响,得到了广泛的关注和学术回应,其中质疑与褒奖并存。实际上,道德资本提出者认为,道德要引领和约束资本,成为一种精神性的资本,而非独自存在的实体性资本。可以说,道德资本、道德生产力概念是道德经济功能的真正的现实的体现,是学术理念创新。基于这两个概念,可以较为清晰地透视和把握经济与道德的关联以及道德的经济功能。

2. 分配伦理

分配伦理是中国经济伦理学研究中重要的热点问题。不少学者研究了马克思主义分配伦理思想史问题,特别是马克思、恩格斯和列宁的分配伦理思想问题。分配伦理学研究主要涉及四个方面:分配内容、分配客体、分配主体与分配程序。市场经济条件下的分配伦理,与计划经济条件下大不相同,如何适应新时期的分配问题,确立适切的分配伦理原则,是学界研究的热点。学界相关研究的共识在于,重视公平与效率之间关系的处理,重视分配正义问题的实质解决。

3. 经济公平正义

市场经济发展可能会产生发展的不平衡、不公正等问题,这些问题激发了学界对经济正义的关注和研究。伦理学核心范畴的经济正义,可以从自主权利、合理分配、主体心态、人的本质等四个角度加以把握。关于公平与效率关系问题的学术争论,首先是关于公平(公正、正义)概念的问题。对此问题,学界聚讼纷纭,莫衷一是。关于公平与效率之间的关系问题,学者们大多坚持"对立统一说",也有坚持"矛盾说"。实际上,公平与效率的关系问题,与其说是一个理论问题,倒不如说是一个实践问题。在具体实践中应该如何处理两者关系,学界进行了多维度研究和探讨。

4. 经济诚信

改革开放以来,国内诚信问题十分突出,涉及社会生活的许多方面。经济诚信、企业诚信、政府(官员)诚信、会计诚信、大学生诚信等问题不断出现。其中特别突出的是伴随着市场经济发展而出现的经济诚信问题。这种现象引起了国内外学者的关注。经济诚信的缺失,原因是多种多样的。问题在于,在这些原因中,哪些是主要的?哪些是次要的?主次之间又是何种关系?这仍然值得继续探究。对于经济诚信的功能问题,学界也进行了大量的研究。诚信既可以促进市场经济发展,也可以促进国际经济交往。因此,诚信是市场经济健康发展的道德灵魂。

5. 企业伦理

在新自由主义看来,企业的职责就是赚钱。长期以来,这种观点颇为流行,错误地以为企业不需要承担社会责任。事实上,企业是经济实体和伦理实体的统一,因而企业家应该具有道德,企业应该承担起社会责任。多年来,呼唤企业承担社会责任的声音越来越大。关于企业社会责任的内涵,"利润优先论"认为经济责任是唯一的责任,"伦理优先论"认为社会责任是经济责任之外的多维责任,"调和论"从动态的社会系统考察社会责任,"同心圆论"主张社会责任由从核心到外围的伦理圈层构成。实际上,企业社会责任是一个动态的历史的概念,其内涵在不断丰富和发展。

四、中国经济伦理学发展的基本经验

伴随改革开放40多年伟大历程,经济伦理学的发展,从新学科到多领域、从理论到实践、从学府到市场、从学术到操作、从国内到国际,面向企业和社会,获得了史无前例的突破性进展和巨大成绩。回首过去,是为了更好地面对当下;展望未来,是为了行稳致远、砥砺前行。中国经济伦理学40年发展的基本经验如下:

第一,坚持将问题导向的研究作为学科的基本旨趣。问题是时代的声音,实践是理论之源,创新是理论的生命。改革开放时代,出现了大量的经济伦理问题,诸如经济有无道德内涵的问题、道德有无经济功能的问题、公平与效率关系问题、诚信问题、企业伦理问题、电子商务伦理问题等。这些问题,不仅迫使学界进行理论研究、创新与回应,而且迫使学界构建一个较为系统的经济伦理学体系。在此意义上,在经济伦理学界中,所谓的"为学术而学术""为研究而研究"是不成立的,也决不会成为主流。

第二,坚持把服务改革开放实践作为研究的基本方向。任何哲学人文社会科学研究,如果想取得应有的成就,就必须坚持服务实践。今天,中国经济伦理学的很多理论成果已经被编成教材,培养了很多专业的和非专业的学生,成为众多企业经济伦理建设的理论支撑,引领企业伦理建设和企业文化建设。经过 40 多年改革开放,积累了丰富的经济伦理实践经验,这些经验需要做进一步深刻总结,提升为理论和思想,以此引领经济实践和企业发展实践。

第三,注重学理探究和学科构建是研究的基本品格。无论是对于关注现实问题、服务实践,还是对于提炼实践经验而言,思想的穿透力都是前提。因此,扎实的学理研究是基本的学术品格,是学科发展的起码要求。改革开放 40 多年来,学界对经济伦理重大理论和实践问题(诸如发展当中需要什么伦理道德理念、需要有怎样的分配学界伦理观等问题)进行深入的学理分析,并完善学科建设。

总之,问题导向,服务实践,是改革开放 40 多年中国经济伦理学学科发展的基本经验,新时代经济伦理学研究要始终坚持这些基本经验,守正出新,与世偕行而不替,不断提升中国经济伦理学研究的新境界。

第五节　商业伦理学的研究对象、基本问题及任务

习 语

民营企业家要珍视自身的社会形象,热爱祖国、热爱人民、热爱中国共产党,践行社会主义核心价值观,弘扬企业家精神,做爱国敬业、守法经营、创业创新、回报社会的典范。

——2018 年 11 月 1 日,习近平在民营企业座谈会上的讲话

一、伦理学与商业伦理学的研究对象

(一)伦理学的研究对象

从伦理学作为一门相对独立的学科形成之日起,对于伦理学的研究对象就存在许多不同的理解。总的来看,绝大多数的伦理学家都认为伦理学是研究道德的,是以道德现象作为自己的研究对象的。但是,道德现象是一种极其复杂的社会现象,究竟是在什么意义、多大范围和何种价值取向上研究道德,不同的伦理学家有不同的看法。

从伦理学研究的范围来看,有些伦理学家认为,伦理学主要应当以道德规范为研究对象,从而形成所谓规范的伦理学;有些伦理学家认为,伦理学主要应当以实际应用为目的,强调道德原则与规范的实际应用;有些伦理学家认为,伦理学是一门理论科学,或者说是一门道德哲学,因此,伦理学只应当构建一定的范畴体系。20 世纪以来,在英、美颇为流行的元伦理学出现了。它的突出特点是,只强调从逻辑语言即从语义学和逻辑学的方面研究道德,从而把伦理学变成了一种脱离人的道德实践的空洞、抽象的概念分析。

商业伦理与道德

从伦理学研究的内容上看,历史上的伦理学家也存在着不同的理解,有的人认为伦理学是研究"善"或"至善"的科学,有的人认为伦理学是研究"义务""责任"的科学,有的人认为伦理学是研究幸福的科学,有的人认为伦理学是研究人生价值的科学,有的人认为伦理学是研究道德行为或道德品质的科学,也有人认为伦理学是研究善恶判断的科学。在欧洲中世纪,神学家曾把上帝和神学的德性作为伦理学研究的对象(直到今天各种宗教伦理学仍以不同形式坚持这种观点)。这些看法除宗教伦理学外,都没有超出伦理学以道德为研究对象的范围,但总的来说,都不能全面地概括和说明伦理学的研究对象。

对伦理学的不同理解,源于对"道德"这一概念的不同理解。马克思主义伦理学认为,一般说来,道德是调整人和人之间关系的一种特殊的行为规范的总和。在人类社会中,为了调整人和人之间的关系,有多种不同的行为规范,如法律规范、政治规范以及其他对人的行为起约束和导向作用的各种规范。道德规范的特殊性就在于它不是由政治的、行政的机构所制定,也不靠强力的、威胁的手段去维护,是由人们约定俗成,并且是靠人们的内心信念和社会舆论来维护的。一般情况下,不需要政治的、行政的机关来强制执行。尽管道德这种特殊的规范,在调整人和人之间的关系时,还要靠社会舆论的监督,对主体还是一种他律,但从其实质来说,只要道德规范对其约束范围的所有成员是平等的、公正的,只要它们反映了其约束范围的所有成员的道德要求和愿望,道德规范就应当是他律和自律相统一甚至完全是一种自律的规范。正是在这个意义上,我们才可以说,主体的意志对于道德规范来说是自由的。道德作为一种社会范畴,属于社会上层建筑和意识形态,它必然成为一种特定的社会现象。

所谓道德现象,就是指人类现实生活中由经济关系所决定,用善恶标准去评价,依靠社会舆论、内心信念和传统习惯来维持的一类社会现象。当然,由经济所决定的意识形态各有其特殊形式,但就其实质来说,道德现象的特殊性在于它是以善与恶的矛盾和对立所构成的社会现象。它的巩固和发展,不是靠行政或法律的强制手段,而是靠舆论和信念,或者说,主要是靠人们的内心信念来维持的。

道德现象所包含的内容是很多的。一般来说,道德现象可以分为三种,即道德活动现象、道德意识现象和道德规范现象。所谓道德活动现象,主要是指人类生活中围绕一定善恶而进行的、可以用善恶观念评价的群体活动和个体行为(包括道德评价、道德教育和道德修养)。所谓道德意识现象,是指在道德活动中形成并影响道德活动的各种具有善恶价值的思想、观点和理论体系。所谓道德规范现象,是指在一定的社会条件下评价和指导人们行为的准则。符合这些准则的思想和行为就是善的,而违背这些准则的思想和行为就是恶的。这些准则,既包括人们在长期生活实践过程中所形成的"应当"与"不应当"的客观要求,也包括一定社会或阶级以戒律、格言等形式自觉概括和表达的善恶的标准和规范。作为人和人之间的客观的"应当"和不应当的要求,可以说它是不以人们的主观意志为转移的,更不是人们头脑中造出来的。作为一定社会或阶级所表达的有关善恶的看法,则是人们思想的产物。正是由于存在着这种复杂情况,有的伦理学家把道德规范看成一种客观的关系,把它包含在道德活动之中。另一些伦理学家则把它看作是观念的产物,而把它包含在道德意识现象之中。总之,对道德现象的这种划分是相对的,依据的是对道德的不同理解。道德现象的各个部分之间又是紧密联系的。道德活动是形成一定道德意识的基础,并能使已经形成的道德意识得以巩固、深化和提高。道德意识一经形成,对人们的道德活动具有指导和制约作用。道德意识作为心理活动过程来看,这种心理活动自身就是道德活动的一个方面。道德规范是人们在一定的道德活动和道德意识基础上形成的一种特殊的社会规范,约束和制约着我们的道德活动,集中地体现着道德意识和道德活动的统一。

道德现象同其他社会现象一样,是历史上发生的,与一定的社会物质生活条件和文化氛围相联系的。在人类生产和交往关系发展到一定阶段上,在文化发展到一定的水平上,人们自觉或不自觉地依据他们所处的实际关系和条件形成自己的善恶观念和情感,并逐步从价值意识的统一体中分化出表达道德价值的道德原则和规范。它们作为一种社会意识形态或价值观,指导和规范着人们的行为活动,并通过人们的社会实践,在人与人之间形成一定的道德关系。道德关系就是在一定经济关系基础上,按照一定的道德价值观,或者按照一定的道德原则和规范形成的社会关系,这就是所谓的通过一定的思想意识形成的"思想的社会关系"。在这里,从产生道德观念、道德原则和规范,到形成现实的道德关系,这是一个从社会存在到社会意识,再从社会意识到社会存在的过程,也是一个实践到认识,再从认识到实践的过程。从道德的个体发生来说,就是外在内化和内在外化的过程,是客体主体化和主体客体化的过程。道德原则和规范集中反映着社会关系和人们的利益要求,表达着一定社会、阶级和个人的价值观。道德原则和规范作为一种特殊的社会意识形式,又与政治、法律等社会意识形式不同,它不是通过行政机构、权威力量制定和颁行的规范,不是有形制度化的、强制性的、外在化的调节规范,而是通过社会舆论、传统习俗、内心信念来维系和发挥其功能作用的。因此,道德是一种特殊规范调节方式,是通过社会舆论、传统习俗和内心信念维系并发挥作用的行为原则、规范的总和。正是在这个意义上,可以说道德是一种实践精神,是把握世界的特殊方式。

(二)商业伦理学的研究对象

从伦理学对象的一般论述出发,商业伦理学的研究对象就应该是商业道德,是商品经济活动中关于道德的规范。

二、商业伦理学的基本问题

(一)伦理学的基本问题

道德关系是人类社会的一种特殊社会关系。它之所以特殊,就在于它包含着与经济、政治、法权等关系不同的特殊矛盾,具有特殊的规范调节方式。社会关系的一个重要存在形式就是社会矛盾。人们生活在一定的社会关系中,无时无刻不直接或间接地发生个人与社会及个人与个人之间的矛盾。这种矛盾是复杂的、多方面的,但其中最根本的就是经济利益的矛盾。在没有阶级的社会中,它是在根本利益一致的基础上的矛盾,在以私有制为基础的社会中,它是通过阶级利益的矛盾来表现的。经济关系引起一定的阶级利益和个人利益,各种利益都规定在政策和法律规范中,并通过强制性的政策和法律规范来调节个人和社会及个人和个人之间的矛盾。但是,法律和政策规范并不能使人们完全自觉地控制行为,调整相互之间的关系,因而还必须有道德调节。道德调节的特点在于,它不是通过强制的手段,而是通过社会舆论、风俗习惯、榜样感化和思想教育等手段,使人们形成内心的善恶观念、情感和信念,自觉地按照维护整体利益的原则和规范去行动,从而自动地调整人们之间的相互关系。

在调整个人与社会以及个人与个人的利益关系中,道德调节的突出特点是要求个人作出必要的节制和牺牲,也就是说,它是以或多或少的自我牺牲为前提的。由此可见,道德关系中的矛盾的特殊性就在于,它以体现整体利益的原则和规范为善恶的标准、以必要的自我牺牲为前提来调节个人利益和社会整体利益的矛盾;或者说,它强调用节制或牺牲个人利益的原则和规范来调节个人利益和社会整体利益的矛盾。伦理学研究道德现象和道德关系,主要就是揭示道德关系中的个人利益和社会整体利益的矛盾,并根据这种矛盾的性质和特点,总结出反映这种矛盾发展规律的道德理论,确定解决这种矛盾的道德原则和规范,提出进行道德评价的标准,以及道德教育、道德修养的途径和方法,以便不断地提高整个社会的道德水准,推动人类社会的进步。

从上述分析可以看到,伦理学的基本问题就是道德和利益的关系问题。这包括两个方面:一方面是道德与社会经济利益关系问题,是经济关系决定道德还是道德决定经济关系,以及道德对经济关系有无反作用的问题。这个方面,决定着如何解决道德的根源、道德的本质、道德的社会作用和发展规律,也决定着马克思主义伦理学和一切唯心主义伦理学的根本区别。另一方面,就是个人利益和社会整体利益的关系问题,是个人利益服从社会整体利益,还是社会整体利益从属于个人利益的问题。如何回答这方面的问题,决定着各种道德体系的原则和规范,也决定着各种道德活动的标准、方向和方法。总之,伦理学的一切问题都是围绕着上述基本问题的这两个方面展开的,同时也是在解决上述基本问题的过程中发展的;各种伦理学说都必然这样或那样地回答了这个基本问题,同时也以它们如何回答这个基本问题决定着它们的分野。

(二)商业伦理学的基本问题

商业伦理学作为伦理学的一个分支,其基本问题也是道德和利益的问题。而且,由于商品交换的特殊性,商业利益与商业道德的关系就显得尤为重要。

三、商业伦理学的任务

任何一门学科都有自己特定的任务。商业伦理学既然以全部的商业社会道德现象作为自己的研究对象,那么其研究的任务就必须符合其研究对象的要求。我们认为,要从我国商业社会道德现象最本质、最重要的规律性问题出发,来确定研究任务。

(一)商业伦理学的主要任务

1. 科学阐明商业道德的起源、本质和发展规律

商业道德是怎样发生、发展和变化的? 它和人们的经济关系是怎样相互作用的? 马克思主义认为,道德不是脱离历史发展的一种抽象的观念,而是经济基础的反映。同时,道德关系作为经济基础之上的一种思想关系,又与其他思想关系(政治关系、法律关系等)交互发生作用。因此,如何在历史唯物主义的基础上,从发生学的观点、从经济和道德的辩证关系的观点、从各种意识形态相互影响的观点,科学地而不是臆测地论述商业道德的规律,是商业伦理学研究中所应当解决的一个重要问题。

从历史发展的长河来看,人类道德的发展,经历了不同的阶段,经过了一个从全民道德

到阶级道德,最后又向全民道德过渡的历程。商业道德也经历了漫长的发展时期。从古老的物体交换到现在以电子商务为媒介的商品交换,经历了多次的演变和发展,商业道德的内容不断更新。因此,商业伦理学要全面考察人类商业活动历史发展过程中各种道德类型的演变,从而揭示出商业道德的社会本质,探索出商业道德的必然发展规律。不仅如此,商业伦理学还特别强调,在研究商业道德发生、发展和演变规律的同时,要特别着重探讨社会主义商业道德发生、发展的历史必然性和客观规律性,着重研究在社会主义初级阶段商业道德的基本特点,以指导人们的社会商业活动。

2. 概括和阐明社会主义商业道德的规范体系

一般说来,伦理学是一门理论科学,但它又十分强调规范在伦理学中的重要地位。因此,从一定意义上说,也可以把伦理学看作是规范科学。对一个社会或一个阶级来说,它的根本的道德原则、重要的道德规范,人们的公共生活准则以及人和人关系中的某些特殊方面的要求,构成了一个社会或一个阶级的道德规范体系。离开了对规范体系的论述,也就不可能建立科学的伦理学。在道德原则和道德规范中,个人利益同整体利益之间的关系,究竟是个人利益应当服从整体利益,还是整体利益应当服从个人利益,是个人利益至上,还是集体利益至上,乃是商业伦理学所必须回答的问题,也是商业伦理学必须回答的重要课题。某一社会的道德规范,对这一社会的成员,都有一定的约束力,而这种约束力的客观基础是什么? 除了道德规范的约束力外,它能不能唤起人们完善自身、完善他人和完善社会的能动精神? 或者说,它除了禁止人们作恶之外,还有没有一种导善的作用? 道德规范的这种既要约束人,又要启迪人,既能去恶又能奖善的两个方面,是如何相互作用的? 依据社会生活中实际存在的人和人之间的道德关系,在概括和归纳社会的道德原则体系的同时,商业伦理学必须阐明社会规范体系中的许多辩证关系和重要的理论问题。如果商业伦理学只是叙述一个社会的道德规范,那只能是一种道德戒律,而不能算是一门科学。

3. 研究适应社会主义市场经济发展要求的、有理想有道德的新型企业家的成长规律

在社会主义的物质文明和精神文明建设中,只有不断地提高人们的精神面貌,才能同社会主义社会的不断发展相适应。因此,探究社会主义新人的形成、发展的规律,特别是社会主义现代企业家和劳动者的成长和发展规律,就必须对人的道德行为、道德品质、道德评价、道德选择,以及道德教育和道德修养进行深入的研究。商业伦理学作为一门关于调整人和人之间关系的科学,它的最终目的,就是要把有关伦理道德的科学认识深入到人们的意识之中,转化为人们的道德实践。商业伦理学是一门有关人们的商业道德品质、行为和修养规范的科学。它还是一门实践性很强的科学,用我国古代思想家的话来说,它是一门知行统一的科学。不管伦理学家是否意识到这一点,要想使商业伦理学的研究能够不断发展并受到社会重视就必须依据一定阶级或阶层的要求,用特定的原则和规范,用必要的思想教育和修养方法,来陶冶人们的品性,改变人们的气质,以培养一定社会所需要的人才。

我国现在正处于社会主义的初级阶段,建设社会主义市场经济,为了更快地发展社会生产力,就必须大力发展商品经济。在发展商品经济的过程中,一方面要提倡有益于市场经济发展的新观念,另一方面又要在迅速成长着的一代新人中进行社会主义的教育。这就是说,

为了有效地发展市场经济,我们必须而且应当鼓励、赞许人们在法律允许的范围内进行正当而有益的盈利和竞争;同时,我们还应当努力去抵制、谴责那种唯利是图、损人利己和一切向钱看的拜金主义的思想和行为。这种思想和行为,如果蔓延开来,不但会对我国现代化建设有极大的危害,同时,也会使很多人受到腐蚀,甚至造成人际关系的新的对立或对抗,从而损害社会主义的安定团结,影响到改革开放的成败。凡是对我国精神文明建设和社会道德风尚等问题进行过深入思考的人们,都可以看到培养适应社会主义市场经济发展要求的有理想有道德的新人在当前有着十分突出的意义。如果我们的现代化建设,不能在建设高度物质文明的同时提高人们的精神文明水平;不能在生产力发展的同时使人们也沿着道德阶梯向上攀登;不能在人们物质生活水平不断提高的情况下激发他们情系国家发展、心念民族振兴的道德情操;不能在对外开放的同时让我国人民的民族自尊心和自信心得以加强;不能在接受外援的同时使自力更生的观念也得到巩固;不能够在学习外国先进技术的同时对我们的社会主义制度和必须走社会主义道路的信心更加坚定,那么,我们的改革开放和社会主义建设,也就不可能取得预期的成果。在建立和完善社会主义市场经济体制中,尤其要培养一批懂经营、善管理的新型企业家人才。

4. 批判旧商业道德,建设社会主义新商业道德

社会主义商业道德,作为人类历史上的一种崭新道德类型,既与以往的旧的商业道德有着质的不同,同时又与这些旧道德有着这样或那样的联系。在社会主义的经济基础上,新的道德正在日益成长和发展,而某些旧的道德,还往往被某些人继续承袭。旧道德作为一种意识形态,也还在社会上发生作用。在建设社会主义精神文明中,社会主义商业伦理学必须以历史唯物主义为指导,对历史上的一切旧的道德理论进行科学的分析、批判,鉴别其精华和糟粕,并根据社会实际生活的进程和需要,在批判其错误的理论的同时,继承其科学的、合理的因素和成分。

随着我国改革开放的进展,特别是由于社会主义商品经济的不断发展和生产力的提高、经济关系的变化,要求在伦理道德建设上,能够尽快地形成有利于现代化建设和改革开放的新的伦理观念、道德品质和舆论力量,以保证我国经济社会发展的顺利进行。

(二)商业伦理学的新内容探讨

商业伦理学还必须从社会主义市场经济发展的要求出发,探索社会主义市场经济条件下社会主义商业道德的新内容。从当前我国社会主义市场经济发展的状况看,下面一些问题是比较重大和迫切需要解决的:

第一,市场经济与商业道德的关系。在市场经济条件下,需不需要商业道德?需要什么样的道德?怎样去获得所需要的道德?在资本主义市场经济条件下与在社会主义市场经济条件下,道德的地位和作用有无区别?如果有,区别是什么?

第二,义与利的关系。义与利的关系问题在中国历史上争论了几千年,是商业道德的核心问题。义与利是在任何活动中都无法回避的问题。因此,传统的义利观与社会主义市场经济条件下的义利观有什么不同?伦理学视野中的义利观与经济伦理学视野中的义利观有无区别?中西方义利观的不同点是什么?在社会主义市场经济中,如何协调义与利的冲突问题?

　　第三,公平与效率的关系。公平与效率孰重孰轻,是先保护公平,还是先保护效率? 公平与效率是二律背反的,还是可以兼而得之的? 公平的道德标准是什么? 效率的道德标准是什么? 公平的目标是什么? 效率的目标是什么? 怎样理解机会的公平和结果的公平? 为什么在市场经济条件下更应该保障社会成员获得机会的公平? 作为社会经济发展微观基础的企业在平衡公平与效率的关系中充当什么角色?

　　第四,贫穷与富裕的关系。贫富差别合理界限的道德根据是什么? 道德在防止贫富差别中的马太效应,即在防止穷者愈穷,富者愈富中有什么作用? 保护弱势群体的利益的道德根据是什么? 商业道德在调节社会贫富差距中有什么作用?

　　第五,竞争与道德的关系。竞争在道德上的正价值和负价值是什么? 在保证竞争的公正秩序中,商业道德扮演什么角色?

　　第六,企业伦理问题。企业伦理对改善企业的经营状况起什么作用? 道德对调节企业内部关系,进而增强凝聚力、提升核心竞争力起什么作用? 中国企业的道德责任有哪些? 企业对员工应负什么道德责任? 社会主义企业的道德规范是什么? 对中国国有企业中的公有资本人格化问题该如何认识? 经济全球化对中国企业伦理提出了哪些挑战? 如何从伦理上进行积极应对?

　　第七,信用与诚信问题。商业信用与诚信是什么关系? 在什么样的经济体制下,信用的问题会显得格外突出? 为什么说没有信用就没有市场经济,而信用又必须由诚信这条道德纽带来维系? 商业道德在建立社会的信用体系方面扮演什么样的角色?

　　第八,电子商务中的伦理问题。随着现代计算机科学的迅速发展,以互联网为载体和交往工具的电子商务日益成为一种重要的经济交往方式。这种新型的商务模式对现实经济道德的强大冲击有哪些? 目前电子商务中的伦理困惑和不道德现象有哪些? 如何进行电子商务伦理建设?

　　第九,建立商业道德规范体系问题。商业经济领域的道德秩序,最基本的是要靠有效的商业道德规范体系来维系,因此,建立和完善与社会主义市场经济体制相适应的、与法律规范相协调的、与中华民族的传统美德相承接的商业道德规范,必然成为商业伦理学的头等大事。那么,商业道德规范体系中都包含着什么内容? 商业道德规范体系怎样才能与社会主义市场经济体制相适应、与法律规范相协调、与中华民族的传统美德相承接?

　　总之,上述问题都是从当前我国市场经济体制的运行现状中概括出来的,既是商业界人士和伦理学界人士关心的问题,也是经济决策部门和经济实践部门人士关心的问题。这些问题的解决需要各方面的参与,但商业伦理学提供的解决方案将会有特殊的实用价值。因为这些问题既不是单纯的经济问题,也不是单纯的道德问题;既不能靠单一的经济学解决方案去加以解决,也不能靠单一的伦理学方案去加以解决。只有理论与实践相结合,经济学与伦理学相结合,经济学、伦理学和其他学科相结合,才能得出符合实际的答案。

第三章　商业道德

【开篇案例】胖东来"真金白银"赔偿事件:一场商业诚信的震撼教育

2024年6月,中国零售业的一则新闻犹如一颗深水炸弹,在社交媒体上激起千层浪花。话题"胖东来为买擀面皮顾客补偿共883.3万元"迅速冲上热搜,成为公众热议的焦点。事情的经过并不复杂,但其背后的商业伦理与企业责任却引发了深思。据媒体报道,河南许昌的知名商超品牌胖东来,由于售卖的一款擀面皮产品存在质量问题,部分顾客食用后出现不适。面对这一突发状况,胖东来并未选择遮掩或推诿,而是主动承担责任,决定对购买该批次擀面皮的所有顾客进行全额退款,并额外给予每位顾客500元的补偿金。如此一来,胖东来为此事付出的总金额高达883.3万元。

胖东来的这一举动,被广大网友誉为"业界良心"的典范,更有人将其称为"商业诚信的震撼教育"。在一片赞誉声中,人们不禁对比起那些口头上高喊"顾客第一",实则在问题面前玩"躲猫猫"、找借口的同行。此情此景,不禁让人感叹:谁是真的把顾客放在心上,谁只是做做样子,一目了然。

胖东来并非一夜成名,它在河南乃至全国零售市场享有盛誉,被誉为"零售业神话"。其成功之道,不仅在于商品种类丰富、价格公道,更在于其始终坚守的"以人为本"经营理念。从此次擀面皮事件的处理方式,我们可以窥见胖东来深植于企业文化中的三大核心价值。

1. 诚信经营,勇于担责

在市场经济环境下,诚信是企业的立身之本。胖东来深知这一点,面对产品质量问题,他们没有选择逃避,而是第一时间站出来承认错误,主动承担赔偿责任。这种"真金白银"的担当,不仅是对消费者权益的尊重,也是对企业自身信誉的捍卫。在当今社会,这样的企业行为显得尤为稀缺,也正因为如此,胖东来赢得了消费者的广泛赞誉和社会的高度认可。

2. 顾客至上,用心服务

胖东来始终坚持"顾客第一"的原则,认为顾客的需求就是企业发展的动力。在这次事件中,他们不仅全额退款,还额外给予每位受影响顾客500元的补偿,充分体现了其对消费者利益的高度重视。这种超越常规的服务态度,不仅安抚了消费者的情绪,也进一步提升了胖东来在消费者心中的品牌形象。

3. 自我审视,持续改进

面对问题,胖东来不仅勇于承担责任,更积极寻求解决方案,对供应链管理进行全面自查,以杜绝类似问题再次发生。这种自我审视、持续改进的精神,展现了胖东来作为一家成熟企业的责任感和危机意识。只有不断优化内部管理,提升服务质量,才能在激烈的市场竞争中立于不败之地。

胖东来此次的高额补偿事件,无疑为零售行业树立了一个全新的标杆。它向同行们传递了一个明确的信息:真正的"顾客至上",不仅体现在日常的微笑服务和促销活动上,更要在关键时刻,敢于直面问题,勇于承担责任,以实际行动赢得消费者的信任。然而,胖东来的做法能否引发整个行业的变革,推动更多商家效仿,仍需时间检验。毕竟,真金白银的赔付并非每个企业都能承受,尤其是在当前经济形势下,许多企业面临生存压力,可能会优先考虑成本控制而非客户满意度。然而,长远来看,只有那些真正将消费者权益放在首位的企业,才能在竞争中脱颖而出,赢得市场的长期青睐。

胖东来为买擀面皮顾客补偿共 883.3 万元的事件,是一堂生动的商业伦理课,它让我们看到了企业在面对危机时应有的担当与智慧。我们期待在未来的商业世界中,能看到更多像胖东来这样,坚守诚信、尊重消费者、勇于承担责任的企业涌现。只有这样,我们的消费环境才会更加公平、透明,消费者的权益才能得到更好的保障。而这样的市场生态,也将推动我国零售业乃至整个经济社会的健康发展。

(资料来源:https://www.sohu.com/a/789237470_121924583)

第一节　商业道德的起源与本质

习 语

"诚者,天之道也;思诚者,人之道也。"人无信不立,企业和企业家更是如此。社会主义市场经济是信用经济、法治经济。企业家要同方方面面打交道,调动人、财、物等各种资源,没有诚信寸步难行。

——2020 年 7 月 21 日,习近平总在企业家座谈会的讲话

一、商业道德的起源

道德关系的建立,是道德发生过程中一个伟大的进步。道德关系是人类在长期的社会生活中形成的一种客观价值关系。马克思指出"人在活动之前,并不存在抽象的一般关系,人并不处在某一种关系中,而是积极地活动",通过这种活动去确定关系。每一种社会活动都有自己特定的形式和内容、节奏和秩序。在无所不包的原始劳动中,只能结成原始的劳动关系,原始劳动的分化为形成社会的各种关系奠定了基础。因为它不仅使人们结成了与劳动关系不同的关系,而且使人们产生了自觉作用于这些关系的活动。道德活动是涉及并自觉调节个人与整体之间利益关系的特殊人类活动,它既是这一关系的产物,又是联结这一关系的媒介,推动着人与人关系的发展。

(一)商品交换的产生与发展是商业道德产生的前提

1. 劳动是道德起源的历史前提

人之所以能在各种活动中分化出专门的道德活动来,是经过长期发展的结果。动物也

有各种各样的活动,但终究归结为本能的驱使,而人的活动,则是有意识、有目的、有不懈追求的活动。人类社会的历史,不过是追求着自己目的的人的活动而已。在人的所有活动中,最伟大、最有价值,也是人真正同动物区分开来的,是人类的生产活动——劳动。劳动不但创造了人本身,也创造出社会,创造出社会关系,创造出人的道德。劳动是人类道德起源的第一个历史前提。

2.商品交换的产生是商业道德产生的前提

商品交换活动是人类社会活动发展的结果,又推动着社会的发展与进步。自从商品交换活动产生以来,交换劳动就成为人类劳动的一个重要组成部分,交换活动所要求的是平等与规范。等价交换是商品经济活动的基础,否则,商品交换就难以完成。这种规范一旦形成,就成为商业道德的核心内容,成为商业活动的重要规范。

(二)商业社会关系的发展为商业道德产生提供了直接基础

1.社会关系的发展为道德起源提供了直接基础

原始劳动从自然分工到社会分工,经历了极其漫长的发展历程。在这一历程中,人类的社会关系逐渐形成并趋于完善。社会关系首先表现为劳动关系、交往关系,进而表现为道德关系、政治关系等等。社会关系的发展,为道德的起源提供了直接基础。

马克思指出:"凡是某种关系存在的地方,这种关系都是为我而存在的,动物不对什么东西发生'关系',而且根本没有'关系';对于动物来说,它对他物的关系不是作为关系存在的。"因此,动物不可能有什么道德。认为人类的道德是动物某些本能的继续,实际上是把道德的起源归结于动物的非科学观点。"本能"不能形成关系,而没有关系的人是不能称为人的,人的本质是一切社会关系的总和,离开了社会关系,就不会形成人,也就不可能产生人的道德。道德的发生不仅必须以社会关系为前提,而且必须以复杂到一定程度的社会关系为依据。并非人的任何关系都能产生道德。

2.商业道德是商业社会关系的反映

商业道德也是在商品的交换中逐步形成的。当交换关系日益成为社会关系的主要方面时,商业道德也就形成了。商业社会关系的发展为商业道德的产生奠定了基础。

(三)商业社会意识是商业道德产生的必要条件

1.道德是一种社会意识

在道德发生的过程中,还有一个重要的因素在起着作用,它就是社会意识。

意识是道德发生的前提,而意识本身又是在人类的实践活动中逐步形成的。意识的形成过程就是道德的起源过程。马克思指出:"人的智力是按照如何学会改变自然环境而发展的。"即使在原始人打制石器这种最初的实践活动中,活动的主体也"不仅使自然物发生形式变化,同时他还在自然物中实现自己的目的。这个目的是他所知道的,是作为规律决定着他的活动的方式和方法的,他必须使他的意志服从这个目的"。意识在这种劳动中、在劳动的目的性中滋生,并逐步使最初的自然意识得到完善。但自然意识只有发展到以人为对象、让外物服从于自己的需要、成为自己需要的对象和满足自己需要的手段的自我意识时,才能成为道德产生的前提。意识和自我意识的形成是道德起源过程中的关键环节,它不仅使人意识到了活动的环境和对象,而且给活动注入了一种意图和目的,给活动的节奏和秩序加进了自觉自为的成分。人开始支配自身的活动,形成以人为主体认识和发展自己的强烈愿望,但这种意识和愿望又由于其原始思维的结构而呈现为感性的集体表象。

2. 商业道德是商业社会意识的反映

与道德是社会意识的反映相吻合,商业道德是商业社会意识发展的结果。在长期的商品交换中,人们逐步认识到一般的商品交换规范,认识到只有按照大家都能接受的某种规范进行交换时,商品交换才能顺利进行。这样就形成了人们的商业社会意识,并逐步成为主导人们进行商业交往活动的思想,它对商业道德的形成起着重要的作用。

二、商业道德的本质

所谓道德本质就是道德区别于他物的根本性质,是道德基本要素的内在联系和道德内部所包含的一系列必然性、规律性的总和。

马克思主义伦理学一方面根据社会存在决定社会意识的基本原理,扬弃了旧伦理学的道德本质观,把道德本质置于科学的历史唯物主义基础之上,另一方面,又认为正像"人的思想由现象到本质,由所谓初级的本质到二级的本质,这样不断地深入下去,以至于无穷"一样,对道德的本质的认识也是一个由浅入深的过程。我们不但要把握道德的一般本质,即道德作为社会意识形态的根本属性,也要把握道德的特殊本质,即道德区别于其他社会意识的内在性质,还要把握道德更深层次的本质,即道德作为人类实践精神活动的必然性、规律性。

(一)商业道德是一种商业社会意识

道德是一种社会意识,是从道德作为社会意识的反映得出来的结论。然而,历史上,把道德的本质说成是神的意志,或者是主观精神、客观精神,这是中外伦理学中影响很大的几个典型观点。西方基督教神学家认为,道德是上帝意志的表现。上帝在造人时,曾把德性赋予人类,但人滥用自己的自由意志,听信魔鬼的诱惑,违抗上帝的命令,犯下了原罪,走向堕落。只有诚挚地向上帝忏悔,恳求主的宽恕,热爱、信仰、寄希望于上帝,才能重新进入幸福和道德的世界。我国汉代的大儒董仲舒说:"今善善恶恶,好荣憎辱,非人能自生,此天施之在人者也。"(《春秋繁露·竹林》)他认为道德的本质乃是上天的命令和规定,"道之大原出于天,天不变,道亦不变。"《汉书·董仲舒传》这些观点把道德归于上帝或人格化的天,不但没有真正解决道德的本质问题,反而将其掩盖起来或推到神秘主义的彼岸世界。

马克思主义伦理学从批判这些错误的观点出发,揭示出道德的一般本质,认为道德不是人主观自生的,不是神的意志,道德的本质蕴藏于社会生活之中,是一种特殊的社会意识形态,受社会关系特别是经济关系的制约。全部的社会关系可以分成两类:一类是物质关系即经济关系,它是决定其他一切社会关系的基础;另一类是思想关系,如法律关系、政治关系、道德关系等,它是通过人们的意识形成的,受物质关系的制约。社会经济关系对道德的形成起着决定性的作用。

道德是在一定社会经济基础之上产生的一种社会意识形态。道德反映着社会和人类发展的要求,反映着特定阶级的利益。道德的内容、特征、发展和演变都是受经济关系制约的,具有人类精神的一般特征。同时,道德作为社会意识,又不能仅仅停留在精神领域,它要发挥作用就必须有特定的实际附属物,正像法律要借助于国家、警察,艺术要借助于语言、文字、物质材料一样,道德也必须借助于社会舆论、宣传教育,以及相应的实施机构等,并将它们包容于自身之中,成为社会上层建筑的一部分。道德作为社会上层建筑和意识形态,既具有相对独立的发展过程,又受制于现实社会的经济生活和政治生活,从而表现出与其他社会现象不同的一般本质。与之相适应,商业道德的本质就是商业社会意识。它决定并反映着商业活动主体所处的利益关系结构,并以一定的社会舆论、宣传教育、约定俗成的习惯或公认的行为模式来调整商业活动的进行。

(二)商业道德是一种特殊的规范调节方式

把道德放在整个社会中进行考察,就会发现道德是受经济基础决定的社会意识和上层建筑,从而恰当地揭示出道德的一般社会本质。但是,当再深入到社会意识形态的内部,比较诸社会意识形态的异同时,又会发现道德还有着区别于其他意识形态的特殊本质,道德是一种特殊的规范调节方式。在人类社会长期的发展中,人的活动、人与人的交往和联系,会逐渐形成一定的秩序;在人与人尤其是个人与他人、个人与整体的关系中,也会相应产生一定要求。这些秩序和要求是人类社会实践的产物,正像列宁所指出的那样,"人的实践经过亿万次的重复,在人的意识中以逻辑的式固定下来。这些式正是(而且只是),由于亿万次的重复才有先入之见的巩固性和公理的性质"。秩序、公理、要求相对于个人而言是一种普遍的规律,是一种"应当",它们改变了人类早期只知道"日出而作、日入而息",而不知道自己"应当"怎样生活的状况,使人们开始对自己提出要求,开始把个别的、偶然的、特殊的活动与一般的、普遍的、必然的东西相对应,并把它们区分为现有与应有、事实与应当。因此,"应当"首先是一种关系,是一种人们自觉意识到的关系。"应当"立足于现有与事实,但又不等于现有,"应当"是对现有的肯定与否定的统一,是从现有向应有的过渡,是事实与价值的关系。只有对社会发展的规律性、必然性达到自觉时,才能发现"应当"的关系,也才能产生"应当"的意识。并非所有的可能性都可以转化为"应当",只有那些既具有现实基础又符合社会内在必然性的可能才能形成"应当",才能作为引导人们达到某一特定境界的"应当"关系而为人们所认可。其次,"应当"也是一种秩序,是一种客观的力量,支配、左右着人们生活的各个领域,"应当"本来就是从秩序中来的,但未发展为"应当"的秩序还是一种潜在的、无所依托的东西,既不为人们所理解,也得不到自觉地遵守,作为"应当"的秩序保留了原先的强制性,又具有相当大的灵活性。人不是秩序的奴隶而是秩序的主人,因为正是人发现、创造了"应当",形成了秩序。但"应当"作为秩序,就变为任性的对立物,它要求人放弃偏执,按照"应当"的生活方式、行为模式去生活、去行动。

"应当"表现为关系、意识和秩序,是联系社会生活、维持社会存在的必要纽带。经过阶级、国家等群体有意识地加以总结、提炼、概括之后,就形成了人类社会特有的行为规范。行为规范不是单一的个别的要求,而是包括原则、准则、戒律、标准等多层次多方面要求在内的规范体系,是特定的行为方式和生活方式,它们共同组成一个规范之网,将人与人、人与社会联系在一起,保证社会生活的正常进行。

总的来说,社会的发展必然造成规范的分化,形成既相互联系又相互区别的道德、法律、政治等各种上层建筑和社会意识形态。它们从根本上说都是由社会关系,尤其是经济关系决定的,都是以规范为核心内容的,但彼此又有着明显的区别,与政治、法律相比,道德的规范本质更明显、更突出。道德就是由各种各样的规则组成的规范体系，离开规范就无所谓道德。道德不同于其他社会意识的根本特征，就在它特殊的规范性：

(1)道德规范是一种非制度化的规范。政治规范、法律规范是制度化的规范，是经国家、政治团体或阶级以宪法、章程等形式表现出来的意志，是特殊的社会制度。而道德规范则不同，它并没有制度化，不是被颁布、制定出来的，而是处于同一社会或同一生活环境的人们在长期的共同生活过程中逐渐积累形成的要求、秩序和理想。它表现在人们的视听言行之上，深藏于品格、习性、意向之中。

(2)道德规范并没有，也不使用强制性手段为自己开辟道路。法律规范既然是一种阶级意志的体现，就必然要以强制手段强迫人们执行，遵守它的要求就获得了在社会中生活和行动的权利，否则就会受到惩罚。道德规范的实施则不同，它主要是借助于传统习惯、社会舆论和内心信念来实现的。教育、宣传、大众传播媒介等常常是道德规范转化为人们实际行动的重要手段。

(3)道德规范是一种内化的规范。道德规范只有在为人们真心诚意所接受，并转化为人的情感、意志和信念时，才能得到实施。内化的规范也称为良心。良心是人们思想、言行的标准和尺度，使人们去遵守社会规范。法律规范不管人们是否有遵守的动机，只要在行动上没有违反就不去干涉，而道德规范必须有内在的善良愿望才能加以遵守。那种迫于外界压力而循规蹈矩的人，可以是法律意义上的好公民，但不一定是道德意义上的好人。

商业道德就是规范人们进行商品交换活动的一种特殊形式。它不是靠强制力约束贯彻的正式制度，而是内化为商业活动主体内心应当并由内心追求所驱使而心甘情愿遵守的行为规范。

(三)商业道德是一种商业实践精神

马克思主义认为，道德不仅是一种特殊的社会意识、行为规范，而且是人类的实践精神，是人类把握世界的特殊方式，是人类完善发展自身的活动。商业道德自然就是一种商业实践精神。

道德作为实践精神是一种价值，是道德主体的需要同满足这种需要的对象之间的价值关系。需要是人类活动的基本动机，而且需要是分层次的。在物质需要的基础上产生出的精神需要是一种高级的需要，包括艺术的、宗教的和道德的需要。道德需要促使人类结成相互满足的价值关系，推动人们改善这种关系，调节人与人的交往、协作，完善人的人格，形成人类特有的实践精神。道德作为实践精神不仅是价值，而且是实现价值的行动，是有目的的活动。目的性是人类活动的最基本特征，是人类精神能够进入实践的主要依据。在所有存在物中，只有人才能根据自己的需要和现有的手段自觉地提出一定的目的。在社会中，"任何事情的发生都不是没有自觉意图，没有预期目的的。"道德也不例外。正是目的决定了道德行为的方向、价值，表现了精神的实践功能。反过来讲，实践精神要成为道德的，就必须转化为一定的目的和在这一目的支配下的行动，就必须干预、调节人们的目的，并通过调节目的而达到调节行为。

从马克思主义伦理学的观点出发，伦理学不仅强调实践精神的能动性，而且强调其把握世界方式的特殊性。与以真假范畴把握世界的科学、以美丑表现世界的艺术不同，道德是通过价值方式把握世界的，即以道德评价对象、调节社会关系、预测社会发展、形成行为准则等方式来认识、反映、改造和完善世界。它把世界分成两部分,即善的和恶的、正当的与不正当的、应该的和不应该的,高扬前者、鞭笞后者,不断推动着人类社会的发展。

道德把握世界的特殊性表现在以下几个方面:

(1)道德不是被动地反映世界,而是从人的需要出发,从特定的价值出发来改造世界的。这里的改造不仅仅以物质手段作用于物质客体的实践活动,更以精神手段来调节人与人的关系,使社会关系符合某一价值要求的精神活动。这里所说的世界也不是指与人类社会相对立的自然界,而是指人类社会、人类活动和人类品质。道德的这种把握之所以必要,是因为人类只有结成群体,社会才能进行生产和再生产,而人类群体和社会只有在有一定秩序和行为准则下才不至于分裂、出现混乱。道德就是通过形成特殊的社会秩序和行为准则来实现社会的稳定、和谐和发展的。

(2)道德的目的不是再现世界,而是对世界进行评价。评价是道德把握世界的基本手段。道德评价最初是与风俗习惯交织在一起的,通过传统的生活方式和行为方式的延续而维持着人类自身的发展。风俗评价、舆论评价一方面既是按特定的道德准则进行的,另一方面又创造出新的行为规范,制约、指导着人们的行为。这些准则作为评价的依据,规定着评价的对象和内容,它们作为评价的产物,又代表着评价主体的价值取向。评价将有意义和无意义、有价值和无价值、善和恶等等加之于评价对象,往往左右着人们的态度和价值取舍,从内、外两个方面形成道德的环境。对于个人而言,道德评价将外在的准则直接灌输到人们内心,形成个人自己的做人标准和价值目标。而这种标准和目标反过来又作为内心的评价主体,审查自己的动机、欲望、需要、意图,使之符合社会的价值要求和指向社会的价值目标。

(3)道德把握世界不是让人盲目听从外界权威、屈从于现实中的邪恶势力,而是增强人的主体意识和选择能力,动员全部身心力量克服恶行、培养德行,既提高自身的道德境界,又实现社会的道德理想。由于社会中善与恶、高尚与卑劣总是相伴而生的,而且在特定时期、特定场合,后者还可能占上风,所以,在把握世界时,道德绝不允许随波逐流。人要通过对世界的道德的把握来形成人的价值,形成人的责任心。道德也不允许甘居中游,它要人在把握世界的同时,形成上进心和荣誉感,做到"见贤思齐""见不贤而内自省",不断提高自己的道德境界。道德要求人们在道德冲突的困境中,自觉地选择高尚而放弃卑鄙,自愿地选取较大的价值而牺牲较小的价值,并以此为人类社会的发展做出自己的贡献。

总之,道德作为一种实践精神,是特殊的意识信念、行为准则、评价选择、"应当"理想等的价值体系,是调节社会关系、发展个人品质、提高精神境界等活动的动力。

第二节　商业道德的结构与功能

习语

我们要因势而谋、应势而动、顺势而为,加快推动媒体融合发展,使主流媒体具有强大传播力、引导力、影响力、公信力,形成网上网下同心圆,使全体人民在理想信念、价值理念、道德观念上紧紧团结在一起,让正能量更强劲、主旋律更高昂。

——2019年1月25日,习近平在中共中央政治局第十二次集体学习时的讲话

一、商业道德的结构

商业道德是一个内容复杂的有机综合体，了解商业道德结构，有助于全面完整地把握商业道德。商业道德结构，是指在一定物质生活条件的基础上，商业道德要素内部环节的有机融合性、与外部环境的必然联系性，以及通过一定的中介转换和机制引导的商业道德要素相互作用的态势和发生发展的过程、脉络与体系。依据基本的道德结构的划分方法，商业道德结构可分为社会性商业道德结构和个体性商业道德结构两种。

（一）社会性商业道德结构

社会性商业道德结构是从商业道德的社会背景及其社会功能、作用方式、活动模型入手，从宏观的角度将整个社会看作商业道德的主体或载体，揭示其内部各要素的组合构架及其发生发展的过程、脉络与体系。这种宏观的商业道德结构由商业道德现象结构、商业道德关系结构、商业道德水准结构组成。

1. 商业道德现象结构

商业道德现象，是各种市场主体在各种现实的商业社会关系中，可以感知的商业道德的表象形态。商业道德现象的主要内容有商业道德活动现象、商业道德意识现象以及与这两方面密切相关的商业道德规范现象三大类。

（1）商业道德活动现象，是指在经济活动中，市场主体依据一定的商业道德观念或价值原则而进行的商业道德实践活动。它包括经济活动中一切具有善恶价值的群众性商业道德活动和直接为培养和评价市场主体的道德品质而进行的群体活动，比如对"南京冠生园事件"的批判等舆论性的道德评价活动。

（2）商业道德意识现象，是指从事经济活动的个人在商业道德实践基础上形成的商业道德情感、商业道德意志、商业道德信念和商业道德观点以及各种商业道德思想和理论体系。商业道德意识是商业道德的主观方面，体现着个人对客观存在的商业道德活动及其商业道德关系的认识和理解，并集中表现在一定的商业道德价值观念和商业道德规范体系之中。

（3）商业道德规范现象，是指在一定的经济环境中，指导和评估经济组织的商业行为价值取向的善恶准则。商业道德规范主要包括以下几方面：第一，公平竞争。公平竞争是商品经济运行规律的体现，它是指竞争者包括商品生产者和经营者，在地位平等、机会平等、公平交易的前提下进行竞争。第二，正当求利。社会主义市场经济不反对追求利润，相反，鼓励生产经营者在竞争活动中实现利润目标。但是，求利行为必须合理合法，符合道德，通过正当手段来进行。第三，平等自愿。生产经营者必须遵循等价交换原则，在法律许可范围内，参与者完全按自己的意愿进行交易活动。第四，诚实守信。在商品交换或经营过程中，实事求是，不弄虚作假、投机取巧，讲求信用。在市场经济条件下，作为有利己之心的个人和企业，在追求利润时，应该树立"义利两全"的观点，做到"先义后利""见利思义""以义取利""义然后取利"。

商业道德现象的三大类不仅具有紧密的逻辑联系，而且相互之间的影响也非常紧密。换句话说，三者的关系并不是单向的，而是双向交叉的，即三者是相互联系、相互影响、相互渗透、相辅相成的。

（1）商业道德活动是商业道德意识形成的实践基础，它使人们对规范自己的商业行为以维护社会及交换秩序形成共识，由此产生人们的商业道德意识，并使商业道德意识不断深化和提高；同时，它也是商业道德规范形成的实践基础，是既定的商业道德规范巩固、深化和完善的重要条件。

（2）商业道德意识不仅是商业道德规范形成的思想前提，而且也具有指导商业道德活动并向道德活动转化的作用。商业道德意识既来自一定的商业道德规范，又对创造新的商业道德规范、完善现有商业道德规范起着能动作用。

（3）商业道德规范是在一定的商业道德活动和商业道德意识的基础上形成的，体现着商业道德活动和商业道德意识的统一。作为一种价值目标和道德准则，商业道德规范总是指导和制约着人们的商业道德意识和商业道德活动。由此，三者构成一个密切相关的有机整体。

2. 商业道德关系结构

商业道德关系，是指在一定的社会经济生活中，人们基于某种既定的商业道德意识并遵循某种既定的商业道德准则，而以某种特殊的商业道德活动方式所结成的一种特殊的社会经济关系。它是按照一定的善恶观念和准则形成的通过人们的商业道德行为和商业道德实践而表现出来的思想关系和价值关系。

（1）企业如何处理与社会的义利关系。任何一个企业都是社会中的一员，都要依赖社会提供的环境，离开这些环境任何一个企业将无法生存。因此，企业应该对社会有所贡献，例如纳税。企业向政府纳税从本质上说是为了自己，国家通过税收取得财政收入，从而能组织专门的力量来维持社会稳定，进而形成企业经营的环境。企业对社会做贡献，也是对自己环境的投资，并能持续地取得回报。

（2）企业同服务对象的关系。这是商业道德最直接的体现。社会主义国家发展经济的根本目的是最大限度地满足人民日益增长的物质生活和文化生活的需要，最大限度地改善人民生活，提高人民的生活质量。企业处理同顾客的关系，正是直接具体地体现这一经济目的。从现代企业营销学的角度看，企业普遍提出以满足消费者需求作为企业经营目的，把每一个顾客的每一次购买行为看作一次实现市场的机会，主张尊重顾客权益，尊重顾客人格，这成为企业商业道德新的认识基础。

（3）企业同企业之间的关系，是一种平等竞争关系。平等竞争包含两层含义：其一是通过平等竞争，达到优胜劣汰的目的，淘汰劣质产品、服务和企业，以推动社会生产和流通的进步；其二是通过平等竞争，促使劣势企业进行革新，推动企业的进步。

（4）企业同法律的关系。依法经营，应该是企业的自觉行为。依法经营，既是对自身的保护，也是对他人的保护。破坏了法律秩序，也就破坏了自身生存的环境。

我国的市场经济是社会主义市场经济，这个特定的性质要求企业道德必须具备社会主义的道德精神，要有共产主义的理想、风格和奋斗的精神。共产党人和革命群众在长期的革命斗争和建设事业中形成的奉献精神应该成为新时期企业道德的主流。人文主义精神是世代积累起来的有着习惯性推动力量的文化精华。这种集中体现在传统优秀道德中的基本道德范畴，包括一个民族的爱国主义精神，人们判断是非的真、善、美的标准和诚信无欺的交际准则。只有将功利主义的道德观与社会主义精神和人文精神融为一体，才能使商业道德具有永久的魅力,展示企业良好形象,实现义和利的高度统一,为企业和社会创造更佳效益。

3. 商业道德水准结构

商业道德水准,是指在一定的历史阶段内,在社会的经济关系中实际流行的商业道德意识、商业道德准则和商业道德活动,同当时整个社会利益关系协调需要和历史发展必然趋势的适应程度。

商业道德水准的高低,同整个社会的物质生产状况、科学文化状况以及商业道德传统等密切相关。马克思主义认为,生产和交换是一切社会制度的基础。物质生活的生产方式决定着社会生活、政治生活和精神生活的一般过程。而且社会的经济关系还包括它赖以发展的地理基础,由过去沿袭下来的各经济发展阶段的残余和围绕这一社会形式的外部环境。

(二)个体性商业道德结构

个体性商业道德结构,是从商业道德的个人情境及其个性形成、个人素质与品格入手,将个人看作商业道德的主体或载体,揭示其内部各要素依据某种关系而组合构架的体系模式。个体性商业道德结构既包括个体商业道德心理结构,也包括个体商业道德行为结构,还包括个体商业道德境界结构。

1. 个体商业道德心理结构

个体商业道德心理结构,是指具有社会身份并起社会作用的个人的含有善恶意义的心理活动和心理机制。类似于中国传统伦理思想中的"德心"。它体现为个体商业道德的主观形态。从过程结构看,它包括三个方面:

(1)商业道德直观、商业道德体验、商业道德思维、商业道德想象等等道德认知过程。

(2)商业道德情绪、商业道德情感、商业道德情操等道德情感过程。

(3)商业道德目的的确立、商业道德决策、如何实施商业道德、如何进行商业道德自控等道德意志过程。

2. 个体商业道德行为结构

个体商业道德行为结构,是指具有社会身份并起社会作用的个人,基于某种商业道德心理机制而引发的具有善恶价值的行为体系。类似于中国传统伦理思想中的"德行"。它体现为个体的客观形态。从过程结构看,它包括三个方面:

(1)商业道德动机过程,如商业道德意愿、意向、意图等。

(2)商业道德行为过程,如行为方向、路线、手段及方法等。

(3)商业道德效果过程,如行为结果及行为的后续效应等。

3. 个体商业道德境界结构

个体商业道德境界结构,是指一个人的商业道德素质达到当时商业道德要求程度的标识系统。类似于中国传统伦理思想中的"德品"。

(三)社会性商业道德结构和个体性商业道德结构的关系

社会性道德结构和个体性道德结构并不是两个截然不同的道德体系,而是相互联系、相互依赖、相互转换的辩证统一体系。从生成上看,社会性道德结构与个体性道德结构既有自成的一面,又有相成的一面,是自成与相成的统一;从运动过程看,既有自组自控的一面,又有互动互控的一面,是自组自控与互动互控的统一;从社会功能看,既有自为的一面又有互补的一面,是自为与互补的统一。二者互相贯通、互相影响、互相转换、互相印证。

二、商业道德的功能

商业道德的功能,是指在揭示商业道德结构的基础上所展现出来的、商业道德对个人或企业的生存发展和完善的功效及其意义。商业道德的结构体现了商业道德内部各种要素的有机结合及相互联系和转化的脉络、过程以及发展趋势,而商业道德的功能则体现着商业道德各种要素相互作用的机理及由此表现出来的能量。

(一)商业道德的基本功能

1. 规约功能

商业道德是人们在社会商业活动中形成的各种行为规范的总和。商业道德所具有的规范和约束人们行为的功能,是它最基本的社会功能。这种功能主要是通过社会舆论和商业道德主体自己的内在信念等手段,来唤醒人们的良知、羞耻感和内疚感,从而实现自我控制和社会控制的理性目标。

2. 命令功能

商业道德是人们以评价和命令的方式来把握现实的一种手段,它通过把社会的经济现象区分为善恶、正义和非正义等来实现,通过商业道德向人们提出要求和命令,人们又以对商业道德要求和命令作出回答与奉献来实现。商业道德命令功能的实现,表现为反映社会商业道德的价值准则转化为个人内心隐秘的命令、良心的召唤和义务的呼声,表现为商业道德参与人们内心世界的改造和完善。

3. 认识功能

商业道德是市场主体对社会经济生活及自身的行为认识的结晶,是其理解社会经济环境和自身经济行为的一种独特手段。商业道德的认识功能表现为商业道德反映了市场主体之间的经济利益关系。这种功能,主要是通过商业道德意识和商业道德判断来实现的,能够帮助市场主体正确认识和正确处理他们之间的经济利益关系。

4. 教育功能

商业道德的教育功能是显而易见的。所谓商业道德的教育功能,是指商业道德能够通过评价、激励等方式,造成社会舆论,形成社会风尚,树立商业道德榜样,塑造理想的商业道德形象,来培养市场主体的商业道德观念、商业道德境界和指导其商业道德行为。

5. 调节功能

商业道德是整个社会经济行为调节系统中的一个有机组成部分,它具有通过商业道德评价等方式来指导和纠正市场主体的行为和实际活动以协调它们之间经济利益关系的调节功能。这种调节的特点在于,它能够通过社会舆论、良心、风俗习惯、榜样感化和思想教育等手段,使人们形成内心的善恶观念,自觉地履行对他人和社会的责任,从而达到协调社会经济利益关系的目的。

6．激励功能

商业道德的激励功能表现在外在激励和内在激励两个方面。所谓商业道德的外在激励，就是通过社会途径，向人们展示美好的商业道德理想，推出商业道德榜样，同时对不良的、丑恶的商业行为进行商业道德批评，从而使市场主体激发善行，不断追求和表现出完美的商业道德品质。所谓内在激励，就是通过人们隐藏在内心深处的成就感、认同感、尊严感、荣誉感等激励自己完善人格，形成良好的道德品质。

(二)商业道德的其他功能

1．促进企业经营观念和经营规范的形成

(1)商业道德作为无形资产，可形成良好的商誉，树立良好的企业形象。在市场交易中，商誉是商业企业无形资产的关键因素。虽然无形资产由诸多方面构成，但离开商誉，其他方面的无形资产的价值将大打折扣，而形成和提高商誉的根本条件就是对消费者真诚的服务态度，对信用的执着，维护消费者利益，对互利公平原则的信守等。须知，企业形象是社会对企业的评价，它由企业的经营思想、经营作风、交往风格、价值观念、商品质量、道德情操、行为方式等多种因素组成。良好的企业形象是企业生存和发展的重要条件。

(2)商业道德可以对企业经营人员起到规范和约束作用，实现他律与自律的统一。商业道德规范是社会向企业经营人员提出的道德要求，其内容是客观的、外在的，通过社会舆论、道德评价、组织管理等形式对市场行为主体起到约束作用。这种外在的约束是他律。外在的约束变成市场行为主体的自觉认识，成为人的内在要求，使之心悦诚服地实行商业道德规范，这就是自律。商业道德规范的外部制约性不能经常采取行政的或法律的强制手段，它必须转化为商业经营人员的自觉认识和要求，成为自我立法、自我命令，才能树立高尚的道德情操。商业规范和约束就是这种他律与自律的统一。因此，商业道德可以降低员工"搭便车""偷懒"等机会主义行为，减少经营的管理成本或交易成本，从而大大提高企业的经营效率。商业道德的价值在于它可以带来效益，促进企业的经营和发展。

2．促进企业管理效率的提高

(1)商业道德能增进商业协作。在共同的商业道德观念下，企业经营者之间易于实现相互认同，产生群体归属感，从而促进商业协作关系的形成。商业协作有助于促进商业发展。

(2)商业道德有利于提高企业的管理效率。企业管理包括对物的管理和对人的管理，但关键是对人的管理，因为对物的管理是通过人去实现的。20世纪80年代初，美国的企业管理界提出了硬性管理与软性管理的问题。硬性管理包括战略、结构、制度。软性管理包括职工、技巧、风格、共同的价值观念和道德观念。他们认为硬性管理忽略了人的因素，缺乏共同价值观念。只有将硬性管理与软性管理结合起来，特别注重软性管理，才能创造卓越的企业。商业道德作为调整企业所遇到的各种关系的行为规范，就是要把人的心理、情感、道德情操、价值观念纳入管理，并且发挥这些软性因素在管理中的作用。

3．促进商品经济价值观的形成，提高员工素质

价值观明确表示提倡什么，崇尚什么，并使企业员工朝着价值观所追求的目标努力，保证企业沿着自己的价值观引导的方向发展。改革开放以后，人们普遍接受"贫穷不是社会主

义""发展才是硬道理"等现代观念,确定了"以经济建设为中心""义利并举""义在利中"的价值取向,因而走向了市场经济和知识经济时代。价值观作为共同追求的目标可以把员工团结在一起,使员工采取一致的行动,形成一种共同的价值氛围。企业道德作为企业内在的一种无形力量,能激发员工的工作积极性和创造精神,提高企业内在效率。同时,员工会在工作中以商业道德的基本要求约束自己,产生履行商业道德义务的自觉性。当员工违反商业道德要求的时候,会受到良心的责备,自觉纠正错误的行为,逐步提高道德素质。

4. 促进商业资源优化配置

(1)人力资源开发。人力资源(尤其是智力、潜能方面)是最活跃、最有发展潜力的资源,这种资源的开发程度是与特定体制下人们对人性的认识程度密不可分的。在亚当·斯密看来,"人是经济人与道德人的统一。对人生道德方面的理想,应直接根据人的真正本性。人的真正本性就是人永恒地追求自我利益"。商业道德正视人性这一特点,赋予人的利己利他行为以道德的合理性。在自身利益的驱使下,人们的创造力和想象力得到极大限度地发挥,社会也正如马克思和恩格斯所论述的,在无数追求自身需要满足的具有不同方向"力"的"合力"中得到发展和进步。在现代市场经济环境下,商业道德对利他行为的肯定是社会进步的基础。人们在各自利益目标的驱动下,在不同领域、不同层次挖掘着自身的力量,这在社会范围内更有效地盘活了人力资源。在这个过程中,不仅人尽其才,而且社会需要也得到一定程度的满足。

(2)人力资源配置带动物力资源配置。这可以从两个方面来理解:①人力资源作为活劳动有其特殊性。虽然物力资源可以脱离人力资源而独立存在,但是人力资源却是决不可离开物力资源的。也就是说,人力资源必须与物力资源配置使用。因此,人力资源配置的同时,必须带来一定的物力资源配置。②人力资源具有能动性。在商业道德的激励下,人力资源得到广泛的深度开发。在这一过程中,人力资源既是客体又是主体,它不仅能积极主动接受开发,而且还有自觉进行自我开发的能力。这种自我开发必须通过物化才能显示出来。在物化的过程中,它往往得到升值,创造出更新的价值来。在这种自身需要和能力释放的推动下,物力资源得到进一步配置。

(3)市场竞争。市场经济对资源的配置是在竞争中实现的。竞争是市场经济的一个内在机制和基本特征,这在商业道德中也是明确倡导的。对此,应该从两个方面来认识:①自由竞争。它使每个利益主体意识到必须参与市场竞争,只有在竞争中居于上风才能实现自己的利益目标。在管理环节上,商业道德更加符合以"人"为核心的现代管理思想,它对于劳动生产率的提高起着不可估量的作用。就企业来说,商业道德直接影响它的生存与发展。②公平竞争,这是商业道德约束与协调的结果。商业道德是激励机制、约束与协调机制的和谐统一。依据商业道德开展的竞争,推动着资源的合理开发与流动,调整产品结构和产业结构,使社会资源从效率低、信誉差的企业向效率高、信誉好的企业靠拢,从而实现资源的节约和有效利用。另外,在竞争中,不同企业在共同利益和相互信任的基础上联合、兼并,推动着生产规模的扩大,进一步满足了社会需求。

(4)人才的合理流动。随着市场竞争的加剧,对人才这一最宝贵的社会资源的争夺日见炽热。这就在人才流动过程中出现了一些不负责任的行为,要解决这些问题,除了依靠法律,还要依靠道德的自律机制。尤其在法制仍不健全的情况下,更要加强人才流动中的商业道德建设,充分发挥商业道德对人才流动的调节作用,促使人才资源实现合理、优化配置。总之,商业道德总是以特有的方式和影响力积极而稳妥地推动市场经济的运行,最终对资源配置产生有效的优化作用。

第三节　商业道德的选择

习　语

把握好这一发展机遇,处理好人工智能在法律、安全、就业、道德伦理和政府治理等方面提出的新课题,需要各国深化合作、共同探讨。中国愿在人工智能领域与各国共推发展、共护安全、共享成果。

————2018 年 9 月 17 日,习近平致 2018 世界人工智能大会的贺信

道德问题离不开选择,这种选择无非是特定个体利益与其他个体利益以及与社会整体利益的权衡。商业道德的选择就是企业在商业活动中怎样处理其作为特定个体与其他个体以及与整个社会之间的利益关系。因此,企业的价值取向和企业的经营观念,直接决定着商业道德选择的过程和结果。

一、商业道德选择机制的内涵

商业道德选择机制,是指企业在商业活动中为适应外部经济环境,获得生存与发展的机会,而对自己的商业活动进行道德选择的过程和方式。一般来说,它包括以下几方面内容。

1. 认识机制

认识机制,即企业对其在经济社会中的地位以及所发挥的作用的道德认识方式。作为商业活动的主体,企业是孤立存在的,还是与其他交易主体相互依赖以及与整个经济社会相联系而存在的? 企业的商业活动仅仅是求得自身利益最大化,还是为了社会福利的不断提高? 自身利益的增加与社会福利的提高是不是矛盾的? 这些都需要企业不断深入思考、认识和回答,以便做出正确的商业道德选择。

2. 决策机制

决策机制,即企业对其在经济社会中的道德选择和确定方式。作为商业活动的主体,企业应当确立怎样的地位? 应当经营什么样的产品或服务? 以怎样的方式来扩大经营,赢得市场? 在企业利益和社会整体利益中应做出怎样的选择? 怎样把握眼前利益和长远发展? 在商业活动中,是诚信经营还是虚假运作? 把交易对方当作伙伴还是仇敌? 把自己的服务对象仅仅当作自己获利的工具还是长远发展的价值指归? 与此同时,企业在做出这些决策时,仅仅是以企业自身为中心,从企业本身的利益出发,还是以服务对象为中心,兼顾所有利益相关者的正当利益? 仅仅是把企业自身看作是唯一的利益主体,还是将企业置于经济社会的整体利益和可持续发展的背景之下,维护和遵守有利于增进经济社会整体利益和永续发展的法律道德机制? 对社会发展、市场需求和企业服务对象的利益置之不顾,还是真诚地予以负责和满足? 这些都要贯穿于企业的存在和商业活动中,体现着企业决策的道德风范。

3. 评价和校正机制

评价和校正机制,即企业对其存在和发展中的道德判定和引导。普拉利说过,伦理学的目标是双重的,一个是依赖道德标准对人类行为加以评价,另一个是为人们在特定环境下如何行动提出规范性的忠告。商业伦理也具有一般伦理学的两个特点,即诊断性和理疗性。一方面它要运用明确界定的道德标准对商业道德行为加以评判,另一方面它要阐述具体的道德规则,以适应实际的商业问题①。企业在其存在和发展中是否适应了市场的需求?是否真的实现或满足了利益相关者及其服务对象的正当利益?是否增进了整个社会的公共福利和长远发展?这些都是商业道德判断问题。在此基础上,企业应当做出正当的道德判定和引导。

二、影响商业道德选择的因素

1. 企业利益

毫无疑问,企业的生存和发展,离不开企业自身的利益。但是,这并不意味着企业可以置利益相关者,特别是服务对象的利益和整个社会利益而不顾,一味地追求自身利益。企业作为利益主体,其道德选择毕竟不是以自身利益为中心的,而是以他人利益、社会利益和社会所有主体利益的和谐为着眼点的,因此,企业的商业道德选择还要受其他利益因素的制约。

2. 市场交易规则

企业在经营活动中的逐利倾向,构成了企业发展的内在动力。而企业的交易活动是在市场竞争中实现的,因此市场交易规则也影响着企业的商业道德选择。市场交易规则是在市场竞争中自发形成的、企业交易活动必须遵循的规范和准则,如诚信自愿、平等互利等。没有这些规范和准则,市场交易就无法长期进行。然而,这种自发形成的市场交易规则,并不带有强制性,它不能完全杜绝企业在某些交易活动中的投机行为。

3. 市场法规和法律

市场法规和法律是国家根据市场交易规则,为维护市场公平竞争和正常交易秩序,以法的形式而规定的法律制度。因为法律制度具有强制性,所以它在企业的商业道德选择中起着重要的制约作用。

4. 社会舆论

社会舆论赞成什么、反对什么,往往会对企业发展造成强大的动力或压力,影响企业的商业道德选择。一个受到社会舆论称赞的企业不仅会赢得人心,也会赢得市场;相反,受到社会舆论谴责,不仅会失去人心,也会失去市场。因此,社会舆论对企业的商业道德选择有着不可忽视的影响。

5. 企业自身的道德意识

道德行为的一个最重要的特点是,它必须是一种自愿的选择,即康德所说的"绝对命

---

① 普拉利.商业伦理[M].洪成文,译.北京:中信出版社,1999:31.

令"。正因为如此,影响企业商业道德选择的上述外在因素,最终必须内化为企业的自身意愿。只有企业自身的道德意识不断强化或提升,才能真正变为企业本身的道德行动。因此,企业自身的道德意识是企业商业道德选择的根本内在因素。

第四节 商业道德责任与规范

一、商业道德责任

商业道德责任就是企业在商业活动中对他人乃至整个人类存在状态应履行的责任或应尽的义务。个人及人类的存在状态取决于自然环境、社会环境及精神风貌。因此,商业道德责任也体现在企业的商业活动对这些方面的作用上。

1. 创造社会财富,提供优良服务,增进社会福利

企业的商业活动说到底是为了创造社会财富以获得企业利润。只有增加社会财富,才能给人们提供服务,改善社会福利,提升人类生活质量。这既是企业获取利润的正当渠道,也是企业在商业活动中的道德责任。然而,也存在这样一些企业,它们不是通过增加社会财富为人们提供良好的服务,而是靠投机钻营、巧取豪夺、弄虚作假、欺诈诱骗攫取利润。这些行为损减了社会财富,违背了商业道德的责任,是极不道德的商业行为。

2. 架构公平交易秩序,实践诚信理念,优化社会风尚,提升社会精神品位

任何社会个体既可以是既定社会运行秩序的接受者、维护者,也可以是新的社会运行秩序的创造者、引导者。因此,交易秩序的好坏、诚信理念的兴衰,与每一个企业及其每一次商业活动都有直接关系。企业的商业活动对架构市场的公平交易秩序,弘扬诚信经营理念,优化社会风尚,提升社会精神品位,营造和谐健康的社会氛围,满足人们的心理文化需要具有重要作用。这也是企业在商业活动中应承担的商业道德责任。

3. 节约资源,保护环境,促进人与自然的和谐发展

企业是社会财富的提供者,同时又是资源的消耗者和生态环境的影响者。自然资源是有限的,生态环境的承载功能是脆弱的。如果企业在商业活动中不注意资源的节约和生态环境的保护,掠夺性地耗费资源,肆意排放"三废",并且提供的产品和服务在人们的消费或享用中会破坏资源和生态的平衡,那么将会给人类生存的自然环境带来日益严重的威胁,最终会危及人类生存和发展,影响人们生活质量的提高和福利的增进。因此,节约资源,保护环境,注重生态效益,促进人与自然的和谐发展,也是企业应担承的商业道德责任。

二、商业道德规范

(一)商业道德规范的定义

从字义上说,规范就是约定俗成或明文规定的行为准则。商业从业人员有多种规范约束其行为,如政治规范、法律规范(指商业经济法规)、服务规范、管理规范、商业道德规范等等,商业道德规范是商业从业人员行为规范的一种。所谓商业道德规范,是指商业从业人员

在商品买卖活动中所应遵守的具有道德意义的行为准则。这种行为准则是在商业活动中产生的,是商业道德关系的反映。凡是存在商业道德关系的场合,商业从业人员的行为总会对他人、对社会产生某种后果。有的后果是人们希望的,有的后果是人们反对的,用反对的后果去巩固希望的后果,并把希望的后果固定在某些行为上,希望商业从业人员有这样的行为,这就是商业道德要求。这些道德要求在商业活动中多次反复,取得全社会的认同,就形成了商业道德规范。

(二)商业道德规范的特点

1.广泛的社会性

广泛的社会性表现在两个方面:其一,商业道德规范是社会向商业从业人员提出的道德要求。它是社会褒贬的结果,表现社会各方面的物质利益关系,影响社会精神生活,深入社会的千家万户。其二,广泛的群众基础。不仅商业从业人员知道商业道德规范,广大顾客群体也都知道哪些是商业经营人员应当遵循的行为规范,如买卖公平、不短斤少两,待客要热情,等等。商业道德规范在公众场合会形成一种强大的社会舆论,在交易双方发生矛盾的情况下,成为一种判断是非的标准。

2.凝结在商品交换的关键部分

商业活动中的行为规范表现在各个方面,但是有的不能成为商业道德规范,这是因为它不是关键部分,不具有代表性。称得起商业道德规范的东西,一定是能够反映商品交换活动中表现利益关系的关键部分。因为这一部分是利益关系,所以人们对这一部分最敏感、最关心,它才能成为道德规范。比如度量标准直接表现交易双方的利益关系,短斤少两,则顾客要吃亏,所以标准的度量衡成为商业道德规范。我国古代的商业道德规范凝结在四个部分:①度量衡标准上,强调足斤足两,尺码不短少;②商品质量上,强调货真;③商品价格上,强调价实,即"口不二价";④服务思想上,强调守义。这是千百年来人们对商业道德规范的总结,具有代表性,直至目前我们还十分重视这些商业道德规范。商业道德规范是人们普遍关心、重视的关键部分,但这一部分并不是永恒不变的,它随着商品经济的发展而变化。

3.现实性与理想性的统一

任何道德规范都具有现实性与理想性的因素,商业道德规范也毫无例外地具有这一特点。所谓现实性是指现实生活中存在的,并且看得见摸得着,在商业活动中经常重复出现的行为方式。如称量准确、说话合乎规范等,都是现实性的。不能把理想性理解为在实际生活中不存在或不能实现。理想性是指较概括地表现商业从业人员的行为规范,它源于现实,高于现实,具有总体要求的性质,不反映个别经验。商业道德规范要求"买卖公平",因为并非所有的商人都"买卖公平",假如真是这样的话,"买卖公平"的道德规范就毫无必要了。同样的道理,商业道德规范要求"礼貌待客""诚信无欺",正是因为有些人不能做到"礼貌待客""诚信无欺"。但并不能以此为由,说"礼貌待客""诚信无欺"在现实生活中不存在或不能实现。应该把它理解为既是现实的,又是理想的,如此等等。商业道德规范就是这种现实性与理想性的对立统一。正因为它具有这一特点,所以才有必要向人们不断灌输、反复宣传、严格要求。

4. 他律与自律的统一

商业道德规范是社会向商业从业人员提出的道德要求,其内容是客观的、外在的,通过社会舆论、道德评价、组织管理等形式对行为主体起约束作用,这种外在的约束是他律。外在的约束变成行为的自觉认识,成为人们的内在要求,心悦诚服地实行商业道德规范,这就是自律。商业道德规范的外部制约性不能经常采取行政的或法律的强制手段,它必须转化为商业从业人员的自觉认识和要求,成为自我立法、自我命令,才能指导商业从业人员进行行为选择和道德修养,才能树立高尚的道德情操。商业道德规范就是这种他律与自律的统一。

(三)商业道德规范的内容

随着我国经济的快速发展,企业作为市场经济的主要参与者,其商业行为对社会的影响日益显著。为了维护市场秩序,保障消费者权益,促进社会的和谐稳定,制定并遵守商业道德规范显得尤为重要。我国企业应遵守的商业道德规范,主要包括十大类。

1. 诚实守信

企业应始终诚实守信,答应客户的承诺应当认真履行,确保言行一致。诚信建立起企业与客户之间的信任关系,提高了企业在市场中的声誉。

2. 尊重相关方合法权益

企业应尊重所有相关方(如客户、供应商等)的合法权益,不得侵犯他们的隐私权、知识产权等。此外,企业应遵守相关法律法规,尊重当地文化和社会习俗。

3. 公平竞争

企业应公平竞争,不得从事恶意垄断、价格欺诈、虚假宣传等不道德的竞争行为。企业应通过提高产品质量、服务品质等方式,在公平竞争中取得市场优势。

4. 关注社会责任

企业不仅要追求经济效益,还要关注社会责任。企业应积极参与公益事业,履行环境保护的责任,提供安全可靠的产品和服务。企业的发展应当与社会的发展相结合,企业要为社会创造积极的价值。

5. 保护员工权益

企业应保护员工的基本权益,包括工资福利待遇、工作条件和职业安全等。企业应提供公平的晋升机会,注重员工的培训和发展,构建良好的工作环境,提高员工的工作积极性和满意度。

6. 推动可持续发展

企业应关注环境保护,制定可行的环境政策和规划,减少对环境的负面影响,并积极采取节能减排和资源循环利用等措施,推动企业可持续经营。

7. 文明经商,礼貌待客

企业在经营活动中应遵循的基本原则,包括友好、礼貌地对待客户,提供优质的服务。

8. 遵纪守法,货真价实

企业应遵守法律法规,确保所售商品的质量与宣传相符,不欺骗消费者。

9. 买卖公平,遵守合同

企业在交易中应确保公平对待所有客户,不偏袒任何一方,保证交易的公正性。

10. 信守契约

企业在经营活动中,应履行自己的义务,确保商业活动顺利进行。

第四章 商业活动中的伦理与道德

【开篇案例】百事公司连续 18 年荣获"全球最具商业道德企业"殊荣

2024 年 5 月,百事公司再次被国际权威智库道德村协会(Ethisphere Institute)授予"全球最具商业道德企业"(World's Most Ethical Company)称号。因在全球行为准则合规、公司治理和企业社会责任方面的卓越成就,百事公司作为首批进入中国的跨国企业之一,已连续 18 年获此殊荣,彰显了其对商业诚信及企业责任的坚定承诺。截至目前,全球仅有 6 家企业连续荣获这一认证。

道德村协会是界定和推动商业道德最佳实践标准的全球领导者。"全球最具商业道德企业"的评估是基于道德村协会多年研究开发的道德商数(Ethics Quotient,EQ)框架,旨在以客观、统一和标准化的方式对组织的绩效进行评估。评选内容包括五个方面:道德合规,企业公民和社会责任,道德文化,公司治理,以及领导力、创新和声誉。

(资料来源:http://www.kexinzhongxin.com/html/xinwen/5751.html)

在商业领域,商业伦理和道德是非常重要的概念,它们旨在保护消费者和企业的信誉,同时确保商业活动在公正和诚实的基础上进行。商业伦理和道德是理解商业行为的关键因素之一,也是商业成功的重要基础。

商业伦理是商业行为的道德或价值观,通常指在商业领域中执行某些操作的理性原则和逻辑。商业伦理和道德的目标是确保商业活动不会给社会、消费者或环境造成不良影响。商业活动应该以利他主义的精神来进行,即公司不应只关注自己的利润,而应该考虑到员工、消费者、社会和环境等利益相关者的利益。通过遵守商业伦理和道德,企业可以赢得消费者的信任和尊重,增强其商业声誉。这样的企业更有可能吸引并维持忠诚的客户群体,从而获得更好的经济效率和财务表现。

当然,商业伦理和道德并非一成不变的标准。在不断变化的商业环境中,如何适应不同环境的商业准则和法律标准是一个复杂的问题。企业需要不断更新其商业伦理和道德标准,以确保其行为一直符合最新的法律和社会期望。某些企业可能会将短期利润作为商业行为的核心,而忽略企业了对社会和环境的影响。这些企业的商业伦理和道德标准往往是含糊不清或缺乏有效性的。一个成功的商业伦理和道德策略应该始终考虑到社会、消费者以及环境因素,并确保商业活动的可持续性。

第一节　商业伦理的经济性与社会性

习语

法治意识、契约精神、守约观念是现代经济活动的重要意识规范,也是信用经济、法治经济的重要要求。

——2020年7月21日,习近平在企业家座谈会上的讲话

伦理与其经济性和社会性相结合的结果之一就是"伦理经营"的提出。伦理经营假设意味着企业管理和伦理的结合:追求利润是所有经营活动的重要目标,企业管理必须服务于这一目标;道德的价值在于它是共同利益的维护者。利润体现个体(企业)的利益,道德维护整体的利益。

一、商业伦理的经济性

现代"经济"一词与中国古汉语中的"经济"是完全不同的,古汉语中的"经济"是"经邦济民""经国济世""经世济民"之义,是对国家治理的解释,与经济学无关。现代"经济"一词,讨论的就是以家庭为单位的经济管理。

随着人类经济社会的发展,商业伦理的经济性原则逐渐展现。13世纪,威尼斯成为西方贸易的中心,银行和商业体系集中在少数人手里,因而少数富人在逐渐出现的行会系统中掌握权力,工人在财富游戏中根本没有发言权 。随着中世纪市场的完善,西欧经济开始繁荣起来。但是在经济效率提高、贸易进一步扩大的同时,原来反映劳动价值的公平价格开始受供求关系的制约,人的价值被忽略了。这一过程中就出现了伦理困境:正义与效率的较量。这种较量似乎一直延续至今 ,从三聚氰胺事件到一些公司员工不堪紧张的工作压力而结束自己的生命等现象,无不反映了在以追求利润和效率为主导的经济运行过程中对其他价值的漠视。

马克思把经济学作为理解人类社会、人的活动规律和人类道德、精神现象的手段。他在《1844年经济学哲学手稿》中写道,国民经济学不过是以自己的方式表现着道德规律。在马克思看来,对经济学的研究和对人类道德规律的研究是密不可分的,从而也不能离开经济学中伦理原则的研究。他认为,伦理学的基本问题包括经济利益和道德关系、个人利益和整体利益的关系、经济对道德的作用、道德对经济的反作用、经济活动中人的价值实现、经济领域中产生的道德现象和道德范畴,诸如公平、正义、自由、平等均应成为经济学和伦理学的共同研究课题。

像所有应用伦理学一样,商业伦理必须随时与现实商业世界保持一致,否则就失去了指导行为规范的意义。商业伦理受到经济条件的制约,经济决策过程不仅取决于保证稳定和增长,还需要获得利润、巩固市场和不断提高股东价值,这种经济理性主宰着经济行为的其他方面,有时候甚至占据了绝对的决策高地。商业活动中的伦理原则与经济性原则都涉及人类的行为及其决策问题,综合了经济性原则的商业伦理不仅考虑道德上的明辨是非,还考

虑决策的效果和效率问题。

　　在平衡道德正确与商业决策的经济性方面,对经济性的考虑经常超过了对道德的考虑,这不仅体现在日渐引起关注的各种商业丑闻所暴露出的只追求利益最大化和股东利益的商业战略,还涉及权力集中在跨国大公司、发达国家在发展中国家商业活动的合法性以及公司对待客户和竞争者的方式上。此外,还包括员工管理、公司决策框架和商业目标等内部层面,以及对在价值和思维上的经济和物质倾向的指责。究其原因,从对经济理论的反思不难看出,经济理论主要基于对各种模型的分析,认为通过模型可以决定随个体变量的改变而产生的效应,即行动总是针对个体利益最大化或预期成本最小化。在经济理性所支持的现实下,好坏取决于个体实现的利润而不是其行为的方式、动机或意愿。然而,行为的理性不仅在于其经济成功,还在于决策者的知识、动机和意愿所赋予决策的说服力。

二、商业伦理的社会性

　　按照古典经济理论,商业的形成纯属出于经济目的,仅通过市场与社会发生联系,而市场交易构成其存在的全部和理由。企业被认为是一个人们为了自身经济利益而以投资者、雇员等身份走到一起而形成的自愿组织;创造的大部分财富都装入资本所有者——股东的腰包,雇员根据自己的贡献获得薪酬,投资者通过对组织的贷款接受利息。然而,市场并不是企业的全部,也不是企业存在的理由。从市场功能理解企业,只是从其社会背景和所涉及的多重关系及责任中提取了一部分。单纯考虑企业的经济功能,脱离了赋予企业和市场存在的社会背景,将企业存在的目的只局限于单一方面,在这个过程中丧失了企业作为社会群体一部分的内在道德本质。除了经济功能外,企业的一个重要功能在于丰富企业所依存的社会、文化、自然等多重环境。例如,商业组织的存在还在于要为其雇员提供有意义的生活,通过研发新产品和新技术推动社会发展,促进环境可持续发展,尽可能帮助社会解决最紧迫的社会问题等。公司或企业是一个具有多重目的的组织,许多目的都是非经济性的。虽然利润是企业继续其活力的关键,但却是企业存在的副产品,是企业机能完好的象征。企业可以只专注经济职能而获取经济上的富裕,为股东带来巨大利润,但是不能通过这种方式成长和壮大。

　　虽然大多数公共政策的制定是通过政府行为发生的,但这些政策并不等于政府,而是一个社会决策过程。同样,商业伦理的形成与应用不是单纯地规范企业的获利之道,而是赋予企业立足社会之本,同时其自身又是社会的产物,蕴含着不可摆脱而且必须遵循的社会发展规律,不受社会性制约的商业发展将导致恶果。

第二节　道德人与经纪人

习语

　　法律是成文的道德,道德是内心的法律,法律和道德都具有规范社会行为、维护社会秩序的作用。治理国家、治理社会必须一手抓法治、一手抓德治,既重视发挥法律的规范作用,又重视发挥道德的教化作用,实现法律和道德相辅相成、法治和德治相得益彰。

——2014 年 10 月 23 日,习近平在十八届四中全会第二次全体会议上的讲话

一、经济人

(一)经济人的概念

"经济人"作为一个经济学概念,是由亚当·斯密在《国富论》中首先提出的。他假定人是理性的,有追求利益最大化的愿望和行动。同时,个人利益与社会利益并行不悖,互为条件。这种"经济人"模型被后来的许多学者加以运用,作为建立经济模型的基础。

所谓经济人,就是人会设法使自己的利益得到最大满足,或者说追求效用的最大化。经济人只追求和满足自己的利益,并不关心他人的利益,他把社会活动看作满足自己需要的手段,这一概念是建立在市场经济背景下的。

(二)经济人的优点

1. 经济人对利益的追求是经济发展的原动力

追求自身利益是驱动人的经济行为的根本动力。人是由利益诱因来引发工作动机的,其目的在于获得最大的利益。每个人的行动只受个人利益驱使,按照自我保存的方式来行事,客观上有利于经济的发展和效率的提高。

2. 倡导理性计算

经济人是理性的,他能根据市场情况、自身处境和自身利益做出判断,并使自己的经济行为适应于从经验中学到的知识,从而使所追求的利益尽可能最大化。每个人都只服从理性,只想以最小牺牲来满足自己的最大需要;经济人最大利益的实现,是在个人行为的成本与效益的深思熟虑的权衡和比较中完成的,理论上有利于个人价值的最大化。

(三)经济人的缺点

经济人以逐利为唯一动机,以自我利益最大化为目标,其人格表现为物化的人格,它的唯一目的就是获利。当这种物化的人格和以利益为内容的交换原则向社会生活等其他领域渗透时,便逐渐泛化为整个社会的普遍现象,导致社会政治、文化和公民日常生活等领域盛行拜金主义、利己主义,整个社会道德沦丧,秩序混乱。如果企业仅仅是经济人,就会只考虑自身利益,出现一系列违反法律及道德的行为。例如,生产和销售假冒伪劣产品,破坏自然环境生态平衡等。

二、道德人

(一)道德人的内涵

亚当·斯密在《道德情操论》中提出了道德人的概念,认为道德人是利他的。他说无论人们认为某人怎样自私,这个人的天赋中总是明显地存在着这样一些本性,这些本性使他关心别人的命运,把别人的幸福看成是自己的事情,虽然他除了看到别人的幸福而感到高兴以外一无所得。

所谓道德人,就其抽象意义说是用理想的道德形象和道德价值尺度所塑造的完美的人,是在一种道德至上的文化氛围中培养出来的独特的德性人格和行为选择。

(二)道德人的优点

道德人在满足了他人的需要之后,才能顺利通过市场进行交换,获得维持自身生存和发展所需的生活资料。因此,道德人关注自身的生存与发展,同时更关注他人的需要和经济利益。

(三)道德人的缺点

1. 可能造成低效率

市场经济的正常运行需要道德的支撑,这种道德是在不但不废除市场机制而且保证这一机制更好地发挥作用这个限度之内的。如果无视界限片面强调道德,甚至用纯粹的道德尺度评价市场经济的运作,就会损害甚至废除市场竞争、利益驱动这一类市场机制。如果成员中的所有人都是道德人,可能导致一种非常无奈的低效率。

2. 可能缺乏现实可行性

在市场经济发展中,让行为人完全无私地利他,存在着不太现实的一面,其中只有很小一部分人才能做到这点。马斯洛的需求层次理论认为,生理需要、安全需要、社会需要、尊重需要、自我实现这五种需要按层次逐级递升,虽然这种次序不是完全固定的,但是一般来说只有某一层次的需要相对满足了,才会追求更高一层次的需要。因此,让人们放弃生理、安全等低层次的需要,而去追求精神上的高层次的需要,实现完全无私的利他,对于大多数人来说可能缺乏现实可行性。

"道德人"与"经济人"是西方经济学家对社会关系人格化的一种概括和规定。一般认为个人有其社会属性,它总是一定社会关系的产物。道德关系和经济关系都是人的活动的创造物。把人视作道德活动和道德关系的承担者时,人就成为某种道德范畴的人格化——道德人。而将人视作经济活动和经济关系的承担者时,人就成为某种经济范畴的人格化——经济人。这种概括和规定虽然也是将人从它的全部社会关系中抽取出来加以研究,但它又是一定道德和经济范畴的承担者,因而又有其合理性。

总而言之,经济人与道德人只是人性的假设,他们并不作为完全对立的两种人而存在,而是每个现实的人身上的两重属性。每一个现实的人都应当合理追求个人经济利益,但"经济人"在成长的过程中需要来自道德的支撑。

三、经济人与道德人的辩证统一

(一)从经济活动与经济行为的动机来考虑

一方面,在经济活动中,人们的动机显然为利益驱动,即以个人物质利益的追求为驱动力。每个有生命的个体存在,总是要以维持自己有机体的生存与发展为最终目的的。人们的经济行为总是首先考虑是否从中获益,对自己的生存、生命的维持是否有益,以此决定是否采取行动,采取什么样的行动,才能获得最大的利益。这种物质驱动力使得经济活动中的人都带有"经济人"的特征,经济人活动的动机和出发点均出于一己之利。另一方面,经济人毕竟是现实中的人,因而经济人在经济活动中就具有社会的道德品质、文化教养、同情心等因素,这些因素会影响他的经济行为和经济活动,使他只追求适度利益而不是不顾一切地追求自身利益的最大化。市场经济中的经济人行为也是功利和超功利兼有、他律与自律并存的。这样的经济人的主要动机是自觉意识到自己的行为将有益于社会和他人,同时他也不拒绝在此过程中获得经济上的好处。他虽然仍属于经济人,但他的动机已经包含了把个人谋利同道德伦理、精神追求相结合的内在统一。因此,市场经济中的经济人与道德人是合二为一而非两极对立的。

(二)经济人和道德人在实现动机的手段上是统一的

一方面,经济人为了牟利或从利己出发,在实现动机之时,可以采取一切手段,有时出现非常手段。非常手段具有为达目的而不择手段的特征,如以次充好、以假代真、短斤少两、坑蒙拐骗、欺行霸市、恶意欺诈等。另一方面,市场经济服从于"看不见的手",这只手是牟利动机实现的最终手段,竞争则是市场经济实现的主要途径。竞争需要各种游戏规则,这些规则体现并维持有序竞争的公正、道德和伦理,体现道义、信念和牟利动机的并存。

市场经济发展到现在,还有一只"看得见的手"在起作用,即政府干预和调节。政府的手段一般为两种,即命令式或非命令式。前者通过法规、政策等手段去规定经济活动的范围、形式,这带有强制性和统一性。后者是政府通过传播信息或运用它掌握的经济资源及手段来创造一种经济环境,对经济人的活动给予劝告、推动。在这一过程中,道德规范、道德价值起着重要作用。因为市场经济的游戏规则并非游离在社会制度之外的一种孤立的经济形式,它要受到社会的价值规范和导向。这就意味着以政府和社会组织的行动来保证社会上每一个成员都能平等地享有社会上的财富,这种导向势必要求政府和社会组织在所有制、道德规范、经济组织等方面广泛地干预和介入市场经济的运行。

从微观层面分析,实现市场主体"经济人"牟利的手段,仍然离不开道德伦理的约束。经济人除了遵守市场经济的牟利和效率原则外,他还应具备特有的原则和特性。这些道德原则概括起来,就是在实现牟利的手段中要充分考虑和满足人们高度发展的非经济需要。诸如工作满足、价值体现、人们的成就感和荣誉感等精神需要。在经济发展中,经济与道德是紧密相连的,经济人与道德人并非根本分离。这些手段,既着眼于物质利益,也着眼于社会利益。

(三)经济人与道德人是相互依存、紧密相连的

在市场经济中,为了扩大生产以获得更大的利益,经济人常常将生产收益用于自己特定的"财富包装",向外炫耀生活的富有和家庭的殷实,造成经济实力强大的外在表现。经济人给人以信任及实力的"欺骗",从而赢得他人感官和感觉的信任,表现为出手大方、一掷千金。这是一种取得信任的必要手段。这里,道德功能从属于经济人,经济人的特征更为突出,并掩盖了道德人的品质。现实中的人在社会上都是"多重角色"的扮演者。经济人也不仅只是唯利是图,只是市场机制的化身和资本的人格化。在处理经济收益时,他也可以扮演另外的角色。作为社会复合角色的扮演者,经济人的理性需要得到体现。在现实生活中,大量表现为既是经济人又是慈善事业的承担者——慈善家、残疾事业的关注者、社会公益活动的热心人士,烛光行动、爱心工程处处可见经济人的影子。在处理经济收益时,经济人与道德人也是形影不离、携手并进的。

四、道德与经济的协同发展

在市场经济环境下,市场在资源配置中起决定性作用,社会追求利润与效率的最大化,一方面形成了生产力不断发展的动力,带来了社会物质财富的极大增长和人民生活水平的极大提高,但另一方面也使经济内部及外部出现一系列问题,市场经济依靠自身的规律完全无法解决这些问题,经济必须以道德作为支撑才能保持自身的可持续发展。

(一)经济需要道德为其活动提供协调的基本平台

如果说经济活动是为了人们的生存和发展,那么道德活动则是为了维护人类更好的生存和发展。经济活动突出地表现为人们对利益特别是物质利益的追求,虽然表面上看似都是物质性的,但归根结底还是发生在人与人之间的活动,反映出来的实质都是人与人的关系。由于物质的有限性及人类欲望的无限性,在人们对物质利益的追求得到一定程度的实现后,个人、他人和集体必然会产生相互之间的利益矛盾,再加上经济活动追求各自利益最大化的特点,可能驱使人们的经济活动只顾个人而忽略社会,只顾眼前而忽略将来,只顾物质而忽略精神,从而引起不同利益间的冲突,导致社会经济的无序和不可持续发展。市场经济的开放性和自由性,使这些问题更为突出。这些都决定了经济需要道德为其提供协调的平台,提供有效运行的基本平台,需要道德发挥调节和激励作用。正是因为道德行为不断地约束着经济行为,经济活动才可以良性持续发展,社会才会繁荣昌盛。

(二)道德是现代经济的一种无形资产

道德对于劳动者个人而言,可以表现为自强不息的精神、诚实守信的品德等;对企业来说,从广义上可以表现为商业信誉、企业文化、企业精神、企业道德、企业价值观、企业凝聚力等。作为现代经济的一项无形资产,道德虽然没有实物形态,不像机器、厂房、设备等能在短期内带来实实在在的收益,但是它的价值却是实实在在的,而且往往会给有形资产带来更为巨大的收益,只不过这些收益往往指向的是未来。例如,在现代商业社会流行着一种仅以借款人的信用和声誉作为基础的信用贷款,完全无须其他物质财产作抵押,也无须提供任何保证,而且享受更低的利率、更便捷的放款。日积月累形成的"信用"这一无形资产给人们实实在在地带来了收益。现代商业社会流行的"品牌"效应也是如此。市场经济环境下,当前的根本任务是发展生产力,中心工作是搞好经济建设,一切积极因素均应被调动起来用于推动经济均衡、快速、持续的发展。而道德作为现代经济的一种无形资产,作为一种经济要素,自然应该被调动起来,充分发挥其工具性价值,服务于经济发展的需要。

(三)道德的融入使社会转型期的市场经济更具有蓬勃生命力

社会转型期的市场经济中,传统的"奉献型道德经济"在资本追求利润最大的冲动下已被物欲冲击得支离破碎,经济行为一旦变成纯粹的利益追逐,就难免衍生出权钱交易、损公肥私、化公为私等腐败现象。仅仅依靠法制,经济成本会急剧上升,市场经济最为需要的灵活性会大受约制,而且法制也无法规范层出不穷的市场经济新行为和新问题。道德的融入可以为经济把握好发展的正确方向,可以更好地调动经济主体的道德自觉,从而提高人力资源的价值,节约经济成本,可以更好地调和个人利益与社会利益、经济效益与社会效益、公平与效率等矛盾。一旦失去道德规范,市场经济就会逐渐走向歧途。它带来的不仅是社会整体道德的丧失,而且意味着经济社会处于一种极不公平和极不公正的境地,意味着社会幸福指数的下降,这些都与发展市场经济的目的背道而驰。任何一种经济如果缺乏道德作为支撑,最终都将会走向没落;任何一种经济如果缺少道德的融入,也将无法维持长久。

五、人性假设对企业管理的影响

人性假设,作为管理思想、管理观念的认识基础,直接决定着管理者的领导方式。领导归根到底是对人的管理,现代管理理论都以人性假设为前提,不同的人性假设在实践中体现为各种不同的管理观念和管理行为。

(一) 性恶论——X 理论(经济人假定)

现代"性恶论"即"X 理论",是对西方传统人性假定——理性经济人的概括。理性经济人从一种享乐主义的哲学观点出发,认为人的一切行为都是理性地为了最大限度地满足自己的私利,它视经济动机为管理中唯一的激励因素。

X 理论认为,一般人天性厌恶、回避工作;对大多数人必须运用强迫、控制、督促及惩罚,才能驱使他们努力于组织目标的达成;一般人宁愿被领导,以避免担负责任。

持这种人性假定的领导者所采取的领导方式:强化指导和控制,强化监督和条例。领导者的管理任务就是告诉员工该怎样做、做什么,并且监督他们。根据这一理论建立的管理模式,是以完成任务为中心的管理模式,它把人当成"机器人""工具人",认为人只有在完成任务时才具有意义和价值。它忽略了人的社会需求,这是有悖人性的。虽然它使生产效率得到了提高,改变了过去放任、无序的管理状态,但由于它本质上背离人性,所以其内在潜力很快就遭到抑制。

(二)性善论——Y 理论(社会人假定)

X 理论是将人类病态行为误认为是常态,因而提出与之相对的 Y 理论。在中国古代,与以荀子为代表的性恶论相对的,是以孟子为代表的性善论。

Y 理论认为人性本善,管理应加以合理引导,使个人能够在达成组织目标的同时获得个人目标的满足。它强调的是人们合理行为的内心自觉性,因而无须太多的严规戒律。这种强调内在自律的管理无疑有其科学的一面,但并非管理的灵丹妙药,因为人之本性与管理实践远非如此简单划一。相反,这一理论若走向舍弃制度管理的另一极端,也必将背离管理之宗旨。

持这种人性假定的领导者将采取"员工导向"的领导方式,较注重人际关系,注重下属的归属感等非物质需求;在进行决策时,往往采取民主型决策方式,更倾向于考虑员工的利益,更乐于授权,鼓励员工参与工作的管理和决策;在奖励时,注重集体奖励。

(三)"自我实现人"假定

马斯洛的需求层次理论提出,人们的需要是由低到高的,最终会达到自我实现的需要,并在此基础上提出"自我实现人"假定,这与 Y 理论具有一致性。这种人性假定认为,人们在工作中力求最大限度地发挥自己的潜能,只有在工作中将自己的才能全部发挥出来,才会获得最大的满足感。人们在工作中只要基本满足较低层次的需要,就会转而追求自我实现的需要,发展自己的能力和专长,并逐渐使自己成熟起来,自愿把个人目标和组织目标统一起来。

持这种人性假定观点的领导者将采取"授权式"的领导方式,给下属权力,让下属自我管理,领导者只是起到一个监督的作用。领导者会更多地考虑怎样使工作更具有意义和挑战性,这样才能增加员工的成就感。领导者会创设更适宜的条件,促进员工更好地工作。在奖励方式方面,领导者会更注重内在奖励,这样才能满足员工的自尊和自我实现的需要。

(四)人性可塑论——超 Y 理论

在孟子、荀子不同人性假定基础上,孔子则是"人性可塑论"的首倡者,他指出,"性相近也,习相远也"。告子继承这一思想,认为人性是一张纯洁无瑕的白纸,其或善或恶的分化完全取决于人的后天行为。

人性是复杂的,绝不可简单地用性善或性恶来解释,也不能只用 X 理论或 Y 理论来解释。与中国古代的人性可塑论相近,西方管理学家沙因提出"复杂人"假定,认为以往的人性假定是不同历史时期的产物,只适合一定的时代和一定的人。人的动机是复杂的,不同的条件动机亦不同。在"复杂人"假定的基础上,"超 Y 理论"被提出。其主要观点是,不同的人对领导风格的要求不同,领导风格与管理方式要由工作性质、成员素质等来决定。

持这种人性假定观点的领导者,将采取权变式的领导方式。权变的领导方式强调,没有一种领导方式是永远适合的,有效的领导方式总要与下属的情况、周围的环境相匹配。领导者采取权变的领导方式,将会在实际工作中,以现实的情景为基础做出灵活的行为反应。由于人们的需要不同,所以,领导者应该根据人们的具体需要采取具体的措施:对于初步成熟的下属采取说服式领导,对于比较成熟的下属采取参与式领导,对于成熟的下属采取授权式领导。

第三节　商业道德冲突与商业道德选择

📖 **习 语**

青年要把正确的道德认知、自觉的道德养成、积极的道德实践紧密结合起来,不断修身立德,打牢道德根基,在人生道路上走得更正、走得更远。

——2019 年 4 月 30 日,习近平在纪念五四运动 100 周年大会上的讲话

一、商业道德冲突

商业道德冲突,又叫商业价值冲突,是指商业从业人员在面临某种道德境遇时,往往会依据不同的道德原则或规范,做出不同选择。个人所承担的社会角色的复杂性与多样性在

某种情况下会引起道德义务的冲突。当行为者遵守某种道德原则或规范时，就会背离其他道德原则或规范；当行为者实现某种道德价值时，就可能牺牲其他道德价值。商业道德冲突主要表现为以下两种冲突。

（一）"义"与"利"的冲突

先秦儒家"义以生利"和"以义制利"的思想，明确表达了道德追求对物质利益的生成与制约作用，是儒家义利观的核心内容。这些"义利观"同商业公平交易、等价有偿、互惠互利等原则相融合，逐步成为中国传统商业经营的指导思想并贯彻到商业活动的全过程。随着社会经济和商业的飞速发展，中国也加快了与国际接轨的步伐，与此同时，西方利益至上的价值观与传统重义轻利的义利观发生了激烈的碰撞。市场经济实践和商业化活动使得人们的价值取向出现了偏差，义与利的矛盾也随着经济效益日益重要的地位而日益突出。

为了节省成本，企业的经营者和管理者通常会在员工身上施以手段。尤其是在某些私营企业和外资企业中，侵犯员工合法权益的现象时有发生。员工的合法利益受到侵害，员工必然会对企业产生逆反心理，从而消极怠工。这会降低企业的生产效率，进一步影响产品质量，使企业的形象受损，企业将难以稳定持续地发展。

（二）"公平竞争"与"等级秩序"的冲突

"物竞天择，适者生存"是自然界和人类社会生存发展的必然规律，"竞争"一词最早出现于《庄子·齐物论》："请言其畛：有左有右，有伦有义，有分有辩，有竞有争，此之谓八德。"按字面解释，竞争就是对立的双方为了获得他们共同需要的对象而展开的一种争夺、较量。

当面对市场中的巨大利益诱惑、人才资源的匮乏、物质资源的短缺和信息资源的不对称等情况时，企业可能会为了自身短期发展而将伦理道德置之不理。《中华人民共和国反不正当竞争法》（简称《反不正当竞争法》）就列举了企业可能存在的一些不正当竞争行为。面对这种伦理困境，在自身发展与竞争对手发展的选择中，企业的发展可能会拯救企业一时，却难以使企业长远发展。

二、商业道德选择

商业道德选择是一种特殊的社会选择，是人们在一定的商业道德意识的支配之下，根据某种商业道德标准，在不同的价值准则或冲突的义务之间所做的自觉、自愿的选择，是通过人的一系列心理活动而达到的一种价值取向，是人们为达到某一种商业道德目标而主动做出的取舍。

人的行为是一个十分复杂的过程，选择是行为的重要环节，是最复杂的行为活动之一。"选择"的字面意思是在两个或多个对象或行为方案中做出取舍。选择是人的选择，是人在与环境的相互作用中，按照一定的目的，在多种可能性中间进行的抉择。社会的发展主要是通过人的自我选择实现的，有目的、有意识的选择促进了人的智力和体力的发展，促进了社会组织和社会生活的有序发展。作为社会的成员，每个商业从业人员都面临着选择的机会和责任。

商业道德选择是价值观的表现形式，它把人们内在的价值观念、商业道德品质、商业道德情操以及心理活动和行为活动的形式呈现给自己或别人。商业道德选择有多种形式。它既可能是在多种商业行为可能性之间进行的商业行为选择,也可能是在多种商业道德标准或义务之间进行的取舍;它既可能是商业行为动机、意图或目的的选择,也可能是商业行为方式、过程、结果的选择;它既可以表现为外在的行动、交往、调节等道德实践活动,也可以表现为认识、感情、意志等道德精神活动。从某种意义上可以说,商业道德的一切内容无不具有选择的意义。不但商业道德原则、规范指导着人们的行为选择,而且商业道德的认识、感情、意志也指示着人们的选择方向。

三、商业道德选择的目的与手段

(一)商业道德选择的目的

道德选择的目的是人们通过行动所要达到的预期结果。目的规定行为的方向。目的在行为中的地位决定了目的选择的重要性。选择正确的目的,是道德选择的关键环节。选择的目的,既是选择活动主体的能动性的体现,也是选择活动主体道德责任的主要依据。由于目的必须通过手段来实现,所以,选择目的同时也就是选择手段。手段作为实现目的的方法、途径或方式,由目的本身的性质所决定。手段的选择总是受目的选择的制约。

(二)商业道德选择的手段

商业道德冲突的存在增加了选择的难度,同时也扩大了选择的意义和作用。正确地在价值冲突中做选择,必须看到,价值冲突表现在社会中,往往呈现出两种性质不同的形式,即同一价值体系内部的不同道德要求之间的冲突和不同价值体系之间的对立,前者是大善与小善、高层次义务与低层次义务之间的矛盾,后者则是善与恶、道德与不道德之间的冲突。

要解决同一价值体系内部的不同道德要求之间的冲突,首先必须区分本价值体系的层次系列,弄清商业道德规范体系的等级秩序,使低层次的价值准则及其所规定的义务服从于高层次的价值准则及其所规定的义务。一般来说,在商业活动中,商业道德义务高于一般公民道德义务,国家利益高于商业部门利益和商业从业人员的个人利益。其次,必须根据具体的情况灵活决定义务的选择。在发生冲突时,对于具有同样地位的义务,应该根据哪一种义务更有利于企业、行业和社会的利益来决定取舍。在特定情况下,有时理论上更高级的义务要让位于低一级的义务,如果这些义务更符合最高的利益或最高的道德目的的话。

总的原则:两利相权取其重,两害相权取其轻;不因善小而不为,不因恶小而为之。在不同的价值体系的对立中,应该选择最能代表人民利益、社会发展利益的价值体系,选择最能反映社会历史的本性或最能代表社会进步的价值体系。在商业实践中,要选择符合社会主义商业道德和其他社会道德的商业行为,摒弃与社会主义核心价值观相背离的封建主义、资本主义的商业行为。

(三)商业道德选择目的与手段的辩证统一

在商业道德选择中,必须将目的与手段统一起来,选择正当的商业手段去实现正当的商业目的。一方面,要反对目的决定论。目的决定论认为目的就是一切,只要目的正当,可以不择手段,因此,可以用不正当的手段去实现所谓正当的目的。比如,为招徕顾客、增加商业收益而采取不正当竞争手段;为获得商业荣誉而采取夸大成绩、隐瞒缺点的手段。手段本身的道德价值以及它对目的的价值的影响不容忽视。商业效益、商业荣誉的获得必须依靠诚实劳动、公平交易等道德方式和手段来实现。另一方面,要反对手段决定论。手段决定论认为,手段决定一切,目的是无足轻重的。这种观点可能会带来两种后果:一种后果是容易为某些人利用看似正当的手段以达到不正当的目的提供依据或借口,比如,在商业法律和道德规范不健全的情况下,利用其漏洞谋取商业利益;另一种后果是看不到目的,片面追求手段的道德性,比如,因一些人员下岗、一些企业破产而反对一切形式的商业竞争和商业制度改革。应该看到,手段是从属、服务于目的的,正当的商业竞争、必要的商业制度改革是提高商业经济效益的必要手段。

第四节　企业社会责任与伦理道德

习 语

中国将为非洲援助实施 10 个减贫和农业项目,向非洲派遣 500 名农业专家,在华设立一批中非现代农业技术交流示范和培训联合中心,鼓励中国机构和企业在非洲建设中非农业发展与减贫示范村,支持在非中国企业社会责任联盟发起"百企千村"活动。

——2021 年 11 月 29 日,习近平在中非合作论坛第八届部长级会议开幕式上的主旨演讲

一、企业社会责任的基本内容

企业社会责任(Corporate Social Responsibility,CSR)的概念最早于 1923 年由英国学者欧利文·谢尔顿提出,他认为企业不仅要追求股东利益,还要满足不同利益相关者的需求,因此道德因素应该包含在企业社会责任中。但开启现代意义的企业社会责任研究则归功于霍华德·R.鲍恩于 1953 年发表的著作《商人的社会责任》,其对于企业社会责任给出三个方面定义:一是强调了承担企业社会责任的主体是现代大企业;二是明确了企业社会责任的实施者是公司管理者;三是明晰了企业社会责任的原则是自愿,这点将企业社会责任与法律约束和政府监管加以区分。

(一)企业社会责任的主要观点

企业社会责任的概念自其诞生之日起就饱受争议。其主要包含两种观点,一种是以股东利益最大化为基础的社会责任观,另一种是以所有利益相关者为基础的社会责任观。经济学家米尔顿·弗里德曼认为,"企业的任务就是经营企业""企业的唯一目标就是追求利润最大化"。企业必须对股东负责,而股东的目标是实现利润最大化,企业的目标就是力求实现股东的目标。如果企业将资源用于社会产品时,可能会破坏市场机制的基础。

随着利益相关者理论在企业社会责任领域得到广泛应用,以所有利益相关者为基础的社会责任观应运而生。在该观点支持下,企业的所有利益相关者对企业的共同期望是企业应该承担的社会责任。为了实现这一目标,企业在创造财富、追求利润最大化的同时,还要

承担起环境保护、产品质量、员工权益、支持教育和公共卫生、赞助慈善、反对种族歧视等社会责任。

(二)企业应承担的社会责任

通常意义上的企业社会责任包括三个方面。

(1)保证企业利益相关者的基本利益要求。这包括保护股东的基本权益,保证对债权人按时还本付息,及时向国家缴纳税款,保证员工的基本权益,正确处理与购买者、供应者之间的利益分配等。

(2)保护资源环境。这包括处理好与企业生产有关的废气、废水、废渣的排放,制定安全政策以减少环境安全灾难的发生,珍惜稀缺自然资源等。

(3)支持公益慈善事业发展。这包括向公益慈善事业进行捐赠,反对种族、民族歧视等政治不公平,支援落后国家或地区等。

国务院原参事,第九、第十届全国政协常委任玉岭从八个方面对我国企业应承担的社会责任内容进行了概况和总结,这对我国企业履行社会责任具有重要借鉴意义。

(1)承担明礼诚信确保产品货真价实的责任。该责任要求企业诚信经营,杜绝不守信、商品造假等行为,以保障消费者权益,维护市场经济有序运营。

(2)承担科学发展与交纳税款的责任。该责任要求企业科学发展,不能只顾眼前,不顾长远,也不能只顾局部,不顾全局,更不能只顾自身,而不顾友邻。在科学发展的同时扩大纳税份额,完成纳税义务。

(3)承担可持续发展与节约资源的责任。该责任要求企业树立可持续发展的理念,改变经济增长方式,发展绿色经济、循环经济,实现经济发展与资源节约相适应,克服我国人均资源严重贫乏的困难。

(4)承担环境保护和维护自然和谐的责任。该责任要求企业在实现经济发展的同时正确处理生产经营与环境污染之间的关系,保护自然资源,防止向大气、水、土壤、海洋等环境排放污染物,防止森林、矿产等自然资源过度开采,实现人与自然和谐发展。

(5)承担公共产品与文化建设的责任。该责任要求企业在财力和精力富余的同时,积极支持医疗卫生、公共教育与文化建设等事业,以弥补国家投入不足,为我国民众实现全面健康、脱贫脱困、综合素质提升贡献力量。

(6)承担扶贫济困和发展慈善事业的责任。该责任要求企业在有余力的情况下,参与社会的扶贫济困,精准扶贫,积极带动农村人口、就业困难人口实现就业,共同奔赴小康生活。同时通过慈善机构、非营利基金会或协会等方式,赞助慈善事业,支援我国落后地区、边远地区、贫困地区的家庭。

(7)承担保护职工健康和确保职工待遇的责任。该责任要求企业爱护员工,搞好劳动保护,确保职工的工作与收入待遇,多与员工沟通,多为员工着想,以保障职工的生命健康,实现员工的职业发展,在促进企业持续健康发展的同时,实现社会的稳定与发展。

(8)承担发展科技和创新自主知识产权的责任。该责任要求企业改变技术落后状况在引进技术消化吸收的同时,要加大科技研发,加大资金与人员的投入,努力做到创新以企业为主体,实现自主创新。

二、企业履行社会责任中的商业伦理问题

企业的社会责任目标是要满足利益相关者对企业的共同期望,但是企业自身的经济目标是实现利润最大化,因此,企业的社会责任目标与企业自身经济目标通常很难两全其美。例如:企业按照法律规定缴纳税款,会降低企业的利润;企业保护自然环境,就需要加大环保设备、环保人员等的投入,会增加企业的支出,降低企业利润;企业向社会公益事业进行慈善捐赠,也会增加企业的支出,降低企业利润。因此,企业的社会责任目标与企业的自身利润最大化目标往往是不一致的。企业如何看待社会责任,企业在社会中应该发挥什么作用,承担什么责任,是企业在社会责任领域面临的商业伦理问题的实质。这不仅涉及企业利益相关者的利益或期望是否能得到满足,也涉及企业的长远目标能否实现等问题。企业在履行社会责任过程中,有时会发生逃税、污染环境、慈善活动开展不到位等商业伦理问题。

(一)逃税行为

逃税罪是指纳税人采取欺骗、隐瞒手段进行虚假纳税申报或者不申报,逃避缴纳税款数额较大,并且占应纳税额10%以上,扣缴义务人采取欺骗、隐瞒等手段,不缴或者少缴已扣已收税款,数额较大或者因逃税而受到两次行政处罚又逃税的行为。企业的逃税行为与其应履行的社会责任相违背,不符合商业伦理规范。

我国企业的逃税罪常见行为包括不申报纳税行为,虚假纳税申报行为(例如隐匿账簿、记账凭证,多列支出,不列或者少列收入,报送虚假纳税申报表、财务报表等),骗取所缴纳税款行为(例如采用虚假发票抵扣等)。《中华人民共和国刑法》第二百零一条规定:纳税人采取欺骗、隐瞒手段进行虚假纳税申报或者不申报,逃避缴纳税款数额较大并且占应纳税额百分之十以上的,处三年以下有期徒刑或者拘役,并处罚金;数额巨大并且占应纳税额百分之三十以上的,处三年以上七年以下有期徒刑,并处罚金。扣缴义务人采取前款所列手段,不缴或者少缴已扣、已收税款,数额较大的,依照前款的规定处罚。对多次实施前两款行为,未经处理的,按照累计数额计算。有第一款行为,经税务机关依法下达追缴通知后,补缴应纳税款,缴纳滞纳金,已受行政处罚的,不予追究刑事责任;但是,五年内因逃避缴纳税款受过刑事处罚或者被税务机关给予二次以上行政处罚的除外。

(二)环境污染

环境污染指自然的或人为地向环境中添加某种物质超过环境的自净能力而产生危害的行为。环境污染按属性分为大气污染、土壤污染、水体污染。环境污染是各种污染因素本身及其相互作用的结果。同时,环境污染还受社会评价的影响而具有社会性,其特点包括以下几点。

(1)公害性,环境污染不受地区、种族、经济条件的影响,一律受害。

(2)潜伏性,许多污染不易及时发现,一旦爆发后果严重。

(3)长久性,许多污染长期连续不断地危害人们的健康和生命,并不易消除。

企业的环境污染行为与其应履行的社会责任相违背,不符合商业伦理规范。为保护环境,有效防范环境污染行为,打击环境污染违法活动,《中华人民共和国环境保护法》(简称

《环境保护法》)进行了专门规定。《环境保护法》第五十九条规定:"企业事业单位和其他生产经营者违法排放污染物,受到罚款处罚,被责令改正,拒不改正的,依法作出处罚决定的行政机关可以自责令改正之日的次日起,按照原处罚数额按日连续处罚。""前款规定的罚款处罚,依照有关法律法规按照防治污染设施的运行成本、违法行为造成的直接损失或者违法所得等因素确定的规定执行。"第六十条规定:"企业事业单位和其他生产经营者超过污染物排放标准或者超过重点污染物排放总量控制指标排放污染物的,县级以上人民政府环境保护主管部门可以责令其采取限制生产、停产整治等措施;情节严重的,报经有批准权的人民政府批准,责令停业、关闭。"第六十一条规定:"建设单位未依法提交建设项目环境影响评价文件或者环境影响评价文件未经批准,擅自开工建设的,由负有环境保护监督管理职责的部门责令停止建设,处以罚款,并可以责令恢复原状。"第六十二条规定:"违反本法规定,重点排污单位不公开或者不如实公开环境信息的,由县级以上地方人民政府环境保护主管部门责令公开,处以罚款,并予以公告。"

(三)企业慈善事业发展不到位

按照《中华人民共和国慈善法》(简称《慈善法》)的规定,慈善活动,是指自然人、法人和其他组织以捐赠财产或者提供服务等方式,自愿开展的下列公益活动:扶贫、济困;扶老、救孤、恤病、助残、优抚;救助自然灾害、事故灾难和公共卫生事件等突发事件造成的损害;促进教育、科学、文化、卫生、体育等事业的发展;防治污染和其他公害,保护和改善生态环境;符合本法规定的其他公益活动。我国与发达国家慈善事业发展状况相比存在一定差距,主要表现在以下几个方面。

(1)企业参与慈善事业的主动性不足。企业参与慈善事业的主动性不足导致我国企业参与慈善事业的比例相对较低。分析其原因,首先,企业对慈善事业的社会认同感不足,认为慈善事业不能为企业带来经济效益,甚至与企业的经营目标相违背,而看不到慈善事业给企业带来的长期的品牌效应。其次,企业对慈善文化的理解有误。企业将慈善简单理解为捐赠和社会救助,而忽视慈善涉及科技、教育、文化、卫生、体育等一系列领域。

(2)企业参与慈善事业的专业性不足。首先,慈善人才专业性不足。我国高校在慈善公益专业设置方面、在慈善公益专业人才培养方面与市场需求严重不匹配,不能满足市场的需求。此外,从事慈善公益的专业化人才面临收入较低、人才流失严重的困难。其次,慈善资源的专业性不足。我国慈善事业的发展以国家行政主导为主,以官办机构为主要形式,市场化运作的不足导致慈善资源的培育与发展缺乏有效的土壤,行政色彩过度的慈善项目与企业的利益需求不匹配。最后,慈善战略的专业性不足。企业的慈善战略应该由企业的愿景、使命、战略和财务策略等综合确定,根据企业所处的生命周期的阶段不同,慈善战略应该不断调整,既要防止对慈善事业"一毛不拔",也要防止对慈善事业过于"功利"。

(3)企业参与慈善事业的形式感过度。很多企业在参与慈善活动时过于追求社会曝光度,甚至不惜做出超过企业承受能力的捐赠承诺,或者参与商业化色彩过于浓重的慈善项目,导致慈善项目后期出现资金等问题时拖累企业发展。同时,形式感过度的慈善项目既难以达到社会公众的道德期望,也让受助者感到心理不适,影响慈善项目产生的社会效益和公益价值。

三、企业履行社会责任的商业伦理规范

企业要正确处理好履行社会责任和追求经济效益之间的关系,既不能过分强调履行社会责任而忽视企业的自身经济利益,这会导致企业过多承担政府和社会应承担的责任,从而使企业自身的经营包袱加重,削弱企业的竞争能力,损害企业对社会做贡献的最主要方式(例如上缴税金和利润等),也不能过分强调自身经济利益而不履行相应的社会责任,这会导致企业为追求眼前利益而损害整个社会的长远和整体利益。例如:如果医院过于追求经济效益最大化而忽视救死扶伤的首要使命,则会引发社会公众的愤怒和不满;如果造纸企业过于追求经济效益最大化而忽视污染物的治理,则会导致生态环境的破坏,最终会损害企业自身的利益。因此,在履行社会责任与追求经济效益之间,企业需要寻找一个平衡点。

企业在履行社会责任的过程中应具有主动性和纯粹性,法律法规是底线,利益相关者的道德期望是目标,不虚假宣传企业社会责任的履行情况,不夸大企业社会责任的履行效果,不过度包装企业的社会责任形象,更不应该向企业社会责任的受益方附加违反法律法规和违背社会公德的条件。

企业应及时披露企业社会责任报告。企业社会责任报告是企业将其履行社会责任的理念、战略、方式、方法,企业经营活动对经济、环境、社会等领域造成的直接和间接影响,企业取得的成绩及不足等信息,进行系统的梳理和总结,并向利益相关方进行披露的方式。企业社会责任报告是企业非财务信息披露的重要载体,企业可以通过定期披露企业社会责任报告的方式,减少利益相关者与企业之间社会责任信息不对称的问题,是企业与利益相关方沟通的重要桥梁。

第五章　商业伦理与商业文化

【开篇案例】"勇闯天涯"的品牌重塑故事

作为国产品牌,雪花啤酒用很短的时间完成了全国化布局,并在 2005 年产销量做到了中国第一,并延续至今。雪花自身也不断进行着品牌重塑和组织再造,与一代代消费者建立了深厚的连接。

侯孝海,2001 年作为职业经理人加入雪花啤酒,2016 年 4 月起任 CEO,也是"勇闯天涯"营销的幕后操盘手。全面执掌雪花啤酒以来,他带领雪花啤酒完成了"雪花再造转型"的战略举措,对内主导实施了大型组织转型;对外带领团队推陈出新多种产品,取得良好市场反馈,并通过成功收购喜力中国,让民族啤酒品牌的发展达到了新高度。

2005 年,当雪花啤酒的产销量做到全国第一时,还面临着一个问题就是:华润雪花啤酒的很多产品都在中低端,没有一个在中档的主力产品。这时,雪花啤酒想打造一个中产阶级、年轻人喜欢的啤酒品牌。"勇闯天涯"从 2005 年诞生到今天,销量从 0 飙升到 300 万吨,创造的利润占雪花啤酒的一半,成为中国中档啤酒品牌中毫无争议,也很难复制,难以竞争和匹敌的一个啤酒品牌神话。它为什么会这么成功?

侯孝海归结为四条:抓住新一批的年轻人;摸准年轻人的生活方式;精准阐述年轻人的内心追求;坚持做了十几年。"勇闯天涯"成功后,也面临着品牌老化的问题,因为消费人群在不断成长,怎么进行品牌重塑,面对更年轻的消费人群呢?要干两件事,一是升级,二是迭代。从描述、内涵、标识、宣传、渠道等多个方面进行了品牌重塑,并针对不同的消费群体推出了不同的品牌,形成了有竞争力的品牌群。

任何成功的品牌,背后都是对人性的深刻洞悉。侯孝海还分享了他对品牌的理解:首先必须要有品牌价值,而品牌价值来自品牌定位、品牌形象、品牌传播和消费人群"四点一线"的打通。其次,要能让品牌价值最大化,有知名度、可见性、有规模,知名度越高越好,覆盖越大越好,规模越大越好。在品牌建设中,还要注意"二元价值",既要关注产品的物理属性,更要关注其情感属性,"勇闯天涯"就是"品牌二元论"的典型代表。

无论是战略转型还是品牌重塑,实现的关键因素就是组织变革,因为任何变革都要靠人来完成,人成为众,众成为群,群就成为组织。在推动新战略变革的过程中,雪花啤酒牢牢把组织变革、组织优化当作核心中的核心。

针对在组织变革中面临的核心问题,雪花啤酒提出了组织再造落地的三个步骤:架构重塑、流程再造、岗位优化。如果没有一个强大的企业文化支撑,组织是不可能发生变化的。所以,文化重塑是支撑雪花啤酒组织再造的重要战略。雪花啤酒在企业文化的落地当中,秉承了三个原则:文化要体现人;处理好人与岗位、公司的关系;文化要有机制保障。

战略决定组织,组织决定文化,文化决定人怎么做,决定企业的精神和气质。最后,战略、组织、文化形成一股雪花啤酒的精神,这个精神能圆满地去执行这个战略,使雪花啤酒每三年有大进步,九年完成这个战略的整体安排,实现雪花啤酒决战高端、质量发展的头部企业和领军企业的目标。

(资料来源:https://www.sohu.com/a/438302348_99922069)

第一节 商业文化的内涵与功能

📖 习 语

守法经营,这是任何企业都必须遵守的原则,也是长远发展之道。要练好企业内功,特别是要提高经营能力、管理水平,完善法人治理结构,鼓励有条件的民营企业建立现代企业制度。新一代民营企业家要继承和发扬老一辈人艰苦奋斗、敢闯敢干、聚焦实业、做精主业的精神,努力把企业做强做优。

——2018 年 11 月 1 日,习近平在民营企业座谈会上的讲话

一、商业文化的内涵

商业文化是以商品和服务为载体,以组织商品交易为纽带,反映、弘扬、拓展社会物质文明和精神文明的总和。它是商业运行中的思想观念、道德品质和行为规范,其核心内容是企业精神,是商品生产、商品流通和商品消费过程中反映和体现出的时代观念。

商业文化是商业价值观,是商业运行过程中的价值取向,它体现在商业的经营目标、商品经营结构以及服务体系、营销手段等方面。

(一)商业的特殊性是商业文化产生的基点

商业文化是以职业为特征的群体亚文化,它既受中华民族主流文化的制约,又是对中华民族文化的丰富和补充;既受亚文化群影响,也影响其他亚文化群。商业群体活动的特殊性,使它的文化同主流文化和其他群体亚文化既有联系,又有区别。商业活动既是一种经济活动,又是一种文化活动;既会产生经济科学,又会产生商业文化科学。有人说,已经有了商业经济管理科学,何必要搞商业文化,或者说商业文化是商业管理的一个组成部分。但是,商业文化不仅是对商业管理的发展,也是对它的超越,不宜混淆。商业管理属于科学层次,而商业文化属于社会亚文化层次。

(二)世界经济文化"一体化"的大趋势是提出商业文化的前提

世界经济文化"一体化"潮流,从 20 世纪 70 年代兴起,到 80 年代蓬勃发展。有的学者

提出了"文化力"这个概念,还有不少论著提出 21 世纪世界的竞争是"文化力"的竞争。当今世界经济文化"一体化"主要表现在以下方面:

(1)现代商品、服务中的文化含量越来越高。现代各种商品价格的构成,不仅包括商品的物质效用价值,还包括文化精神价值,而且后者所占的比重日益增加。为什么商品的文化附加值会越来越高?这是因为,在人们的物质生活得到相对满足以后,人们必然追求精神生活的满足。在服务方面不再只追求有形的物质,还追求心理的愉悦、精神的满足、美的感知等,正如老百姓说的"花钱买个满意,买个舒服,买个高兴"。

(2)文化因素。诸多经济学家对影响现代市场经济发展的因素进行分析,得出了一个重要结论,就是经济的发展绝非仅仅依据经济因素,超经济因素的作用日趋加大。文化因素能使经济增长,突出地表现在:①现代经济是宏观文化背景下的经济,现代企业的决策不仅是经济决策,同时也是一种文化决策。这是因为消费者的行为除受经济因素制约外,也受文化因素的制约,如价值观念、宗教信仰、风俗习惯、道德风尚、审美情趣等,而亚文化的制约则更明显,包括国度、民族、人种、阶级、阶层、职业等。企业家的经济决策若脱离文化,就如盲人骑瞎马,非碰壁不可。②文化智力因素在现代商品经济中的作用日益突出。如今的七项关键产业——微电子、生物技术、新材料工业、民用航空业、电信、机器人加机床以及电脑软件,都是"知识产业""智力产业""脑力产业",一句话,都是高文化产业。今后财富的增值不是取决于人的体力,也不是取决于环境、资源等,而是取决于人的智慧、知识、文化素质。

(3)经济文化"一体化"不仅是现代企业的追求目标,而且是现代社会追求的目标。现代社会追求的目标已不仅仅是经济的增长,更是文化的取向和经济增长的统一。社会的发展,除经济指标外,还包括各项社会指标,如反映生活质量的"非经济指标"——就业率、教育程度、健康水平、住房状况、社会安定、生态环境、民主参与等。所有这些"非经济指标"体现的都是社会价值取向。如果社会的经济发展了,这些方面却没有发展,我们就称其为"有增长无发展"的社会。社会经济增长与社会发展是两个概念,既有统一性又有差别性,社会发展必定伴随经济增长,但经济增长不一定意味着社会发展。这一点各国政府已取得共识。许多国家制定计划时,不再单纯搞国民经济发展计划,而是制定内蕴文化价值的"经济社会发展战略"就是佐证。

(三)中华民族丰富的商业文化遗产是提出商业文化命题的根基

我国是一个古老的民族,文化遗产极为丰富,商业文化也不例外。

在商业管理方面,如西周王朝规定了许多物品不许进入市场,"用器不中度,不鬻于市;……布帛精粗不中数,幅广狭不中量,不鬻于市;奸色乱正色,不鬻于市;五谷不时,果实未熟,不鬻于市;木不中伐,不鬻于市;禽兽鱼鳖不中杀,不鬻于市"。

在营销文化方面,有购销商品之道等。如子贡总结的"与时转货赍",即要重视了解市场信息,及时转换货物;范蠡提出的"旱则资舟,水则资车"的"待乏"原则;白圭提出的"人弃我取,人取我与"以及"欲长钱,取下谷"的薄利多销原则。

在招揽顾客方面,商店的牌匾、幌子、旗、楹联中的文化意蕴更是丰富多彩。以"生意联"为例:理发店的"不叫白发催人老,更喜春风满面生";杂货店的"远迎东西南北客,方便上下左右邻";药铺的"但愿世间人长寿,不惜架上药生尘";餐馆的"美味招来云外客,清香引出洞中仙"等。

在商业伦理文化方面,有"诚交天下客,誉从信中来""公平交易、童叟无欺""市不二价""和气生财""以义取利""黄金有价、店誉无价"等。我国古代还将商人分为"诚商"与"奸商","诚商"除了以诚信无欺作为经商的核心理念外,还表现出崇高的爱国情怀。被传为佳话的有"弦高犒师",说的是,郑国的贩牛商弦高在经商途中意外知道秦国准备偷袭郑国,他急中生智,一方面冒充郑国的使者,送牛和牛皮犒劳秦军,另一方面派人抄小路回郑国报信。秦认为郑国已有准备,便放弃偷袭郑国的计划,改打滑国。弦高义举成了行商不忘报国的楷模。

马克思主义认为,理论在一个国家的实现程度取决于需要程度,而需要归根到底是由经济发展的历史进程决定的。国家要现代化,商业要现代化。实现现代化,要有资金、资源、技术等,但关键的或根本的是要靠人,文化说到底就是回答关于人的问题。

二、商业文化的功能

(一)满足功能

美国著名心理学家马斯洛把人类的各种需要归纳为五个层次,依次为:生理需要——生存需要的各种条件和基本生活资料的获得;安全需要——生命、职业、财产等的保护和保障;社会需要——友谊、爱情等方面与他人的交流,以及得到他人或社会群体的接纳和重视;尊重需要——好评、地位、荣誉、财富和生活、工作中的自主权的追求;自我实现的需要——实现理想、发挥潜能、取得成就,以及对社会有较大的贡献。恩格斯在《雇佣劳动与资本》一书序言中,把生活资料概括为三大类,即生存资料、享受资料和发展资料。人们的需要是由低到高逐步发展的。商业文化为经营者、消费者、生产者,乃至全社会都提供了不同层次、不同方面、不同程度的满足。需要层次的不断提高,也证明了商业文化在商业经营活动中的必要性与重要性,因为需要每一层次的提高都意味着文化需求的增长。

(二)管理功能

商业文化是一种软管理,这种软管理具有导向、规范、凝聚和激励作用。导向作用主要表现为商业群体共识的价值观念和理想目标。它既是行动的指南,又是自我内心的呼唤。规范作用指商业群体不是靠法律和行政命令的强制,而是凭借群体共同的价值观念,并借助社会舆论手段达到情感和行为的自我约束,如商业道德,实际上是泛化了的规范;凝聚作用指商业文化以全体商业群体认同的整体经营目标、价值观念、行为准则和道德规范吸引员工,使个人、集体、国家利益达到协调,使员工对商业群体产生"荣誉感""归属感"向心力;激励作用指把商业员工个人的理想和价值取向与商业的兴衰、国家的命运紧密相连,激发、鼓励商业员工充分发挥其智慧与才能,为振兴商业积极开拓进取。

(三)增值功能

商业文化是一种经济文化,对商业内部具有挖掘人的潜力、增大经济效益的作用;对顾客而言,具有使商品、服务升值的作用。无数事实证明,不仅物质文化可使商品升值,广告文化也会给商品经营者带来效益,而且在商品经营中讲诚信、讲情谊等精神文化,同样可以给经营者带来巨大的经济效益。美国希尔顿饭店集团依靠"微笑服务"发迹的历史就是一个有力的证明。商业文化的经济价值有外显和内隐的层次性、与与商品和服务结合在一起的潜在性,以及在计量上的间接性等特点。

(四)交流功能

商品交换具有开放性,它不仅不断拆除着本民族内部空间范围内各种文化壁垒,而且通过商品交换(含文化交换),不断消除着世界各地区、各民族、各种人为和自然造成的文化隔离屏障,从而使异质文化互相借鉴、互相补充、互相促进,推动着商业和社会经济、文化的进步和繁荣。

三、社会主义商业文化

原商业部部长胡平,把"新商人"的品格概括为"德、智、美、情"四个字。

(一)德

德指商业从业人员的优秀品格和道德修养。社会主义商业活动主要是建立在公有制基础上的市场经济行为,它要求每一个独立经济组织内部要精诚团结,凝聚一致,要求每一个独立经济组织与行业乃至整个社会形成互利、协调的关系。也就是说,不仅要谋求企业的局部利益,还要谋求全社会的整体利益,使个体利益与整体利益相统一。社会主义市场经济的商业,不是不要竞争,而是要积极参与竞争,与国际商业相接轨。同时,社会主义商业的特殊历史地位,规定了商业工作的特殊社会责任。这种责任表现为:①对消费者负责,以消费者为中心,维护消费者的一切合法权益。这是社会主义商业从业人员应具备的基本职业道德,也就是说需要买卖公平、诚信无欺、文明经商、礼貌待客,认真做好售前、售中、售后服务。②对社会整体利益负责。社会主义商业从业人员在商业经济活动中,应树立社会整体利益高于一切的观念,既讲经济效益,又讲社会效益,珍视集体荣誉和整体形象。商业是个"窗口行业",商业工作者的行为举止、服务质量无一不在塑造着所在行业以及整个地区、国家的形象,因此,必须"敬业""乐业""勤业""创业"。

(二)智

智指灵活、理智、科学、规范的决策行为。这本身并不属于道德规范问题,但在现代商业活动中,它对维护良好的商业形象与信誉、提高服务质量起着越来越大的作用,日益成为商业伦理道德中的一个重要元素。在现代商业竞争中,是以科学决策、科学经营取胜,还是以投机取巧、坑蒙拐骗取胜,这就是商业文化中的价值问题。前者以科学文化为企业发展的动力,取得了真正的经济效益和社会效益,从而使企业受到社会的信赖和尊重。从一定意义上讲,把经营建立在科学基础上的正确决策是智慧的集中体现。

(三)美

美即美的仪表风范,美的襟怀、情操,以及美的商品、美的服务、美的购物环境等。真善美是一个有机统一体,美的内在包括真和善。真的东西美、假的东西丑;善的东西美、恶的东西丑。随着经济和文化的发展,人们在追求物质需求的同时,对精神和美的需求不断提高。

真善美是人类高层次的追求。美和真善应该体现于商品流通的全过程,让消费者真实、完全地享受美感。

(四)情

情即和谐、友善的人际关系。伦理道德是一种社会意识,它作为社会行为规范调节着人与人之间的关系,但它不像法律那样利用强制手段,而是靠荣誉、正义、良心等这些"特别的法官"。通过社会化情感判断(舆论和各种情感判断手段)对行为者的情感判断的相关效应来实现人们对行为的自觉约束与规范。因此,商业从业人员应做到"买卖不成仁义在",贸易伙伴之间、经营者与消费者之间,应沟通理解,互助互爱。一个友爱的微笑、一声诚挚的问候,能把人世间的情意和温暖送到千家万户。

综上所述,德、智、美、情是一个有机整体,其中以德统摄。这四个方面将义与利、竞争与服务、国家集体与个人利益的矛盾均衡统一起来,体现了社会主义原则和生产力标准的价值取向,融汇了传统道德文化中有价值的成分和社会主义道德的基本原则。它覆盖着全部商业活动,同时对调节社会人际关系也起着积极作用。

第二节　商业职业道德

习语

研究谋划新时代法治人才培养和法治队伍建设长远规划,创新法治人才培养机制,推动东中西部法治工作队伍均衡布局,提高法治工作队伍思想政治素质、业务工作能力、职业道德水准,着力建设一支忠于党、忠于国家、忠于人民、忠于法律的社会主义法治工作队伍,为加快建设社会主义法治国家提供有力人才保障。

——2020年2月5日,习近平在中央全面依法治国委员会第三次会议上的讲话

一、商业职业道德的概念

商业职业道德是商业人员在商业实践活动中处理人与人、个人与社会相互关系时,应该遵循的具有商业职业特征的道德准则和行为规范。它是社会道德在商业领域的体现。商业职业道德,又称商德,其本质是社会商品经济关系的反映。

二、商业职业道德的功能

(1)调节商业内外以及人与人之间的利益关系,促进团结、平等、友爱、互助等新型社会关系的形成。道德调节相对经济、政治、法律、行政等手段更为广泛、深入,它是靠良心、内在信念的调节,覆盖面广,自觉性高。

(2)具有强大的教育功能,塑造着一代新人。道德教育能造成社会舆论、形成风尚、树立榜样,培养道德观念,唤起自觉,促进人们按一定的善恶观念规范自己的行为。

(3)实现最佳管理,促进物质文明和精神文明的建设。所谓管理,主要是调节人们之间

的利益关系,而道德正是以特殊的方式调节人们的利益关系以及行为的规范准则。伦理道德在支撑个人的理想,凝聚群体,增强主人翁意识,调动人们的积极性和创造性中发挥着重要作用。

(4)促进良好社会风尚的形成,维护商业内部和社会秩序运转,形成一个坚持社会主义方向、安定团结的政治局面。

(5)高尚的商业职业道德能赢得商业信誉,扩大商品销售量,争取最佳经济效益。

三、社会主义商业职业道德

(一)文明经商、公平交易

所谓文明经商、公平交易,就是坚持商业的社会主义方向,以高尚的道德情操和道德责任,公正地搞好商业经营活动,正确处理好国家、企业及消费者之间的关系。文明经商、公平交易的含义是多方面的,它包括确立正确的经营思想,认真执行党和国家在商业经营、价格等方面的方针政策,讲究商业信誉,采用现代化的科学技术,提高商业经济效益,文明服务,礼貌待客,反对利用职权谋取私利。

文明经商、公平交易首要的一点就是要坚持商业的社会主义经营方向。企业在经营活动中,要正确处理好国家利益、企业利益和消费者利益,要明确国家利益是人民群众的整体的、长远的利益,企业利益必须服从国家利益,商业企业要在国家计划指导下,遵循党的方针政策,按照国家法令法规和财经纪律,保证国家的财政收入,不能只顾企业利益,不顾国家利益。同时,企业不仅要做到在物质利益上满足消费者需求,而且要做到在服务质量上满足消费者的要求,以充分体现社会主义制度的优越性。因此,企业必须在质量、价格、品种和服务等方面尽可能地满足消费者的需要,而不能单纯追求盈利。

诚然,社会主义商业企业之间也存在竞争,但这是在根本利益一致的基础之上的竞争,应当以正当的手段开展文明竞争,做到既协作又竞争。这里应当特别指出的是,坚定不移地坚持商业的社会主义经营方向,是开展文明经商、公平交易的前提,而积极有效开展文明经商、公平交易,则是坚持商业的社会主义经营方向的重要保证。

(二)优质服务,宾至如归

良好的服务态度是表现社会主义商业从业者新风尚的重要一环。所谓优质服务、宾至如归,就是在商业经营过程中,自始至终要有良好的服务态度,使顾客有宾至如归的感觉。这是商业从业者应当具备的职业道德之一,同时,也是衡量企业经营管理水平的重要尺度。优良的服务态度不仅能保证商业经营活动的顺利开展,吸引顾客,扩大销售,提高企业经济效益,而且在一定程度上还可以起到净化社会风气的作用。

对商业从业者的服务态度的基本要求,可以简要地概括为主动、热情、耐心、周到八个字。主动是指商业从业者应当主动为顾客服务。比如,顾客上门时应当主动打招呼,主动介绍商品,主动向顾客展示和帮助顾客挑选商品等。一些企业将其进一步发展成主动上门服务,主动征求顾客意见。总之,商业从业者在接待顾客时,应当事事主动。热情是指商业从业者在为顾客服务时应当精神饱满,态度和善,语言可亲,笑脸相迎,笑脸相送,礼貌待人,仪表大方,给人以悦目的形象。买与不买同样接待,生人熟人一视同仁,内外无别,童叟无欺。耐心是指商业从业者在接待顾客时,要宽宏大量,百问不厌、百问不烦、有问必答、不辞辛苦,多研究顾客心理,多体谅顾客,多为顾客着想。在听取顾客意见时,不计较顾客语言轻重,不计较顾客要求高低好坏,尽最大可能满足顾客的要求。即使满足不了,也应当耐心解释,切不可以表现出不耐烦的情绪,更不应该与顾客争吵。周到是指商业从业者在为顾客服务时,急顾客之所急,想顾客之所想,把方便留给顾客,把麻烦留给自己。

(三)顾客至上,讲究信誉

所谓顾客至上、讲究信誉,就是企业在经营过程中,自觉贯彻和认真执行党和国家的各项相关政策,以顾客为中心,努力给顾客留下良好的印象。这也是商业从业者必须具备的职业道德之一。在商业信誉的建立过程中,一方面,要坚持质好量足、价格公道的原则,绝不以假充真,以次充好,应努力做到计量准确、不缺斤少两,因为任何损害消费者利益的行为,都是与社会主义商业职业道德不相容的。同时,商业从业者还必须严格执行物价政策,做到明码标价,不随意提价、变相涨价或削价,不掺杂使假,一定要以优质的产品和合理的价格取信于民,为消费者负责。另一方面,还必须严守经济合同。实践证明,严守合同,忠实履行所承担的义务,企业便享有较高信誉;反之,则会降低甚至消除信誉。

(四)业务精通,技术过硬

所谓业务精通、技术过硬就是要求商业从业者熟练掌握经营管理过程中的各个环节,充分了解商品的各种性能,并且要有熟练的操作技能。一方面,商业从业者应当了解商业经营过程和服务对象。只有对商品经营过程有比较全面的了解,才能充分理解商业工作的重要地位和作用,更好地使商业工作与商品流通全过程协调一致,做到货畅其流,不断满足消费者的需要;同时,只有加深对服务对象的了解,即对本地区的购买力状况、购买力投向、顾客的心理状态有一定的了解,才能顺利开展商品经营活动,有效地进行销售业务,更好地为消费者服务。另一方面,商业从业者必须掌握一定的商品知识,熟练掌握操作技能。随着市场经济的建立和改革开放的不断深入,先进技术将不断被商业所采用。因此,商业从业者需要学习和掌握的业务知识的范围和难度将会更广、更为复杂。

第三节　企业伦理文化与伦理守则

习　语

坚定文化自信,离不开对中华民族历史的认知和运用。历史是一面镜子,从历史中,我们能够更好看清世界、参透生活、认识自己;历史也是一位智者,同历史对话,我们能够更好认识过去、把握当下、面向未来。

——习近平在中国文联十大、中国作协九大开幕式上的讲话

一、道德、制度与伦理守则

道德与制度是两种不同的社会规范形式,二者在性质和功能上有显著的区别。道德是人类精神自律的结果,是内在的要求和约束;而制度则是外化的具有严格程序的、系统的、具有强制力的规定和要求。企业的伦理建设不仅需要内在的道德培育,也需要外在的制度保障。伦理规则和伦理守则的确立,也需要遵循一定的原则。在所有的原则中,最重要的仍然是公平与公正原则、权利与自由相结合原则。

公平与公正原则意味着伦理守则不仅是对组织成员的约束,也是对其权利的保障;权力与自由相结合原则意味着道德判断最终是建立在个体行为基础上的。没有组织成员的个体道德发展,就没有组织道德的形成和发展。伦理守则是表明一个组织基本价值观和希望其成员遵守的道德规则的正式文件。一方面,道德准则应尽量具体,向组织成员表明应以什么精神从事工作;另一方面,道德准则应当足够宽松,允许组织成员有个人判断的自由。

二、企业伦理文化建设

(一)企业伦理哲学与伦理准则的重塑

企业伦理文化是企业文化的重要组成部分,由于其以哲学思想为理论支撑,在某种程度上可以看作是企业文化的根基,良好的伦理文化对于形成积极、有效的企业文化起着重要作用。凡是百年不衰的企业都紧紧把握住了企业文化、企业伦理当中的三条原则:一是人的价值高于一切。这些企业能够充分尊重人的价值和人的权利,所有的道德归根结底是为了人的幸福和福利。二是集体利益高于个人利益。在这些企业中,个体主义和集体主义的协调发展形成了个体与集体的双赢,因而其员工能够将集体利益置于个人利益之上。三是社会价值高于经济利润。当利润和社会价值发生冲突时,这些企业都能够抛弃短期的利益而追求长期的社会价值,其结果是社会价值和经济利润的最终统一。

(二)企业伦理教育与伦理培训

组织完善不仅指主导一个组织的规范、活动、决策程序和结果的伦理完善,还指个体行为者的道德廉正以及彼此之间互动的伦理质量。因此,组织完善远不只是管理完善或组织中的个体表现出好的品质。当然,拥有"好的"经理人是组织完善的前提,但这并不能阻止组织产出坏的伦理结果,无法把异常组织行为出现的可能性降低到零,就像可以把变质的苹果从篮子里拿出去,却不能完全阻止苹果变质一样。因为变质的苹果可能释放出一种气体,影响篮子里的所有苹果,有时候甚至可能是因为篮子本身有问题。此外,现代社会中的个人行为和决定往往植于非常复杂的合作关系网,在这张网中,一个人可能没有意识到自己的行为有害,抑或确实没有危害,但这些"无害"的个人行为汇聚在一起则可能导致灾难性的结果,彼此却不知。因此,要使企业整体伦理意识和行为得到完善,仅强调伦理环境和伦理制度的完善是不够的,还必须辅之以伦理教育和伦理培训。

许多公司通过制定道德规范来体现和维护组织的道德价值体系,为员工提供了可以遵循的规章制度,同时借助教育培训的方式阐释了他们之于各个利益相关者所应具有的使命。

例如,在董事会成立伦理委员会,把伦理道德融入公司高层,使其向外界传达公司对道德的关注,并通过在解决棘手问题时所需的必要的政治影响来支持伦理方案。伦理委员会还可以得到伦理办公室的支持,后者通常负责处理和协调日常伦理管理中的方方面面,进行公司的伦理培训,执行和管理全过程,向员工传达伦理规范并解答员工的问题。伦理教育的核心是通过道德培训强化组织成员的道德认知,特别是对本企业价值观和道德准则的认知。道德教育和伦理培训的关键在于将企业的规则和伦理守则以清楚、明白的形式呈现给组织成员,并帮助他们理解和应用这些规则和守则。

(三)企业伦理实践与建设

企业伦理管理的动机多种多样,有的公司可能希望成为一个"好的企业公民",愿意将伦理内化为公司本身的需要。有些公司希望摆脱坏名声和公众压力,提高公司的社会声誉;也有一些公司为了满足法律的要求,避免不道德行为的法律后果。在许多情况下,以公开一致的对话方式发现公司的不道德行为,直接描述和分析困境与冲突也有助于改善公司伦理管理。这需要包括一线经理、检查人员、法律及人力资源部门的代表以及最终决策者的及时参与。如果公司的高层管理者不能在初始阶段就及时参与进来,或者其首度执行官(CEO)不能公开说出最佳企业伦理和公司的价值理念,那么,在当今这种追求透明沟通的形势下,势必使公司陷入危险的战略境地,导致所谓"信誉陷阱",因为大家觉得你所说的和你所做的不一致,在危机管理和重构的时候,就不会有人再相信CEO。

第四节　新时代商业伦理与企业文化变革

📖 **习 语**

企业家要做创新发展的探索者、组织者、引领者,勇于推动生产组织创新、技术创新、市场创新,重视技术研发和人力资本投入,有效调动员工创造力,努力把企业打造成为强大的创新主体,在困境中实现凤凰涅槃、浴火重生。

——2020 年 7 月 21 日,习近平在企业家座谈会上的讲话

一、新时代商业伦理的基本原则

当前,社会经济发展已达到一个新的高度,社会主要矛盾已经转化为人民日益增长的美好生活需要和不平衡不充分的发展之间的矛盾。过去那种粗放型的以大量投入资源、污染环境为代价的低质量发展模式已经不能适应新时代的要求。习近平新时代中国特色社会主义经济思想特别强调以人民为中心的发展思想,突出创新、协调、绿色、开放、共享的新发展理念,确立新时代的经济发展模式必须兼具更高质量、更有效率、更加公平、更可持续发展的特性。按照习近平新时代中国特色社会主义经济思想所阐述的新的发展理念和发展思路,新时代中国特色商业伦理体系建设的着力点应聚焦于经济发展和企业发展所面临的新问题、新挑战,与时俱进,辩证扬弃,赋予传统商业伦理以新含义、新思想、新生命,使其能够在

新时代商业伦理建设中担当更加重要的历史使命。

(一)新时代商业伦理的等边三角形原则

等边三角形原则是将企业最为重要的三个利益相关者——员工、客户、股东视为三角形的三条边,三条边长分别表示员工收入、客户价值、股东收益。根据三角形原理,三角形成立的充要条件是其任何两边之和大于第三边。因此,企业得以生存的充要条件应是员工收入、客户价值、股东收益三者被同时兼顾,不可以有任一者大于其余两者之和。进而推断企业生存的最佳状态是三者相当,即三边相等,此时三角形的面积达到最大,即企业实现了最大价值。

等边三角形原则的核心是企业必须以整体观、系统观的思维实现员工收入、客户价值、股东收益三者均衡发展。显而易见,等边三角形原则是对西方传统企业治理理论崇尚的股东收益最大化原则的颠覆和挑战,其蕴含的伦理和思维基础在于顾客是企业获得源源不断收入的唯一来源,因为如果没有忠诚顾客的持续支持,企业就相当于失去了活水源头,也就不可能有企业的持续发展;员工是创造企业利润的支撑和保障,没有员工高效率、创造性的工作,企业就难以形成真正意义上的竞争优势,当然也就难以获得顾客的青睐,股东的收益也就无从谈起。此原则对于企业经营管理者最具价值的影响和启示在于,在新时代要建立崭新的经营理念和管理哲学,既要高度重视市场和顾客,也要高度重视员工,把员工视为企业重要的资源加以开发利用,使他们与企业共同成长。

(二)新时代商业伦理的合作竞争原则

企业的发展,离不开供应商、经销商的持续合作和鼎力支持,也离不开同行公平有序的竞争给企业带来的压力、活力和动力。对于富有智慧的企业而言,面对发展过程中取得的成就,他们不仅会感谢供应商和经销商等通常意义上的合作者,也会感谢那些与企业展开公平竞争的对手,正是因为这些对手的存在,才使企业始终处在昂扬状态而不敢稍有懈怠,才使企业不断创新、不断超越自我。因此,合作竞争原则不仅要求企业要以诚信理念和合作精神对待供应商、经销商,更要以真诚坦荡、理性竞争的竞合思维对待同行竞争者,以共同维护一个充满生机活力的良好的行业生态环境。

反观现实,不难发现,恶性竞争、竞相压价导致行业生态环境不断恶化,其后果是企业不断挤压供应商的生存空间,同时,又被经销商所盘剥,企业生存空间急剧萎缩,缺乏创新开发的基本条件和能力,最终许多企业陷入持续亏损的恶性循环之中而不能自拔。因此,对于每家企业而言,应当真切地认识到,为了实现持续发展,都有责任和义务遵守合作竞争原则开展公平竞争。商场的竞争,绝非你死我活的零和博弈,而是利益相关、和而不同、共同发展的合作博弈,与竞争对手分享市场信息、管理思想和管理方法,共同努力提升行业形象和盈利能力,更好地开发市场,满足顾客需求,才是企业在市场竞争中唯一正确的明智选择。

(三)新时代商业伦理的效率效益原则

提高生产效率、资源配置使用效率和管理效率是企业提高运行效率和经济效益的主要途径。效率效益原则要求企业经营者及其所领导的企业必须具有自强不息的企业家精神,敢于创新、善于创新,通过不断进行技术创新、制度创新、管理创新、市场创新,提升企业的运行效率和经济效益;同时,要求企业员工增强学习意识,不断提升自身的知识结构和职业能力,积极投身企业创新活动,努力提高工作效率,为企业发展和效益增长贡献心力。换言之,新时代中国特色商业伦理的效率效益原则意味着企业及其员工均有责任和义务通过提高企业运行效率以获取经济效益,因为它是新时代以人民为中心,高质量、高效率发展理念的客观要求,也是企业必须面对的使命和担当。

(四)新时代商业伦理的社会责任原则

企业作为社会经济系统中的一个开放子系统,与系统中其他成员之间存在着信息能量交换和千丝万缕的联系,它不仅是物质财富的创造者,承担着为市场和顾客提供物有所值的产品和服务,并努力实现盈利的责任,而且也是文化精神财富的创造者,向社会输出精神文明成果和专业人才,还承担着为社会提供就业机会,使员工及其家属有尊严地生活,为国家创造税收,为社会公益事业做出贡献的责任。与此同时,企业还要大量使用自然资源、能源等,向环境排放废气、废水、固废,对环境造成不同程度的污染,因此,节约使用自然资源和能源,提高自然资源、能源使用效率,减少排污,保护环境是企业应尽的责任和义务。

按照新时代中国特色商业伦理的社会责任原则要求,企业必须首先明确所承担的社会责任的层次及顺序,企业的首要社会责任是在为市场和顾客提供物有所值的产品和服务的过程中,既要达到环保标准,又要实现盈利。企业第二层次的社会责任是使员工及其家属有尊严地生活,它是企业能否实现持续盈利进而为社会持续提供就业机会,是国家持续创造税收的基本保障。其他社会责任显然应居于第三层次,因为如果一家企业尽到了前两个层次的社会责任,其他社会责任几乎就是该过程的必然结果。

二、新时代商业伦理和企业文化变革路径

(一)企业伦理和企业文化的变革创新

企业伦理标准和文化理念,不是一成不变的,可以根据企业外部政策、体制、环境、竞争对手等因素的变化来优化调整企业战略、目标和愿景,给企业文化体系注入有鲜明时代特色、行业特征、企业特点的新内容、新内涵,如绿色环保、低碳生活、科技立企、国际视野、大局观、系统观、新发展理念等。

(二)遵循规律,心存敬畏之心

在创业初期、发展上升期、成熟稳定期,企业往往各有其经营成功之道,摸索出适合自身的企业文化、商业模式、管控机制,遵循商业伦理、行业规则,履行社会责任。但从来没有一帆风顺的企业,企业成功之后易进入"疯狂"状态,头脑发热、违背规律、背离初心,面临的往往是"灭亡"。遵循商业伦理和企业价值观、使命和愿景,难在不是一时而是一世。无论企业还是个人如一而再、再而三挑战商业伦理、社会公德、职业道德底线,偏离企业价值观和价值体系,反映出其背后价值体系中缺乏对世界、对社会、对用户的敬畏心,缺乏对这个时代的感激与敬畏,必将走向衰败。

(三)讲好文化故事,传播中国声音

弘扬企业家精神、工匠精神、创新创业共同致富的故事,包括企业家创新创业、各行业业

务精英、基层员工精益求精、敬业爱岗好故事。在企业内部、行业中、社会各界去传播、展示生动典型,增强中国人民对中国特色社会主义的道路自信、理论自信、制度自信和文化自信。在国际上讲好中国企业科技创新、服务世界的故事,就是讲好中国改革开放的故事,中国担当大国责任的故事。按照"一带一路"倡议,积极走出国门,拓展国际业务。

(四)建设中国特色商业伦理与企业文化

新时代商业伦理和企业文化建设,要与时俱进,建设中国特色商业伦理和企业文化,要强化"三原色"元素:红色元素(听党的话、跟党走),绿色元素(绿色发展、生态秩序良好)和蓝色元素(国际化、新领域、科技立企、蓝海战略)。

实践应用

第六章　商业竞争中的伦理与道德问题

【开篇案例】电商平台"二选一"成顽疾，反垄断监管势在必行

近年来，电子商务延续快速发展态势，交易规模从 2010 年的 4.55 万亿元增长到 2019 年的 34.81 万亿元。作为数字经济最活跃、最集中的表现形式之一，电子商务正全面引领数字经济发展。与此同时，电商经济发展也存在一些问题和隐患，其中包括部分电商平台利用优势地位和商家对其的依赖，采取不正当手段强迫经营者在平台间"二选一"，破坏了市场竞争秩序，成为制约行业健康发展的一大顽疾。

所谓"二选一"，是指具有优势地位的电商平台以种种明示或暗示手段，要求合作商家只能入驻自己这一家电商平台，不能同时入驻竞争对手平台，商家如果不配合，就不能获得平台许多优惠政策和优势资源的支持，甚至会被逐出平台。电商平台实行"二选一"，实际上是要求商家与其签订"独家合作协议"，保证产品只通过该平台销售。在国内电商领域，"二选一"问题已屡见不鲜。北京阳光消费大数据研究院监测数据显示，2020 年 1 月 1 日至 12 月 26 日，共监测到有关电商平台"二选一"舆情信息 108.5 万条，其中涉及"二选一"具体事件的有 39.8 万余条。2020 年 9 月 3 日，新电商基础设施提供者梦饷集团（原爱库存）发表声明称，其商家遭遇某电商平台强制"二选一"，对方明令要求商家不得与爱库存继续合作，强令商家下架在爱库存上的所有商品与活动。据梦饷集团法务总监刘娜介绍，爱库存去年 8 月至 12 月受影响商家达 545 家，受影响商家活动档期超 7 000 余场，成交额损失超 20.26 亿元。目前，爱库存已向国家市场监督管理总局等四家机构提交实名举报。针对"二选一"行为的相关法律规定一直都存在，比如《反不正当竞争法》，从相关行为是否构成不正当竞争行为展开分析并依法规制；又如《中华人民共和国电子商务法》第三十五条，禁止电子商务平台经营者通过服务协议与交易规则，来不合理地限制平台内经营者的经营自主权，特别是不得不合理地限制他们与其他经营者开展交易。2020 年 10 月和 11 月，国家市场监管总局先后发布《网络交易监督管理办法（征求意见稿）》和《关于平台经济领域的反垄断指南（征求意见稿）》，前者明确提出网络交易平台经营者不得滥用优势地位干涉平台内经营者的自主经营，后者首次明确拟将"二选一"定义为滥用市场支配地位，构成限定交易行为。这些文件将争议已久的平台"二选一"等问题纳入重点监管领域，旨在预防和制止平台经济领域垄断行为，引导平台经济领域经营者依法合规经营，促进线上经济持续健康发展。

（资料来源：https://t.m.china.com.cn/convert/c_p7TuawRG.html）

第一节　商业竞争中的伦理困境

习语

面对新形势新任务新要求,全面深化改革,关键是要进一步形成公平竞争的发展环境,进一步增强经济社会发展活力,进一步提高政府效率和效能,进一步实现社会公平正义,进一步促进社会和谐稳定,进一步提高党的领导水平和执政能力。

——2013 年 11 月 15 日,《关于全面深化改革若干重大问题的决定的说明》

一、商业竞争的定义

商业竞争是指商品经营者之间为争夺市场阵地和市场份额而进行的角逐和较量。商业竞争是商品竞争的焦点和重点。商品竞争包括买方竞争、卖方竞争和买卖双方的竞争。商业竞争则只是卖方之间的竞争,它是商品竞争的规范化形式和主要内容。其前提是要形成供大于求的买方市场,卖方之间才会展开争夺市场的激烈斗争。商业竞争不同于竞争之处在于:商业竞争强调的竞争主体是企业而非单纯的个体,竞争的场所是市场经济环境而非一般场所,因此商业竞争又可称为企业竞争。根据其特征,商业竞争可以定义为不同企业在现代市场经济条件下,为实现自己的目标、维护和扩大自己的利益而展开的争夺顾客、市场、人才、资金、信息、原材料等各项资源的活动。

二、商业竞争的分类

按照竞争内容的不同,商业竞争可分为以下四种。

(一)市场行为竞争

企业若想以合适的价格获得企业所需的人、财、物,并且以合适的价格将产品销售出去,都必须通过市场这一媒介,依靠一定的市场机制和规则实现生产经营和产品流通。因此,市场竞争就是企业间的相互竞争。

(二)物质资源竞争

企业生产经营需要大量的资源投入,一般指传统意义上的物质资源。现代企业越来越重视供应链管理,试图通过和供应商合作来保障原材料等物资的正常供应,但从全球范围来看,物资总是短缺的,因此如何稳定掌握物质资源,确保企业不受原材料短缺等问题的困扰才是企业发展的关键所在。

(三)人才资源竞争

人是企业生产经营最基本的要素,也是最具主观能动性的要素。优秀的人才特别是那些掌握特殊知识和技能的人才是企业难得的稀缺资源,而人才竞争是企业间竞争最激烈也是最重要的内容之一。

(四)信息竞争

信息已成为企业生产经营决策的主要依据之一,其价值也越来越为企业所重视,但信息仍然是稀缺的、不对称的,在可预见的未来,企业间对信息的获取只会竞争得更加激烈。

三、商业竞争的内容

商业竞争的内容主要包括以下四个方面。

(一)产品竞争

产品竞争主要是指企业以生产与经营质量、品种、花色、式样等优于其他企业同类产品的商品的办法,争取更多的消费者和用户的行为。产品竞争是商业竞争的物质基础。

(二)经营要素竞争

经营要素包括地理位置、经营设施、信息、资金、渠道和经营者素质等。这方面的竞争往往关系到企业的发展后劲和发展能力。

(三)服务竞争

服务竞争是指企业采用为购买者和用户提供各种各样优质服务的途径来争夺、占有市场的行为。

(四)价格竞争

价格竞争主要指对质量相同的商品,企业以低于其他企业商品的价格出售,从而吸引消费者、扩大销售额的一种行为。

四、商业竞争行为中伦理问题的潜在危害

按照受危害对象的不同,商业竞争行为的主要危害体现为以下几方面。

(一)从员工角度

从员工角度而言,企业的商业竞争行为可能会损害员工的权益。在商业竞争的过程中,企业为争夺市场份额,提高销售量,常采用的方式是低价销售,甚至出现低于成本倾销的"险招",导致的直接后果就是企业的经济效益滑坡,甚至可能出现亏损状态,长此以往,企业必然倒闭,那么受害最大的当然是无辜的员工。

(二)从企业角度

从企业角度而言,企业的商业竞争行为可能会损害企业的品牌形象。企业的品牌是企业的无形价值,如果一个企业的品牌信誉差,那么必然难以做大做强。当一个企业在商业竞争中做出一些非伦理行为,必然也会对其品牌信誉产生负面影响。品牌信誉在降价中"由高走低",企业的经济效益也会受到很大的影响。

(三)从公众角度

从公众角度而言,企业的商业竞争行为并不会有利于公众,反而可能侵犯公众的权益。如假冒伪劣产品不仅会使公众的经济利益受损,有时还会危及公众的人身安全。

(四)从竞争者角度

从竞争者角度而言,企业的商业竞争行为损害了其他竞争者的正当利益。在生存压力和利益驱动下,总会有一些企业采用非法的或者是有悖于商业伦理的方法和手段参与市场竞争,以牟取公平竞争所难以获得的利益和竞争优势,进而损害其他竞争者的正当利益。

(五)从市场角度

从市场角度而言,企业的商业竞争行为并不能实现优胜劣汰。曾经有两款打车软件进行了一场生与死的较量,双方为占领打车软件市场不断调高补贴金额,由最初的10元调至15元,但几个月过后,不堪压力的双方都输给了消费者,陆续将补贴降低。因此,类似于恶性竞争这样的非伦理行为并不能够实现真正的优胜劣汰,反而会破坏市场秩序,甚至严重阻碍市场经济的健康运行,可谓是有百害而无一利。

五、商业中不正当竞争行为的法律规定

《反不正当竞争法》对不正当竞争行为作出了明确的规定:

第六条　经营者不得实施下列混淆行为,引人误认为是他人商品或者与他人存在特定联系:

(1)擅自使用与他人有一定影响的商品名称、包装、装潢等相同或者近似的标识;

(2)擅自使用他人有一定影响的企业名称(包括简称、字号等)、社会组织名称(包括简称等)、姓名(包括笔名、艺名、译名等);

(3)擅自使用他人有一定影响的域名主体部分、网站名称、网页等;

(4)其他足以引人误认为是他人商品或者与他人存在特定联系的混淆行为。

第七条　经营者不得采用财物或者其他手段贿赂下列单位或者个人,以谋取交易机会或者竞争优势:

(1)交易相对方的工作人员;

(2)受交易相对方委托办理相关事务的单位或者个人;

(3)利用职权或者影响力影响交易的单位或者个人。

经营者在交易活动中,可以以明示方式向交易相对方支付折扣,或者向中间人支付佣金。经营者向交易相对方支付折扣、向中间人支付佣金的,应当如实入账。接受折扣、佣金的经营者也应当如实入账。

经营者的工作人员进行贿赂的,应当认定为经营者的行为;但是,经营者有证据证明该工作人员的行为与为经营者谋取交易机会或者竞争优势无关的除外。

第八条　经营者不得对其商品的性能、功能、质量、销售状况、用户评价、曾获荣誉等作虚假或者引人误解的商业宣传,欺骗、误导消费者。

经营者不得通过组织虚假交易等方式,帮助其他经营者进行虚假或者引人误解的商业宣传。

第九条　经营者不得实施下列侵犯商业秘密的行为:

(1)以盗窃、贿赂、欺诈、胁迫、电子侵入或者其他不正当手段获取权利人的商业秘密;

（2）披露、使用或者允许他人使用以前项手段获取的权利人的商业秘密；

（3）违反保密义务或者违反权利人有关保守商业秘密的要求，披露、使用或者允许他人使用其所掌握的商业秘密；

（4）教唆、引诱、帮助他人违反保密义务或者违反权利人有关保守商业秘密的要求，获取、披露、使用或者允许他人使用权利人的商业秘密。

经营者以外的其他自然人、法人和非法人组织实施前款所列违法行为的，视为侵犯商业秘密。

第三人明知或者应知商业秘密权利人的员工、前员工或者其他单位、个人实施本条第一款所列违法行为，仍获取、披露、使用或者允许他人使用该商业秘密的，视为侵犯商业秘密。本法所称的商业秘密，是指不为公众所知悉、具有商业价值并经权利人采取相应保密措施的技术信息、经营信息等商业信息。

本法所称的商业秘密，是指不为公众所知悉、具有商业价值并经权利人采取相应保密措施的技术信息、经营信息等商业信息。

第二节　商业情报获取中的伦理问题

习语

知识产权保护工作关系国家治理体系和治理能力现代化，关系高质量发展，关系人民生活幸福，关系国家对外开放大局，关系国家安全。

——2020 年 11 月 30 日，习近平在中央政治局第二十五次集体学习时的讲话

所谓商业情报，是指在一定的时间、条件下，组织商品流通活动所必需的消息、情况、知识和报告。由于商业情报具有对抗性的特点，商业情报的搜集也就不可避免地带有进攻性的意味，搜集人员为获取尽可能多且重要的情报，往往会利用各种技巧甚至使用不正当的手段，也可以称为非伦理行为。这些非伦理行为损害了竞争对手的合法权益，破坏了整个社会的竞争体制，严重影响了企业的健康发展。常见的获取商业情报中的非伦理行为，根据公开与否分为两类，即获得公共情报中的伦理问题和获取内部情报中的伦理问题。

一、获取公共情报中的伦理问题

(一)公共部门信息

公共部门蕴藏着大量竞争对手的关键信息，也都是企业十分想要获取的信息。比如，从运输部门可了解竞争对手材料和产品的购入、输出情况，从银行可搜集竞争对手的贷款、经营情报、发展预测等。但公共服务部门是不对外开放这些信息的，有些企业的情报人员为得到这些重要信息，往往违背职业道德，不择手段，如潜入公共部门获取竞争对手的重要信息。

(二)竞争对手公开网站

随着互联网的发展，越来越多的企业开始建立自己的网站，并将信息公布在自己的公开

网站上进行网络营销和形象宣传,对于企业而言,得到更多有关竞争对手的商业情报及其竞争优势的机会已然到来。但要从竞争对手的网站上找到有价值的信息并不是一件容易的事情,现在许多企业专门成立了情报信息部门,对竞争对手公开在网站上的信息进行采集、分析、加工、报告及确认,这种入侵竞争对手公开网站,窃取内部资料的非伦理行为,与建立情报信息部门的初衷早已相背离。

(三)竞争对手的废弃品

许多企业会雇用专职咨询公司或个人,在竞争对手丢弃的垃圾中寻找情报。尽管企业的垃圾是被抛弃之物,把这些垃圾捡回来也不违法,但企业竞争情报业内公认这种行为是不道德的。

(四)第三方媒介

通过广告商、经销商、供货商、新闻媒介、行业协会、上下游关联企业等第三方媒介,获得竞争对手的相关信息是许多企业都会采用的商业情报搜集方法,这些组织由于与竞争对手有着这样或那样的联系,所以也是企业了解和搜集竞争对手情报的重要渠道。许多企业通过收买或其他不正当手段从竞争对手的第三方媒介获取重要信息。

二、获取内部情报中的伦理问题

(一)商业间谍

雇佣或培养商业间谍是当今常用的不正当竞争的手段之一,商业间谍主要是指企业为获取竞争对手的商业机密,雇佣或培养商业间谍以某种身份潜入竞争对手公司,根据以往经验及手段,从竞争对手公司获取有价值的信息。许多国家明文规定,窃取商业秘密属于违法行为,但仍有许多企业为了获取高额利益铤而走险。有调查显示,名列《财富》1 000 强的全球大公司,平均每年发生 2.45 次商业间谍事件,损失总额高达 450 亿美元。其中,位于硅谷的高科技公司首当其冲,发生的窃密案件中,有 54% 损失高达 1.2 亿美元。这些令企业惊讶的失窃损失数字,促使企业不得不加紧防范,规定员工不得向外透露企业的信息,如公司会在新员工加入时的宣誓书上,特别注明不要在任何场合谈论技术秘密,参加任何活动不能触及秘密,有人问起必须拒绝,若无法回避问题宁可退出有关活动。

(二)利用高科技产品

利用高科技产品,通过偷听、偷拍、偷看的方式以及其他高科技手段秘密窃取竞争对手的商业情报,包括书面材料、图纸、生产设备与工艺方法、计算机数据库的资料等。

(三)威逼利诱知情人

此类行为的表现通常是企业以金钱、高级住房、女色等引诱、贿赂竞争企业情报的知情人,或以安排高职位、给予高待遇引诱知情人跳槽,从而取得竞争对手的商业情报。此外,企业还可能用揭人隐私等手段要挟、胁迫知情人泄露竞争对手的商业情报。

(四)利用忠诚顾客获取商业秘密

一些公司向与自己长期合作且比较忠诚的客户承诺一定的优惠条件,让客户向竞争对手搜集所需要的情报。如客户向竞争对手的零部件招标,要竞争对手提供这家公司没有的先进零部件,竞争对手为了争取到合同,在报价时,会很详细地介绍自己的产品,并提供技术规范和产品说明书,这样通过客户就得到了真实可靠、全面系统、具有极强竞争性的信息。

(五)利用"假招聘"获取商业秘密

部分企业打着招聘的名义,在"面试"应聘者时,通过与其交流原所在公司的运作方式,窃取同行商业情报。这种专门刺探同行商业情报的面试,往往会给出十分诱人的条件吸引应聘者。面试时,面试官不仅要求应聘者讲述以往的工作案例,还要求重点讲述在业务特色、渠道开拓等方面的具体的管理运作方式。

上述所说的行为都是有违伦理道德,甚至是违法的,这些行为是不提倡的。部分企业在搜集信息过程中,虽没有通过不正当手段获取商业情报之心,但由于自身认知、经验或能力不足等原因,未能分清目标信息是否已被对手采取措施加以保护而实施搜集活动,就很容易卷入侵权纷争或违背职业伦理准则,并会给企业带来损失。

第三节　同行业竞争中的伦理问题

📖 **习　语**

面对激烈的市场竞争,我们绝不能有丝毫懈怠,不能满足于现状,一定要有谦虚的态度,树立不进则退、慢进也是退的竞争意识,清醒认识形势,顺应扩大开放的趋势,站在全局和战略的高度,正确把握时代发展的趋势。

——习近平《之江新语》(浙江人民出版社,2007 年)

同行业一般是指企业之间提供相似的产品或服务,且所服务的目标顾客也相似。部分企业除了采取正当的竞争策略外,还采用一些不道德的商业手段和行为来提高自身的商业地位,主要表现在市场竞争、物质资源竞争、人才资源竞争和信息竞争中。

一、市场竞争中的伦理问题

市场,是买卖双方交换的场所,是企业取得资源(人、财、物、信息)并把产品或服务推销出去以实现企业利润的场所,也是企业与竞争对手角逐的竞技场。因此,实现企业目标,提高企业利润,扩大市场占有率是企业与竞争对手相互角逐的主要目的,也是企业在市场竞争中非伦理行为发生的潜在原因。

(一)低价倾销行为

价格是企业参与市场竞争的重要手段,它与企业的生存和发展休戚相关。企业在制定价格时,除了要考虑成本外,还应该综合考虑市场特性、供求状况、消费者需求和竞争对手的状况。总的来说,价格竞争一方面要求企业不能故意哄抬物价、牟取暴利;另一方面要求企业不能故意以低价倾销,排挤竞争对手,大打"价格战"。

经营者不得以排挤竞争对手为目的,以低于成本的价格销售商品。低价倾销行为是指经营者为了排挤竞争对手,故意在一定的细分市场上和一定的时期内,以低于成本的价格销售某商品或服务,造成自己长期独占市场的行为。经营者一旦实施该行为,那么企业若无强大的资本实力做后盾,长此以往,必将给自身的生存带来危机。反之,即使企业有强大的资本实力,也经受不住常年的亏损。对于正当经营者而言,若竞争对手采取低价倾销行为,如果不做出回应,那么就有可能被挤出市场,成为不正当竞争的牺牲品;如果做出回应,那么就会被逼采用同样的低价倾销行为,这样就进入了恶性竞争的循环,最终的结局也是两败俱伤。因此,低价倾销侵犯了正当经营者公平竞争的权利,是一种极为不道德的行为。

(二)滥用市场支配地位行为

滥用市场支配地位行为是指具有市场支配地位的经营者滥用其市场地位,对市场中的其他主体进行不公平的交易或排斥竞争对手的行为。这种行为可能表现为不公平的价格行为、强制交易、差别待遇、搭售以及掠夺性定价等。以下是这些行为的具体定义和表现形式。

1. 不公平的价格行为

不公平的价格行为是指具有市场支配地位的经营者以不公平的高价销售商品或者以不公平的低价购买商品。这种行为可能表现为销售价格或购买价格明显高于或低于其他经营者在相同或相似市场条件下销售或购买同种商品,或者超过正常幅度地提高销售价格或降低购买价格。

2. 强制交易

强制交易是指处于市场支配地位的企业采取利诱、胁迫或其他不正当的方法,迫使其他企业违背其真实意愿与之交易或促使其他企业从事限制竞争的行为。这种行为可能表现为强迫他人与自己进行交易,强迫他人不与自己的竞争对手进行交易,迫使竞争对手放弃或回避与自己竞争等。

3. 差别待遇

差别待遇是指处于市场支配地位的企业没有正当理由地对条件相同的交易对象,就其所提供的商品的价格或其他交易条件给予明显区别对待的行为。这种行为可能表现为价格歧视,即卖方对购买相同等级、相同质量货物的买方要求支付不同的价格,或买方对于提供相同等级、相同质量货物的卖方要求不同的价格。

4. 搭售

搭售是指处于市场支配地位的企业在出售商品时,强行搭配销售购买方不需要的另一种商品或服务,或者附加其他不合理条件的行为。这种行为可能出于该商品的交易习惯,但如果是为了保证产品的质量和稳定性,要求买方购买一定的配套产品不应属于禁止之列。违法的搭售行为必须具有严重的反竞争效果,即通过搭售会加强企业在市场上的支配地位,从而给市场竞争带来显著的不利影响。

5. 掠夺性定价

掠夺性定价是指占市场支配地位的一个或多个经营者为排挤现有竞争对手或阻止新的

经营者进入相关市场以维持其垄断地位,无正当理由地以低于其成本的价格持续销售商品,并且将竞争对手排挤出市场以后又规定垄断价格的行为。

在中国,滥用市场支配地位行为是被《中华人民共和国反垄断法》所禁止的。国家市场监督管理总局制定了相关规定,负责滥用市场支配地位行为的反垄断统一执法工作,并授权各省、自治区、直辖市市场监督管理部门负责本行政区域内滥用市场支配地位行为的反垄断执法工作。此外,国家发展和改革委员会也发布了文件,提出不得滥用市场支配地位操纵市场价格。

(三)混淆行为

混淆行为是指经营者在市场经营活动中,以种种不实手法对自己的商品或服务作虚假表示、说明或承诺,或不当利用他人的智力劳动成果推销自己的商品或服务,使用户或者消费者产生误解,扰乱市场秩序,损害同业竞争者的利益或者消费者利益的行为。该行为的主体是从事市场交易活动的经营者。经营者在市场经营活动中,客观上实施了《反不正当竞争法》第六条禁止的不正当竞争手段,如假冒他人企业名称,仿冒国家名优标志,擅自使用知名商品特有名称、包装、装潢,伪造产地名称等。经营者的欺骗性行为已经或足以使用户或消费者误认,亦即这种欺骗行为达到了较为严重的程度。混淆行为的特点见表6-1。

表6-1　混淆行为的特点

特点	描述
违法故意	企业明知自己的行为可能造成消费者误解,仍然进行混淆行为
主观能动性	企业有一定的主观能动性,故意制造或诱导消费者产生误解
非法目的	企业为了达到某种非法目的,如获取不正当利益、扩大市场份额等

混淆行为的核心在于诱导消费者产生误解,具体表现见表6-2。

表6-2　混淆行为的表现

表现	描述
对产品品质、功能、性能等方面进行混淆	企业可以通过夸大产品的优点、缩小产品的缺点,或者对产品的性能、功能等方面进行模糊描述,使消费者产生误解
对产品用途进行混淆	企业可以通过将产品的用途与实际用途进行混淆,使消费者认为产品具有某种特殊功能,从而误导消费者
利用其他企业名称、标识进行混淆	企业可以通过使用与其他企业名称、标识,相似或相同的名称、标识,使得消费者对产品产生误解,认为该产品与另一企业产品相同

《反不正当竞争法》的执法和司法实践应对"误认"和"混淆"作广义的理解而不能作狭义的理解。例如,误认不仅应包括购买者将甲产品、营业或服务误认为乙产品、营业或服务,而且还应包括购买者认为甲商品、营业或服务与乙商品、营业或服务之间有某种加盟、关联或

赞助的关系或者购买者对仿冒的商品、营业或服务与知名商品、营业或服务之间的关系产生联想,认为两者属于系列产品,属于投资或合作关系,或两者的质量相近或相同。

(1)是否发生应具有全局的视角。判断购买者误认和市场混淆的结果是否发生应具有全局的视角,并不是只有假冒或仿冒者将知名商标作为自己商品、营业或服务的商标使用才会引起市场混淆,造成购买者误认,实际上知名商标被用来做其他商品、营业或服务的装潢、外包装或者成为其他市场主体的企业名称、网址名称都可能造成购买者的误认和市场的混淆。

(2)有相应的法律进行规范和维护。尽管注册商标专用权、外观设计专利权、企业名称专用权和网址名称专用权都有相应的法律进行规范和维护,但当这些权利之间出现冲突的时候,或者这些权利与没有取得专用权的包装、装潢等出现冲突的时候,《反不正当竞争法》是最好的利益平衡的法律,而进行利益平衡的一个重要尺度就是是否造成了购买者的误认,是否产生了市场混淆。

(3)认定灵活性非常强。"误认"和"混淆"的认定灵活性非常强,同一行为主体的同一假冒或仿冒行为,如果换了不同的情境就需要重新进行认定。例如,销售地点的不同、宣传内容的不同、销售价格的不同,都会造成购买者判断和理解的不同。当购买者花费100元买了一块假冒的劳力士手表时,购买者通常知道他自己购买的是一块假冒或仿冒的劳力士手表,因为真正的劳力士手表绝不可能以100元人民币的价格进行出售,这时购买者实际上就没有产生误认,市场混淆的后果也没有发生;但同样的,这块假冒或仿冒的劳力士手表如果标价20 000元,这时购买者可能就无法辨清真伪了,如果同样的这块假冒或仿冒的劳力士手表在高档商场里出售,即使标价很低,购买者也可能会信以为真,这时,"误认"和"混淆"的结果就发生了。因此,购买者的误认和市场混淆的结果是否发生一定要具体问题具体分析,不能机械地执法和司法。

(4)结果已经或可能发生。即使"误认"或"混淆"的结果已经或可能发生,我们也不能把所有的使用知名标示的行为都视为市场混淆行为。为了进行利益平衡和实现维护竞争的立法目的,《反不正当竞争法》在对市场混淆行为进行规范时例外条款是必不可少的。

下列行为通常不被视为市场混淆行为:

(1)使用的著名标示是商品、营业或服务的通用名称或惯用标示。例如,"巨峰"葡萄、"玫瑰香"葡萄、阿司匹林等。

(2)善意地使用自己的姓名。自然人的姓名与法人的名称存在不同,尤其中国大多数的自然人姓名字数很短,常常是2到4个汉字,因此姓名间的区别性较差,自然人之间的姓名重合就在所难免,因此《反不正当竞争法》禁止的主要是姓名使用上的恶意行为,善意的使用姓名行为即使造成一定程度的混淆一般也不被认定为市场混淆行为。

(3)他人的标示在社会公众所普遍认知前的善意使用行为。这是对在先权利的保护,《反不正当竞争法》在对市场混淆行为进行规范的过程中,还需要对其他市场主体的在先权利进行保护,但在先权利人也应依诚实信用的原则来使用自己的标示,不能搭有竞争优势的市场主体的便车。

(4)其他根据利益平衡原则不被视为市场混淆行为的行为。

(四)虚假商业宣传行为

虚假商业宣传行为是指经营者利用广告和其他方法,对产品的质量、性能、成分、用途、产地等所做的引人误解的不实宣传。以广告或其他方式销售商品,是现代社会最常见的促销手段。但各类虚假广告和其他虚假宣传,或乱人视听,有害社会主义精神文明;或直接误导用户及消费者,使其做出错误的消费决策,引发大量社会问题;或侵犯其他经营者,特别是同行业竞争对手的合法利益,造成公平竞争秩序的混乱。《中华人民共和国广告法》《反不正当竞争法》均将此类行为作为必须禁止的违法行为予以规范。

虚假商业宣传行为的显著特征如下:

(1)虚假商业宣传是经营者以营利为目的进行的商业宣传活动。它有别于普法宣传、公益宣传,也有别于通过一定媒介和形式发布的虚假广告(有专门的《广告法》进行管理),它是专指在营业场所内对商品进行演示、说明或通过上门推销、召开宣传会、推介会等形式进行的商业宣传。

(2)虚假商业宣传的对象是经营者提供的商品或者服务的相关信息。既包括商品或者服务的自然属性信息(例如商品的性能、功能、产地、用途、质量、成分、有效期限以及服务的标准、质量、时间、地点等),也包括商品的生产者、经营者、服务提供者提供的信息(例如资质、资产规模、曾获荣誉、与知名企业、知名人士的关系等),还包括商品的市场信息(如价格、销售状况、用户评价等)。

(3)形式上,虚假商业宣传的内容虚假或者引人误解。内容虚假,是指不真实,与实际情况不符。例如,将国内小作坊产品宣传为国外知名企业产品,将"三无"产品宣传为获过国际国内大奖的产品等。内容引人误解,是指内容中使用含糊不清、有多重语义的表述,或仅陈述部分事实让人引发错误联想。例如,宣传某产品含有某种珍贵物质,该物质对人体特别有益,但实际上该产品中珍贵物质含量极低,消费者使用该产品不足以获得所宣称的益处。

(4)效果上,虚假商业宣传造成了欺骗、误导消费者的客观后果(或可能),主要看宣传的信息是否对购买行为有实质性影响。某商场宣称"十周年店庆全场三折",比如"全场三折"优惠属实,而实际上该店营业仅九年,这一宣传信息虽然不真实,但对消费者购买决策有实质性影响的是优惠力度,不是营业年限,则不应认定为虚假商业宣传。

(5)虚假交易也属于虚假商业宣传。比如:在电子商务领域,有的网店经营者自行甚至专门组织大量人员,通过虚假交易给自己虚构成交量、交易额、用户好评等,以吸引消费者点击、购买;在现实中,经营者雇用他人假扮消费者在店门口排队购物、传播好口碑,伪造商品热销假象,欺骗、误导消费者购买。

(五)诋毁商誉行为

商誉是社会公众对市场经营主体名誉的综合性积极评价。它是经营者长期努力追求,刻意创造,并投入一定的金钱、时间及精力才取得的。良好的商誉本身就是一笔巨大的无形财富。在经济活动中,商誉最终又通过有形的形式(如销售额、利润)回报企业。法律对通过积极劳动获得的商誉给予尊重和保护,对以不正当手段侵犯竞争者商誉的行为予以严厉制裁。《反不正当竞争法》第十一条规定,经营者不得编造、传播虚假信息或者误导性信息,损害竞争对手的商业信誉、商品声誉。

诋毁商誉行为是指经营者为了获得竞争利益,捏造、散布虚假事实,损害他人商誉,侵犯他人商誉权的行为。实践中,诋毁他人商誉的行为主要包括:

(1)利用散发公开信、召开新闻发布会、刊登对比性广告、声明性公告等形式,制造、散布诋毁竞争对手的虚假事实。

(2)组织人员,以顾客的名义,向有关经济监督管理部门作关于竞争对手产品、服务质量低劣的虚假投诉。

(3)唆使他人在公众中制造有损于竞争对手商誉的谣言等。

诋毁商誉的行为要点如下:

(1)行为的主体是市场经营活动中的经营者,其他经营者如果受其指使从事诋毁商誉行为的,可构成共同侵权人。新闻单位被利用和被唆使的,仅构成一般的侵害他人名誉权行为,而非不正当竞争行为。

(2)经营者实施了诋毁商誉行为,如通过广告、新闻发布会等形式捏造、散布虚假事实,使用户、消费者不明真相,产生怀疑心理,不敢或不再与受诋毁的经营者进行交易活动。若发布的消息是真实的,则不构成诋毁行为。

(3)诋毁行为是针对一个或多个特定竞争对手的。如果捏造、散布的虚假事实不能与特定的经营者相联系,商誉主体的权利便不会受到侵害。应注意的是,对比性广告通常以同行业所有其他经营者为竞争对手而进行贬低宣传,此时应认定为商业诋毁行为。

(4)经营者对其他竞争者进行诋毁,其目的是败坏对方的商誉,其主观心态出于故意是显而易见的。

二、物质资源竞争中的伦理问题

企业往往会为了争夺现有的物质资源而做出一些非伦理行为,从而使自己获利。最常见的行为主要是以欺骗行为换取政府资源。政府往往对优秀企业在科研、生产等方面给予一定的资金或其他物质方面的资助,正是这一帮助企业发展的良好政策,使得部分企业为牟私利,不惜编造如每年产值多少、税收多少等虚假数据来表明企业发展良好,骗取政府在资金或其他方面的资助,以此来挤占同行业其他竞争对手的原材料。企业或以需要投资重点项目为借口,申请政府资助,以此骗取政府给予资源。

除了与竞争对手争夺共有资源之外,企业也会在原材料等方面与竞争对手展开激烈的争夺。除了正常地向供应商购买原材料以外,部分企业还会采取与供应商协商的方式,禁止供应商向竞争对手提供原材料。这样一来竞争对手没有原材料就难以维持生产,特别是当供应商提供的是核心原材料时,更促使竞争对手陷入生产困境。

三、人才竞争中的伦理问题

企业的竞争终究是人才的竞争,那么在人才竞争的时代,企业必须做好两方面工作:一方面,企业必须正当、合理地吸引人才,不能以强迫、收买或欺骗等手段争取竞争对手的人才;另一方面,企业也要尽力做到留住人才,发挥人才优势。即使许多企业深知抢夺竞争对手人才的行为实属不道德,但在利益的诱惑下,仍有一些企业选择挖墙脚,这也是企业在人才竞争中常见的非伦理行为。

(一)企业在招聘过程中的不道德行为或伦理缺失主要表现

1. 发布虚假招聘信息,目的在于扩大企业自身的知名度

在招聘现场,招聘企业摊位前往往人头攒动,应聘者如潮。这种状况在满足了企业人才需求的同时,也使求职者成为一种弱势群体,为不良企业的不道德行为提供了现实土壤。众所周知,各种媒体的广告费都很高,企业如果通过媒体做纯粹的企业宣传广告,不仅费用高而且不一定达到理想效果,而通过人才市场,只需花费极少的摊位费就能在求职者中产生比较大的影响。一些不良企业正是利用求职者急于找到工作的心理发布虚假招聘信息来吸引广大求职者对该企业的关注。

2. 利用考察人才的机会,无偿获取求职者的智力成果

这种情况主要发生在中高级人才的招聘上。在面试时,很多企业都会把自身遇到的问题巧妙地设计到面试或笔试的考题中,要求应聘者谈观点甚至提交书面报告或者提交计算机设计程序。求职者为了谋得这份工作,总是把自己的最高水平展示出来,把自己最新最好的创意提供给企业。而企业在集思广益、自身问题得到解决之后并不录用这些人员。求职者却被蒙在鼓里,总以为有比自己水平更高的人被企业录用了。

3. 夸大宣传,不负责任地做出承诺

一些企业为了吸引人才,在招聘时报喜不报忧,有意回避企业的种种不足,对应聘者许诺以后难以兑现或根本不准备兑现的待遇条件。但被录用员工很快就会发现情况并非如此,从而产生受骗上当之感,甚至感到人格遭受侮辱。这种思想情绪上的震动极大地损伤了员工的工作激情,企业则受到了员工工作不积极、工作效率低下以及人才流失的惩罚。

4. 实施歧视政策

企业通常都会对应聘者规定很多入职条件,其中有些条件是歧视性的,常见的有性别歧视、年龄歧视甚至身高歧视。这给部分求职人员造成了一种人为的障碍,形成了一定程度的竞争不公平性。对企业而言,也会错失一些吸纳优秀人才的机会。

(二)企业在招聘中的伦理缺失的影响

企业在招聘过程中的伦理缺失造成的不良影响主要表现在以下三方面:

1. 对求职者的影响

这种影响是直接的。它不仅造成了求职者求职成本的大幅度提高,无端地浪费了许多人力、物力、财力以及宝贵的时间,而且使求职者产生了强烈的心理挫败感,并怀疑自己的能力。

2．对企业自身的影响

这种影响是间接的。从短期来看，企业通过人才市场或人才招聘扩大了自身的知名度，但是这种做法毕竟经不起时间的考验，公众的眼睛是雪亮的，企业最终会在人才市场中形成不良声誉，从而损害企业形象。

3．对社会的影响

这种影响是广泛的。如果在每一次轰轰烈烈的人才交流会之后得到的只是很低的人才签约率，那么，这种状况的长期存在必然会产生一种社会就业的紧张气氛。没有工作的人害怕找不到工作，有工作的人害怕失去工作，人才的合理流动必然受到阻碍，社会的人力资源则难以得到有效配置。同时，大量的虚假信息与欺骗行为助长了人们彼此不信任的风气，社会风气将被破坏。

四、信息竞争中的伦理问题

（一）侵犯知识产权

知识产权是指权利人对其所创作的智力劳动成果所享有的占有、使用、处分和收益的权利。各种智力创造，如各种发明、文学、艺术作品以及在商业中使用的标志、名称、图像和外观设计，都可以被认为是某一个人或某一组织所拥有的知识产权。知识产权是一种无形财产，它与房屋、汽车等有形财产一样，都受到国家法律的保护，都具有价值和使用价值。侵犯知识产权最常见的方式是盗版。企业为自己的知识产品，如软件，付出了大量的资金、劳动与知识，需要依靠出售大量的正版软件才能收回，而现在普遍存在的盗版行为却使得企业辛辛苦苦开发出来的知识产品"血本无归"，这不仅大大挫伤了软件开发者的积极性，不利于信息产业的发展，而且使很多人短期内就能"暴富"，破坏了公平、公正的竞争秩序。

（二）窃取商业机密

窃取商业机密是指以盗窃、利诱、胁迫或者其他不正当手段获取权利人的商业秘密，或者非法披露、使用或者允许他人使用其所掌握的或获取的商业秘密，给商业秘密的权利人造成重大损失的行为。侵犯商业秘密罪侵犯的客体既包括国家对商业秘密的管理制度，又包括商业秘密的权利人享有的合法权利。犯罪主体是一般主体，既包括自然人，也包括单位。

《反不正当竞争法》第三十二条　在侵犯商业秘密的民事审判程序中，商业秘密权利人提供初步证据，证明其已经对所主张的商业秘密采取保密措施，且合理表明商业秘密被侵犯，涉嫌侵权人应当证明权利人所主张的商业秘密不属于本法规定的商业秘密。

商业秘密权利人提供初步证据合理表明商业秘密被侵犯，且提供以下证据之一的，涉嫌侵权人应当证明其不存在侵犯商业秘密的行为：

（1）有证据表明涉嫌侵权人有渠道或者机会获取商业秘密，且其使用的信息与该商业秘密实质上相同。

（2）有证据表明商业秘密已经被涉嫌侵权人披露、使用或者有被披露、使用的风险。

（3）有其他证据表明商业秘密被涉嫌侵权人侵犯。

第四节　商业合作中的伦理问题

📖 **习 语**

企业既有经济责任、法律责任,也有社会责任、道德责任。任何企业存在于社会之中,都是社会的企业。社会是企业家施展才华的舞台。只有真诚回报社会、切实履行社会责任的企业家,才能真正得到社会认可,才是符合时代要求的企业家。

——2020 年 7 月 21 日,习近平在企业家座谈会的讲话

一、合同中的伦理问题

企业与供应商的关系往往通过一纸契约来体现,当今时代,企业与供应商的关系却越来越紧张,企业为了赢得消费者的青睐,不惜对供应商残酷压价,签订多项不平等契约,变相将自身的经营成本、经营风险转嫁给供应商,企业虽然能够获得暂时的利益,但长此以往,供应商将不再愿意与其合作,企业也终将受到供应商的联合抵制。

(一)强制收取各类不合理费用

在与供应商的直接接触中,企业往往会凭借其在行业内的优势地位,对供应商收取名目繁多的费用,如上架费、进门费、促销费等,这些费用没有规则、理由,不经商议,完全由企业一方决定,供应商在这些费用面前完全没有讨价还价的余地,因为企业会直接在给供应商的货款中扣除。种种费用使得供应商的成本不断上升,迫使供应商提高产品价格,进而引起需求量的下降,长此以往,势必损害消费者与供应商共同的利益。

(二)强制更换品牌

企业在使用供应商提供的原材料、零部件、产品时,有时会要求供应商为自己企业的商业品牌提供便利,最常见的行为就是企业要求供应商将其原有的产品品牌更换为自己的品牌进行销售或使用。这种企业利用自己的商业品牌冲击供应商品牌的行为,不仅对供应商的利益造成了伤害,影响供应商自我品牌的发展,同时也破坏了双方的合作关系。

二、劳动环境中的伦理问题

如果企业与供应商签有协议,企业必须对其供应商的行为负责,就如同当公司的一位员工驾驶公司汽车在为公司执行业务时,发生交通事故,那么公司就必须对该事故负责一样。但是现实却是很多企业并不关注供应商的非伦理行为。

(一)纵容供应商非法雇佣员工

保障基本人权是供应商责无旁贷的事,但供应商在为企业提供原材料或零部件时,有时会采用非法雇用童工等手段节约成本,提升竞争力,而企业往往看重的是供应商的价格而并未去深究供应商低价的原因。因此,当收到企业交予的大量订单时,供应商只会认为企业默认了此行为而变本加厉。

（二）拒绝为供应商工作安全负责

企业应确保供应商在生产过程中的工作环境安全，为企业生产的原材料或零部件不会对员工的身体或心理造成危害，但是，企业往往拒绝为供应商的工作安全负责，认为这是供应商自己的事情，企业只是购买其产品，并不需要对其负责。

三、产品中的伦理问题

企业与经销商沟通最多的就是产品的问题，产品的好坏直接影响经销商的销售额与利润的大小，因此经销商往往更加在意产品的质量及品牌形象，希望能够从企业得到质量良好、品牌价值高、价格低廉的产品。然而，当企业成功塑造了产品品牌，消费者品牌忠诚度逐渐上升，市场趋向于品牌消费时代时，企业的议价能力也在不断增强，企业在与经销商的关系中占主导地位，这容易引起经销商的不满，对合作关系造成伤害。

（一）以次充好、缺斤少两

企业按照合同要求，将质量达标、数量齐全的产品提供给经销商是企业应尽的义务，但是部分企业为了追求自己的最大利益，自己的目标，故意违反合同，以次充好、缺斤少两，将残次品掺杂在正常产品中提供给经销商，或者故意减少产品数量，试图蒙混过关，欺骗经销商。企业的这种欺骗行为不仅损害了经销商的基本利益，也损害了企业自身的声誉。

（二）未能按时交货

未能按时交货的现象不仅仅出现在个别消费者身上，许多企业同样也会对经销商做出该行为。由于市场地位的提升，企业往往会要求经销商先付款后发货，以确保不会遭受损失。正是企业要求先打款后发货的方式，使得经销商处于被动地位。发货与否全凭企业做主，即使经销商多次催促，企业也会采用"还在生产中""运输较慢"等理由推脱，影响经销商的正常经营，增加了经销商的成本，严重的话甚至让经销商以后不再愿意与企业合作。

（三）提供假冒伪劣产品

由于企业处于产业链的上游，而经销商处于产业链的下游，关于产品质量的信息双方处于不对等的地位，给企业提供了欺诈经销商的机会。对于一些具有严重机会主义倾向的企业，可能在产品质量上对经销商使用欺诈手段，经销商又转而欺诈零售商，最终影响了零售商的声誉，也损害了双方的合作关系。

四、特许经营渠道中的伦理问题

根据契约规定，特许经销商向企业支付"特许使用费"，获得在特许期间、特定区域内使用该企业独特产品或服务、专有技术、商标或其他某种无形资产等的权利。每个特许经销商应该拥有平等的权利。在这种特许经营渠道中，往往存在着一些非伦理行为影响正常的市场秩序。

（一）对特许经销商的不公平对待

企业政策总是倾向于销售额较大和新加入的经销商。原则上，企业应该对各个特许经销商一视同仁,但是有时企业为了平衡利润率,对不同特许经销商有不同的要求。如对新加入的经销商,商品的提供、价格的优惠都有所偏重,而负担往往转嫁给原有的特许经销商,使原有特许经销商的业绩往往不如新加入的经销商。另外,企业在地区间政策的调节上,也使不同特许经销商负担不均。

(二)"搭车"行为

企业在维持特许经营系统内的统一产品质量标准时,会经历一系列困难,可能还会出现特许经销商的"搭车"行为。当产品出现质量问题时,特许经销商是不可能被替换的,因为特许经销商拥有分店的特许业务,所以特许总部经常无法对不合要求的特许分店施加管理。

(三)窜货行为

窜货行为在分销渠道的现实操作中比较普遍,也是要讨论的伦理问题。在实际经营过程中,许多特许经销商为了获取额外利润向契约规定以外的销售区域进行的有意识的产品销售,即窜货行为。特许经销商的窜货行为侵害了其他特许经销商的利益,扰乱了正常的分销渠道关系,引发特许经销商之间的价格混乱和市场区域混乱。

第五节　企业并购与重组中的伦理问题

习语

民营企业家要讲正气、走正道,做到聚精会神办企业、遵纪守法搞经营,在合法合规中提高企业竞争能力。

——2018 年 11 月 1 日,习近平在民营企业座谈会上的讲话

企业并购与重组是企业快速扩张的主要渠道。诺贝尔经济学奖获得者史蒂格尔教授在研究中发现,世界 500 强企业全都是通过资产联营、兼并、收购、参股、控股等手段发展起来的。然而在现在的社会条件下,商业伦理和市场的运行机制都还不太完善,在并购重组中不尊重商业道德的行为还是比较普遍的,甚至在某些情况下,签订了收购合同后还会出现变数,其中常见的非伦理行为主要体现在以下几个方面。

一、企业并购中的伦理问题

企业并购是企业兼并与企业收购的简称。企业兼并通常是指一家企业以现金、证券或其他形式(如承担负债、利润返还等)购买取得其他企业的产权,使其他企业丧失法人资格或改变法人实体,并取得这些企业决策控制权的投资行为。这里的兼并也就是《中华人民共和国公司法》(简称《公司法》)中的吸收合并,也就是一个公司兼并另一个公司而存续,而被兼并公司解散失去法人资格。与之对应的是新设合并,就是两个或两个以上的公司合并设立一个新的公司。

收购是对企业的资产或股份的购买行为,是指企业用现款、债券或股票购买另一家企业

的部分或全部资产式股权以获得该企业的控制权的投资行为。收购的对象一般有两种：股权和资产。收购股权是购买一家企业的股份，收购方将成为被收购方的股东，因此要承担该企业的债权和债务；收购资产只是一般资产的买卖行为，收购方不需要承担被收购方的债务。

（一）不正当恶意并购

恶意并购是指收购人的收购行动虽遭到目标公司经营者的抵抗，但仍强行实施，或者没有事先与目标公司经营者商议而直接提出公开出价收购要约者。通常是一人或数人联合出资，通过收集股票或投票表决权，在取得公司控股权或事实上的控制权之后，罢免现任经理人员，由出资者自己接任或另行选聘其他企业家来控制公司战略与经营决策。正因为这种接管过程没有得到对方许可，时常充满火药味，才被称为恶意并购。

恶意并购本是一种重要的、有效的公司治理机制，是防止经营管理层损害股东利益的有效武器，但有时企业会利用恶意并购做出一些不道德的行为，如企业在并购目标公司后，不再对原目标公司产品进行品牌维护，反而借此提升自己品牌的市场占有率和知名度。诸如护肤品、洗涤市场等知名国有品牌被"吃掉"的现象，这种收购陷阱也给国有品牌市场造成巨大冲击。

（二）软敲诈

软敲诈是一种以营利而非兼并为真实目的的恶意兼并手段。某些投机者表面上装作要收购企业，于是按法律要求购买了一个公司一定比例的股票并宣布计算接管该公司，但他们的真实动机并不是要收购企业，而是想利用手中已掌握的股权来对企业的管理层进行合法的敲诈。因此，他们在公开宣布计划接管该公司的同时又私下与该公司的管理层接触，威胁该公司支付高于市场的价格把这些股票买回去：要么企业用高价买回股权，要么在接管企业后解雇原有的企业管理人员。这显然是不道德的并购行为，是假收购，这种做法导致同一种股票有两种不同的价格。这样双重价格体制不符合通常的股票财产权和股价的概念，这是一种变相的敲诈行为。

（三）杠杆收购

杠杆收购是一种反兼并手段。所谓杠杆收购是指某些经理人员由于害怕企业被兼并后自己会被解雇，于是他们就设法（或者联合企业外部的投资者）根据企业的资产发售债券，然后用出售这些债券所得的资金买断企业的股票，使一个公众公司（或称上市公司）变为私人公司。这种做法的实质是，企业用债券（债务）来代替公众持有的股票（业主产权或自有资本）。这样做会使企业在经济萧条时期更加容易倒闭，因为通过筹股建立起来的公司如果赚不到钱，可以不付红利，但靠发行债券建立起来的公司即使赚不到钱也要支付利息，否则就要破产。

显然，面临破产兼并风险的企业往往经营状况不良，因此这种债券的信用评级很低，风险较大，被称为"垃圾债券"。"垃圾债券"的高回报率对许多投资者（如养老基金、信贷合作社、银行等）都很有吸引力，但它的高风险性会使它在经济衰退期间引起广泛的倒闭，进而对大量投资者造成损害，并危及金融稳定和经济的平稳运行。此外，经理人员应当为股东的利益服务,因为他们负有信托责任,但他们的这种做法却是为了自己的利益。他们对企业的了解比股东要多得多,为了自己的利益就会利用信息上的优势损害股东的利益,例如,他们为股票开出的收购价会低于兼并者开出的价格。同样,经理人员为了尽快偿付债务以便减轻利息负担,会卖掉企业的一部分资产或关闭工厂、解雇员工,由此又会对员工造成损害。

(四)金色降落伞

金色降落伞是一种促进收购的兼并手段。所谓"金色降落伞"是指,在兼并过程中,兼并者向被兼并企业的经理人员保证:如果兼并成功,企业的经理层不会被解雇,且他们会得到大笔补偿。这种做法实质上是阻止企业经理层对兼并进行抵抗的收买手段。这种做法不仅不恰当地使用了企业资金,还损害了股东的利益,因为企业经理人员为企业效力,已经得到应有的收入与其他各种福利待遇,为股东考虑是其本职,所以不应该再得到额外补偿。为了避免这种现象出现,股权持有计划使得企业的高层管理者一般都持有公司大量股票,以使其不得不为股东利益着想。

二、企业重组中的伦理问题

(一)股市操纵

股市是获得暴利的场所。一些大的公司利用自己的资金和信息优势勾结投资咨询公司,诱导股民投资倾向,暗中操纵股票,制造暴涨暴跌的现象,从中获取暴利,损害中小股东的利益。

(二)商业贿赂

贿赂广泛存在于各行各业的经济行为中,行业贿赂最严重的是银行贷款贿赂、工程招标贿赂、股票上市贿赂、拉拢客户贿赂等。银行贷款贿赂方式多种多样,就金融系统而言,贿赂的形式主要有"息差"贿赂,咨询费、中介费、奖金贿赂,"返利"贿赂,"赞助"贿赂,挂名工资贿赂,礼金礼品贿赂,报销旅游费和餐饮费贿赂等。在企业准备上市阶段,企业需要接受许多非常严格的审核,按照正常的渠道审批,有的企业以其经营实力难以顺利通过审核,因此为了蒙混过关,部分企业高层利用拉关系、走后门、请客送礼、送股票、答应高额分红等方式,贿赂审核机关的领导,部分领导难敌诱惑,深陷罪恶之中。

(三)虚假利润

虚假利润是指企业在财务指标上进行造假的行为。企业主要手段有以下几种。

1. 虚假销售

提前确认销售或有意扩大赊销范围,调整利润总额。这种利润操纵现象在年终表现尤甚,往往是在企业年终达不到既定的利润目标时,便通过采取虚假销售或提前确认销售等方式来达到既定的利润目标,或者故意错误运用会计原则,将非销售收入划入销售收入中。

2. 资金拆借

通过资金拆借向关联企业收取资金占用费。按照法律法规规定,企业间不得相互拆借资金,但这种资金拆借行为无法事先对外披露,因此投资者及有关监管部门无法对其合理性做出判断,在某种程度上给一些企业利用拆借资金调节利润提供了机会。

3. 转嫁费用

子公司与母公司之间的费用问题应该有明确的划分,但当子公司效益不理想或不足以达到需要的利润指标时,便采取母公司替子公司分担部分费用的办法来调节子公司的利润。

4. 调整有关财务账目

通过"资本公积"科目进行利润调整。按照会计制度的规定,企业的盈亏应当通过规定的程序,计入当期损益,在利润中予以反映。但部分企业会通过资产评估将待处理财产损失、坏账、毁损的固定资产和存货、待摊费用等确认为评估减值,直接冲减资本公积,以达到虚增利润的目的。

(四)虚假重组

虚假重组是公司着眼于解决眼前困难而不顾及长远利益的重组手段。虚假重组的目的并非为企业的战略发展考虑,而是通过各种不规范或不合法的手段,实现短期目的。虚假重组主要的表现形式如下。

1. 报表重组

(1)通过与大股东进行不等价的交易,以公司的劣质资产换取大股东的优质资产来进行重组。

(2)在同一天买入和卖出同一笔资产,从中获得巨额差价。

(3)将巨额债务划给母公司,在获得配股资金后再给母公司以更大的回报。

2. 资格重组

根据原有的债务重组规则,上市公司的债务重组收益允许计入当期损益,因而有一些上市公司通过此举来达到"摘帽"或保配股的目的。

3. 题材重组

利用资产重组题材来拉抬股价从而达到在二级市场上获利的目的已成为股市中一种比较普遍的现象。这种以拉抬股价为目的的资产重组具有三个特点:具有"爆炸"性,能使不良资产大部分或全部换成优良资产,往往采取"暗箱"操作方式。

(五)包装上市

国家对于企业上市发行股票是有明确的法律规定的,符合条件并经过严格复杂的审批后企业才能上市。为了取得上市的资格和条件,需要对企业进行"包装",包括先期"造势"中的策划和宣传、资本核算、财务报表等。当前,我国上市公司的整体企业伦理状况处于较为低下水平。虚假包装上市,信息披露不规范,大股东和高管人员通过各种手段侵吞上市公司资产,非公允关联交易、内幕交易层出不穷。这不仅大大损害了投资者尤其是广大中小投资者的利益,也严重影响了我国证券市场的良性发展。

第六节　反对不正当竞争

📖 习　语

"正其末者端其本,善其后者慎其先。"最近一段时间,中国有关部门正完善落实反垄断法规,加强对国内部分行业监管。这既是推动中国市场经济健康发展的需要,也是世界各国惯常做法。我们将毫不动摇巩固和发展公有制经济,毫不动摇鼓励、支持、引导非公有制经济发展,平等对待各类市场主体,打造统一开放、竞争有序的市场体系,不断夯实中国经济长远发展根基,并为亚太及全球工商界来华投资兴业提供更好保障。

——2021 年 11 月 11 日,习近平应邀在北京以视频方式向亚太经合组织工商
领导人峰会发表题为《坚持可持续发展 共建亚太命运共同体》的主旨演讲

一、倡导理性竞争

《反不正当竞争法》的立法目的是"为了促进保障社会主义市场经济健康发展,鼓励和保护公平竞争,制止不当竞争行为,保护经营者和消费者的合法权益"。该法不是规定经营者享受什么样的权益,而是规定了经营者不使用不正当竞争行为的义务,即明确规定了公平竞争,制止不正当竞争行为。

(一)遵章守法,以德为先

遵章守法,以德为先是竞争伦理的灵魂,它既是企业实现其经济责任的需要,更是企业履行其社会责任的基本要求。经济责任的基础就是正当竞争,企业遵守《反不正当竞争法》是企业的基本要求,也是企业生存发展的前提,如果一个企业违法经营,短期利益可能尚有,但长久发展是绝对不可能的。以德为先要求企业以遵守伦理道德为前提,在做任何决策前要考虑该行为是否会造成非伦理现象,一旦企业在做决策前都能够深思熟虑,必然可以发展壮大。

(二)恪守合同,信奉诚信

恪守合同,信奉诚信是竞争伦理的基本要求,企业之间信任纽带的基础是一纸合同,按照合同的内容做事也是企业本分所在,杜绝违反合同做事、罔顾诚信原则的行为发生,是企业能够在行业中树立典范、成为龙头老大的关键。恪守合同、信奉诚信是企业与竞争者、供应商、经销商在打交道过程中应遵循的行为准则,企业有责任也有义务履行自己的承诺。

(三)公平竞争,互惠互利

公平竞争,互利互惠既是竞争伦理的内在要求,又是竞争伦理的必然结果。竞争伦理要求企业以负责任的态度对待竞争者、对待社会,但并非要求放弃自己的经济利益,相反,竞争伦理维护了企业的利益。一个企业选择以伦理的途径参与市场,其他企业亦然,那么双方的交易必然在公平竞争、互惠互利的基础上顺利进行。

(四)合作竞争,携手共赢

企业只有更好地与竞争对手合作,才能更好地开展竞争。企业间的合作有利于突破小而全、大而全的不良状况,实行同行业、同专业的分工。联合投资有利于获取一般购买方式难以得到的资料和技术,使资源的配置更加有效,减少和避免研究开发新产品的风险,在技术力量上做到相互支援,有效地达到企业的资金和技术积累,为企业的不断发展注入活力。

二、不正当竞争问题产生的原因

(一)过分追求利润最大化,忽视竞争对手的权益

商业活动中的不道德行为产生的首要原因是企业不顾竞争对手权益的自利动机。在经济管理领域中,这种自利动机表现为对"利润最大化"的追求。尽管自利动机或对"利润最大化"的追求本身是价值中立的,但事实表明,一旦对"利润最大化"的追求成了商业活动的最终目的,那么它就必定会不受制约,侵害他人的权益,成为非伦理行为的动机。

(二)普遍存在信息不对称,引发机会主义现象

信息不对称是指人们不可能掌握有关事项的所有信息,亦即人们不可能无所不知。从伦理上说,信息不对称的情况加上不道德的行为动机就会产生不道德的行为,例如现代企业理论所谓的"逆向选择"和"道德风险",前者适用于合同签订之前的选择,后者适用于合同签订之后的监督。从经济学上说,正是因为信息不对称情况普遍存在,才产生了交易费用,而正是因为要充分地掌握信息以避免不利需要花费大量的金钱,这是一笔不小的交易费用。为了节省成本,经济活动中许多不道德活动如窃取商业机密等便成为普遍的现象。这样一来,虽然企业的交易费用降低了,企业也能够掌握更多的信息,但是这种非伦理行为却使得企业深陷舆论之中,背负骂名。

(三)过分排除竞争对手,造成部分行业垄断

商业活动中非伦理行为产生的另一个主要原因就是垄断。垄断是指现实中与完全竞争对立的现象,即排除竞争的垄断。排除竞争的垄断又可分为自然的垄断和人为的垄断,从伦理学的角度说,凡是排除竞争的垄断现象,都有可能造成不道德的商业活动。

(四)普遍权责不对称,引发投机取巧现象

这里所说的"权力"是指决策权,"责任"则是指为决策承担后果。权力与责任的对称是指,一个人必须为其决策承担后果,无论利弊。权力与责任的不对称是指,一个人不必为其决策带来的利弊承担任何后果。在自利动机的前提下,如果企业必须为其决策承担后果,无论利弊,那么企业就会负责任地去做事情。但如果企业无须为其决策承担后果,那么企业就会做事情不负责任。

三、不正当竞争问题的治理对策

(一)树立儒商伦理理念

树立儒商伦理理念是企业竞争文化的核心内容。儒商文化就是弘扬做人之道和经营之

道,就是提倡商人要谋利有度、竞争有义、利泽长流,以现代化的管理思想去迎接竞争,杜绝制假售假、行贿受贿、腐化奢靡等一切不良经济现象。因此,以儒商文化为代表与西方文化进行交流合作,取长补短,互相促进,以促进东西方文化的协调发展与平等发展,有利于世界经济的发展、文化观念的融合与世界和平。

(二)改善竞争者对立局面

21世纪,企业与竞争者之间的关系本质上是既竞争又合作的关系。二者在竞争的基础上加强合作,在合作的基础上展开竞争,不断提升,共同发展,奔向一个新的高度。

1. 增强企业自身竞争优势

一方面,竞争对手可以作为企业的"标杆",它的许多方面都可以作为企业学习的对象。企业参与竞争的过程也是一个学习的过程。家用电器制造商伊莱克斯进入中国市场就是一个很好的例子。它并没有大肆收购国内企业,而是打出了"向海尔学习"的旗号,为增强自身竞争优势争取了稳定的环境和时间,还在业界树立了良好的企业形象,建立了融洽的竞争关系。另一方面,竞争对手可以带来"鲶鱼效应"。面对强大的竞争对手,企业的压力和紧迫感非比寻常。这有利于督促企业苦练内功,加强创新,不断完善自身的经营和管理。

2. 共同培育新兴市场

开拓市场的过程也是一个培育市场的过程。企业与竞争者应该共同把蛋糕做大,把市场做成熟,共同分享新兴市场的商机和挑战。培育新兴市场需要投入大量的人力、物力、财力来进行新产品或技术的开发,需要巨额的营销费用来扩大需求,单凭某个企业的力量很难拥有这么庞大的资源和超高的效率来完成,这都要求竞争方共同分担研发风险,分摊营销成本。因此,企业应该从积极的角度去正确认识与竞争者的关系,彻底摒弃小生产狭隘、自私的经营观念与行为,树立现代企业胸怀宽广、光明正大、勇于竞争、善于竞争的新形象。

(三)维系供应商忠诚关系

1. 着眼未来,韬光养晦

企业经营必须具有整体性和前瞻性的战略,这要求企业在进行战略设计时一定要有长远眼光,不要计较暂时的得失,尤其是进行市场开拓时,与针对供应商的讨价还价能力相比,稳定的供应商关系对企业的长远发展更为重要,因此,企业在处理与供应商的关系时,一定要以战略为导向,以未来为视角。

2. 求实为本,增进了解

企业经营活动的过程,实际上也是一个被供应商所认识、了解、接受、喜爱到忠诚的过程。因此,企业应该让供应商充分了解企业的实力以及改革创新的潜力,培养它们对企业及其产品的信心。

3. 讲究信用,互惠互利

企业在经营中所面临的一个突出难题是信用问题。良好的信任关系对于企业来说是至关重要的,这意味着一个个不确定要素的确定化,从而大大降低企业的经营风险。企业在与供应商的合作过程中,应该做到恪守合同,塑造诚信品牌。

4. 诚意合作,共同发展

维系供应商的忠诚已成为企业战略重点,单凭利益手段已经很难保证供应商关系的长期稳定。此时就需要进行关系创新,可行的方式之一就是将供应商纳入企业发展的战略共同体中,将供应商分别作为企业的战略业务单位,在与它们进行业务往来的同时,向它们灌输企业的战略思想和文化观念,鼓励并重视它们对企业运作所提出的合理化建议与建设性意见,从而实现企业与供应商的共存共荣、共同发展。

(四)促进经销商合作理念

经销商将企业的产品与服务推向市场,实现价值的创造。企业与经销商的关系是一种以相互提升为基础的合作关系。加强与经销商的关系,可以从以下几个方面展开。

1. 相互了解,增进配合

企业必须让经销商充分了解企业的市场营销战略,特别是企业针对竞争对手的战略目标、营销计划,以便它们能够及时地制订相关计划,配合企业在当地的一系列经营活动,树立与企业长期合作的理念。

2. 提供培训,协同发展

除了保证经销商的利益外,还可以通过为经销商举办产品装配、使用和维修方面的培训,协助经销商制订营销计划,拓宽经销商的经营渠道等多种途径,给它们提供许多附加利益,在利益均沾的基础上维系供销商对企业的善意和忠诚。

3. 分享观念,遵守伦理

只有有了共同分享的价值观念和伦理理念,企业与经销商之间对于哪些行为可以做、哪些行为不可以做才有了共识,双方才能恪守伦理道德。同时,双方在信任的基础上进行沟通,良好的沟通机制有利于抑制机会主义的发生。

第七章　国际经营中的伦理与道德问题

【开篇案例】尼康相机出问题怨雾霾

2014 年,央视"3·15 晚会"主题定位为"让消费更有尊严",在晚会上曝光了尼康侵犯消费者的虚假欺诈行为,号称高画质、全画幅,价格高达上万元的尼康 D600 相机拍出的照片却经常出现黑色斑点,尼康先后以清灰、换快门组件等方式试图解决问题均不奏效。据了解,全国各地很多用户都发现,用 D600 相机拍出的照片,都出现了黑点。面对用户的质疑,尼康公司再三拒绝退换货,并把责任推给了灰尘和雾霾。尼康公司上海售后服务中心的工作人员解释说:"因为雾霾嘛,现在空气灰尘很差的啊,没办法的。"这种"解释"顿时也像雾霾一样向全国蔓延,惨遭批评。

2013 年 2 月 22 日,尼康公司在官方网站上发出公告,多次指出照片上这些颗粒影像是尘埃造成的,用户可以去尼康售后做检查和清洁。就在尼康公司一直强调 D600 相机没有任何问题的时候,越来越多的用户却一再遭到这些黑色斑点的困扰,他们在网络上聚集起来,表达对尼康公司的不满。美国一所律师事务所的律师表示,已经搜集了 1000 多个尼康 D600 相机的问题,他们正在提起诉讼。相关的法律人士以及美国的一些专业摄影网站表示,已经有部分的美国消费者获得了免费将 D600 换成 D610 的升级服务。

在用户的质疑声中,尼康公司对上门来清洗相机的 D600 用户,免费更换快门组件。这种做法,并没有彻底解决黑色斑点问题。上海用户杜阳的相机在更换完快门组件 2 天后,黑色斑点又出现了。跟上海的杜阳一样,在广州、在北京、在江西、在江苏、在山东、在浙江、在安徽,其他地方用户的相机也更换了快门组件,然而黑色斑点问题始终无法解决。后期,用户们等来了尼康公司发布的第二份公告。然而,这份公告里还是没有解释黑色斑点产生的原因,只是依然让用户把相机拿给尼康公司做免费清洁或者更换快门等相关零部件。

尼康公司技术部门最终认定,尼康 D600 相机拍照黑点现象确属非正常现象。尼康公司对此向用户致歉,并表示,凡在中国大陆地区合法销售的 D600 产品,针对上述现象如有两次及以上的维修站记录(包括保养记录),用户可以选择更换尼康公司提供的尼康 D610 指定相机。

（资料来源：http://epaper.xxcb.cn/XXCBA/html/2014-03/16/content_2770285.htm）

第一节　国际经营概述

习　语

有多大的视野,就有多大的胸怀。改革开放以来,企业家在国际市场上锻炼成长,利用国际国内两个市场、两种资源的能力不断提升。过去10年,企业走出去步伐明显加快,更广更深参与国际市场开拓,产生出越来越多世界级企业。

——2020年7月21日,习近平在企业家座谈会上的讲话

国际经营是现代企业成长发展的必然选择。由于历史上的企业国际经营活动多数是发达资本主义国家的大型垄断企业率先进行的,所以人们习惯于将企业的国际经营等同于跨国公司经营,并且将其视作一种社会经济制度的产物。在当前错综复杂的国际经营条件下,跨国公司要成功地取得国际市场竞争中的有利地位,最终得到发展和壮大,必须实现全球性经营。随着经济全球化进程的加快,世界市场逐渐融为一体。通过开展国际经营,扩大生存发展空间,实现全球资源的优化配置,已成为大多数企业的必然选择。

一、国际经营的主要内容

(一)国际经营的含义

国际经营,即通常人们所说的跨国经营,是指企业以国际需求为导向,以扩大出口贸易为目标,进行包括海外投资、营销在内的一切对外经营活动,即在资源获取、产品生产和销售、市场开发目标的确立等方面,将企业置身于世界市场并发挥自身的比较优势,开展对外技术经验交流,参与国际分工、国际协作及竞争等一系列经营活动。

(二)国际经营的发展历程

国际经营最早可以追溯到17世纪在印度及远东进行贸易的公司,以英国的东印度公司为先导,它们主要是输出产品和获取资源。18世纪下半叶,工业革命迅猛向前推进,一些拥有技术垄断优势的企业在国内站稳脚跟后相继到国外设厂,开始跨国经营。1865年,拜尔公司通过间接投资购买了美国纽约州爱尔班尼苯胺工厂的股票,将其吞并为自己的分厂。1866年,诺贝尔公司在德国汉堡投资办起了一家炸药工厂,从此走上了跨国经营的道路,创建了庞大的世界炸药工业体系。这几家企业是开展国际经营的先驱。

19世纪末20世纪初,欧美先后完成了工业革命,许多大企业纷纷抢占国际市场,加速海外扩张,如杜邦公司、通用电气公司、巴斯夫公司等都先后进入跨国经营的行列。那时资本输出只限于英、法、德等少数国家,跨国公司也主要集中在这些国家。两次世界大战给这些国家的跨国公司的经营带来了很大的困难,而美国却借助先进的新兴工业技术加快了跨国经营的步伐。1914—1938年,美国的187家大公司新建了785家海外子公司,超过世界跨国公司总数的50%。

第二次世界大战结束后,欧美各国的跨国公司重整旗鼓,日本也开始大规模地开展海外

经营,发展中国家如韩国、印度、墨西哥的跨国公司也日益增多。企业再也没有必要在空间上集于一处,而是在成本最低的地点落脚,以高效的通信设施组成整体,以求得产品价值链各环节的总体收益最大,国际经营风靡全球。

(三)中国企业的国际经营及存在的问题

跨国公司是一个国家利益在全球存在的象征,在某一程度上代表一个国家的实力,因此中国企业走国际经营道路是必然的。20 世纪 90 年代后期,我国广东开始有个别企业"走出去",打开了中国企业的跨国经营之路。进入 21 世纪,联想集团、上汽集团、国有几大石油公司等一些著名企业纷纷上演了一幕幕精彩的跨国并购大戏,令世界瞩目。但通向世界的道路从来就不平坦,中国企业要想在国际上站稳脚跟,还需要不懈努力。

中国企业的国际经营虽然取得了一定的成效,但由于时间短、经验少,目前仍处于发展的初级阶段,所以还存在一些问题,主要表现在以下几个方面:

(1)海外投资的盲目性。由于中国的一些企业缺乏全球战略意识,对海外直接投资的真正目标认识不清,其国际经营活动表现出一定的盲目性和随意性。例如一些企业为了"走出去",在对投资东道国的政治、经济、文化以及各种风险等缺乏科学分析和论证的条件下,仓促进入国际直接投资领域,结果导致经营失败。在选择合作伙伴方面缺乏慎重研究和判断,对海外合作者的信誉、能力、稳定性等基本素质考察不够,致使上当受骗的情况时有发生。

(2)平均投资规模过小导致经济效益差。中国对外投资企业绝大多数在规模上属于中小型企业,海外企业普遍"小、散、乱",开拓当地市场的能力差。

(3)企业国际化水平比较低。中国大部分企业进入国际市场的形式是出口,即使是直接投资也主要集中在贸易和服务性领域,而在当地进行融资、生产、销售等系统化经营的企业较少,特别是能够建立全球性销售网络的企业就更少了。

(4)宏观上缺乏统一规划和合理布局。长期以来,中国在宏观政策上忽视了对海外投资的引导和管理。在管理体制方面,既未建立统一、权威的专门管理机构,也未制定系统、稳定的促进海外投资的法律法规体系,使中国海外投资企业陷于"无法可依、无法可循、无法可助"的境地。

(5)缺乏海外投资保险机制。海外投资保险制度是资本输出国政府对本国海外投资者在国外可能遇到的政治风险提供保证,若承保范围内的政治风险导致投资者受损,保险机构则予以补偿。建立海外投资保险制度是中国政府为本国投资者排除政治风险,开展国际经营活动急需解决的问题。

二、国际经营伦理的基本理论

(一)功利论

这种理论最有影响的代表人物是英国的杰米里·边沁和约翰·穆勒。迄今为止,功利论已经形成多种流派,尽管这些流派存在分歧和差异,但它们的共同点都是以功利和跨国公司行为所产生的效果来衡量什么是善,并依此判断跨国公司行为的道德性。某跨国公司的行为能够为大多数人带来最大的幸福,便是道德;反之,便是不道德。

功利论强调跨国公司行为的后果,并以此判断跨国公司行为的善恶。跨国公司的一种行为在善恶相抵后,净善高于其他行动方案的功利,该项行为才是符合道德的。功利论对跨国公司行为后果的看法,主要有两种典型代表。一种是利己功利主义。跨国公司以人性自私为出发点,但并不意味着在道德生活中为自身利益去损害他人和集体的利益,因为它们深知,自身利益有赖于集体和社会利益的增进,一味追求自身利益而不顾他人利益,最终会损害自己的利益。另一种是以穆勒为代表的普遍功利主义,它抛弃了利己主义原则。普遍功利主义认为,跨国公司行为道德与否取决于跨国公司的行为是否普遍为大多数人带来最大幸福;同时认为,为了整体的最大利益,必要时,个体应不惜牺牲个人利益。当代功利者大多倾向于采用普遍功利主义原则来确定跨国公司行为的道德性。

(二)道义论

道义论认为,某些跨国公司的行为是否符合道德,不是由跨国公司的行为的结果决定的,而是由跨国公司的行为本身的内在特性所决定的。也就是说,判断某一跨国公司行为是否具有道德性,只需要根据其本身的特征就可以确定,而不一定要根据跨国公司行为的"善""恶"后果,即符合义务原则的要求时,便是道德的。例如,跨国公司之间签订有经济合同,那么它们就必须履行合同义务,否则经营活动便会瘫痪。道义论还强调行为的动机和行为的善恶的道德价值。例如,有三家跨国公司都进行同一工程的投资,甲公司意在树立企业的良好形象,以便为今后开拓经营之路;乙公司意在捞取政治资本;丙公司意在履行企业的社会责任。很显然,丙公司的投资行为来自尽义务的动机,因而更具有道德性。

义务论从人们在生活中应承担的责任与义务角度出发,根据一些普遍接受的道德义务准则判断跨国公司行为的正确性,是有现实意义的。事实上,诚实信用、公正公平、不偷窃、不作恶和知恩图报等品行已经被大多数人视为一种基本的道德义务准则并付诸行动,而且这些道德义务准则已经广泛应用于各个国家法律、企业政策及贸易惯例等。

(三)相对主义论

相对主义论是指,事物的对与错及某跨国公司行为恶与善的判断标准,因不同社会而异,这是不同国家的文化差异引起的。某一国家的道德及道德标准不一定适用于其他国家。不同国家的文化差异使企业伦理教育与伦理原则很不相同。例如,在商业经营活动中,某些国家对贿赂行为深恶痛绝,在法律上是予以禁止的;有些国家则允许贿赂,认为这是开拓业务不可缺少的方法。可见,对同一行业道德性的判断,在不同国家是有区别的,从而产生了道德的相对性。当然,在不同国度,也存在着共同的道德观,例如,关心社会福利、保护儿童、严惩犯罪分子等,这些既是法律的要求,也是道德的反映。

道德相对主义往往以文化相对主义为支撑。道德观的广泛不同缘于各国文化之间的差异。文化包括语言、法律、宗教、政治、技术、教育、社会组织、一般价值及道德标准。各个国家拥有不同的文化,因此,对经营活动的可接受及不可接受持有不同的观点。

第二节　国际经营中的典型伦理问题

📄 **习 语**

企业家要立足中国,放眼世界,提高把握国际市场动向和需求特点的能力,提高把握国际规则能力,提高国际市场开拓能力,提高防范国际市场风险能力,带动企业在更高水平的对外开放中实现更好发展,促进国内国际双循环。

——2020年7月21日,习近平在企业家座谈会上的讲话

各国企业在进行跨国经营时,都面临着各种文化差异或者因缺乏完善的法律体系而产生一系列伦理问题的挑战,如商业活动中的贿赂、逃税、环境污染等,究其根源,这一切都与"利益"有关。

一、雇佣方面的典型伦理问题

(一)"血汗工厂"

"血汗工厂"一词最早于1867年出现在美国,指美国制衣厂商实行的"给料收货在家加工"制,后来又指由工头自行找人干活的包工制,现代"血汗工厂"一般与跨国公司相联系。"血汗工厂"目前还没有一个明确的定义,但它是侵犯人权和剥削他人劳动成果的代名词,其不合伦理之处集中表现在剥削与奴役、不尊重工人、工作环境恶劣、使用童工、禁止自由结社以及漠视工作安全等方面。

目前"血汗工厂"多数出现在发展中国家,如印度、非洲、中南美洲等,而发达国家包括欧洲的一些国家、美国、日本、澳大利亚、新西兰等过去也都有"血汗工厂"的历史,但随着产业转型和经济社会发展的成熟已较少出现。

在以发展经济为主的情况下,一些地区的政府部门为了发展当地经济,纷纷以各种优惠政策吸引外资。某些地区的政府部门担心维护工人的权益会把外资吓跑,因此对工厂侵犯工人权益的行为曾经采取默许的态度。经济的发展就这样建立在牺牲劳工权益的基础上。

"血汗工厂"问题的产生是多方面因素共同作用的结果,要想从根本上解决这一问题需多方共同努力。当然,政府在其中应该主动承担更多的责任,作为各种制度政策的制定者,政府作用的充分发挥将是"血汗工厂"问题得以解决的关键。劳动者和企业也应该从自身寻找原因,只有这样,"血汗工厂"问题的彻底解决才能够实现。

(二)内部人员管理

任何一个公司的生产运营活动都离不开员工的工作,而跨国公司因其独特性,使得其员工通常不会仅仅来自母国——也就是通常所说的公司总部所在国,更多的则是来自东道国和第三国,东道国就是该公司分部所在国,第三国是除前两者之外的国家。公司开展海外运营时通常会同时雇佣这三类员工。

在一定程度上,外派人员可以定义为被派遣到本国之外的公司分部工作的员工。外派

人员管理中出现最多的问题便是文化冲突,甄选、工作、评估等各方面都涉及这一问题。最初,跨国公司对外派人员的管理和考核并没有同本土员工区分开来,这使得很多外派员工因文化冲突难以融入公司,因而在公司的表现不尽如人意。然而很少有公司会关注这一问题,通常发生这种情况时以撤职的方式来解决,损害了外派人员的基本利益。直到这种问题多次发生以后,越来越多的跨国公司才开始关注这一问题,进而通过跨文化培训、差别化考核、重设激励机制等各种方式来解决外派人员的跨文化冲突问题。目前跨国公司对这一问题已有了成熟的解决方法,且收效甚好。

在跨国公司的内部人员管理中,对东道国员工区别对待这一问题正日益被大众所关注。近年来,越来越多的跨国公司入驻中国,出于各方面的考虑,跨国公司不仅会雇用大批基层本土员工,甚至一些中高层管理人员也会聘请中国人担任。但是要注意的是,跨国公司在对中国员工和其他员工的管理上往往存在很大差别,不仅体现在文化冲突、职位待遇上,在薪酬和福利待遇上就更明显。当然,也有一些跨国公司为稳定内部员工采取相应政策减少这种差别,但要想实现本土员工与外籍员工的同等待遇较为困难。

二、环境方面的典型伦理问题

通常认为,污染转移就是污染产业转移,然而,它们还是有一些不同之处:污染转移不一定就是污染产业转移带来的,而污染产业的转移一般都会带来污染的转移;污染转移通常既包括发达国家向发展中国家的转移,也包括国家内部发达地区向不发达地区转移,而这里所说的污染产业转移一般指跨国公司在生产经营中将高污染的产业向经济欠发达国家的转移。

发达国家向发展中国家转移污染产业的根本原因在于,发展中国家因环境管制宽松和补偿机制缺乏,使企业在资源环境方面的投入成本较低,从而在国际贸易中获得了比较优势。跨国公司通过这种产业转移既节约了环保成本,又保护了本国环境,可谓"名利双收"。但与此相对的是,发展中国家为此付出的昂贵的环境代价可能已经完全抵消了其经济发展所带来的好处。发达国家的高污染产业转移是世人耳闻目睹的事实。据统计,20世纪60年代以来,日本已将60%以上的高污染产业转移到东南亚国家和拉美国家,美国也将39%以上的高污染、高消耗的产业转移到其他国家。它除污染产业转移及污染物转移以外,许多跨国公司"入乡随俗",利用当地监管不严、法律法规不完善等漏洞,在本土和所在地实施不同的环境标准,以远低于本土的标准进行生产经营,降低生产成本,给所在地造成了严重的环境问题。虽然高污染产业转移会随着收入的增加渐渐消除,但如果任其自由发展,这个过程可能需要经历几十年甚至上百年的时间。在目前环境问题越来越严重的今天,作为发展中国家,应根据自己的实际情况,采取相应措施来应对发达国家高污染产业的转移,重视解决经济发展和环境保护之间的问题。

三、营销方面的典型伦理问题

(一)市场歧视

随着媒体和政府部门的关注,跨国公司的市场歧视问题每年都有不少遭到曝光。例如:

某全球知名体育用品企业被曝一款篮球鞋的气垫配置在中国内外采用不同的两套标准[①]；某汽车企业2010年因车辆油门踏板问题，在美国市场预计召回230万辆，在欧洲市场预计召回180万辆，在中国市场预计召回7.5万辆[②]。

跨国公司在华的种种不合理行为都是一种市场歧视行为，对待不同地区的消费者采用截然不同的态度，甚至是提供不同品质的产品但索取相同的价格或更高的价格。那么跨国公司缘何这样歧视中国消费者？原因来自多方面：中国的相关法律法规不健全，国内很多企业的产品竞争力不如跨国公司，中国消费者的不合理心态等，其中最重要的一点就是法律法规的不健全使得它们有空子可钻。

（二）资源与品牌掠夺

随着跨国公司的迅猛发展，随之而来的除了环境污染、文化冲突、腐败等，资源与品牌的掠夺也日渐为人们所关注。跨国公司利用其雄厚的资金、技术等实力，在海外发展的过程中迅速掠夺资源，兼并其他本土竞争力较弱的品牌资源，不仅会给当地的经济发展带来困境，同时也使得人们对跨国公司不禁有了另一种认识——究竟是财富的创造者还是掠夺者。

可口可乐公司一向以其高超的营销能力著称：从1928年开始，可口可乐就开始赞助奥运会，把品牌名称和这项国际赛事捆绑在一起，甚至连明星代言也是可口可乐率先提出的战略。广告当中用来标识品牌形象、培养用户忠诚度的活力四射的足球明星、红扑扑的圣诞老人等等，为可口可乐公司营造并维持了一种热情亲民、常伴左右的形象。而实际上，可口可乐公司售卖的只是水、糖和咖啡因的低价混合物，必须获得大量的原材料才能够维持产品生产。早在20世纪中叶，可口可乐公司就已经成为世界饮料业最大的糖类、成品咖啡因、铝罐和塑料瓶的购买商，而它对水资源的消耗也堪称世界企业之最。

随着企业向全球的扩张，可口可乐的生态胃口越发难以得到满足：它消耗了所在地区大量的生活用水，并鼓励一些位于干旱地区的瓶装商不断向地下挖掘，超负荷地索取所需的水资源；它的蔗糖和咖啡供应商高度依赖于当地的土壤肥力和水资源；而与此同时，可乐空瓶也已经在垃圾填埋场堆积如山……

如今，企业社会责任一词风靡全球，可口可乐公司也向外界传达着这样的信息：可口可乐是为公众服务的企业公民，而不是公共服务的消费者。但事实上，它依然是十足的采掘工业，不仅将大自然的馈赠变成廉价消费品，以此创造大量利润，而且还常常把采掘工序隐藏起来，将成本和风险转嫁给供应商、加盟商和政府。它要求世界各地的人们交出宝贵的资源，声称能够运用技术和商业头脑，把资源变成世界真正需要的产品。

（三）攻击性的营销方式

1. 品牌寡头对追随者的攻击

拥有市场优势地位的品牌寡头，要扩大自己的领地，捍卫自己的绝对地位，就需要保持一种所谓的"巨头的攻击性"，一方面可以借此进一步攥紧市场份额，另一方面也是对市场追

---

① 　该案例来源网络，具体链接 https://www.163.com/money/article/CFMLL74F002580S6.html.

② 　该案例来源网络，具体链接 https://m.cqn.com.cn/qt/content/2010-02/02/content_992628.htm.

随者的一种震慑。通常来看,这是一种"我的地盘我做主"式的攻击。由于品牌寡头可以在多处动用自己的优势资源,因此受攻击的品牌可能不会在某一个点上受到明显的伤害,但却会处处受到钳制。

2. 对抗性品牌的相互攻击

品牌的对抗性竞争,是现代市场竞争中一道熟悉的风景。大多数领域都已经或即将出现这样一种局面,比如碳酸饮料业的可口可乐和百事可乐,打印机市场的惠普和爱普生。对抗性品牌是指一种综合实力上的势均力敌,他们之间的相互攻击更多是想赋予对方以竞争的强大压迫感,至少也需要能保持与对手齐头并进的趋势。由于实力上的无限接近,这种双雄对峙式的对抗攻击,就显得触目惊心,因为它们之间不仅十分熟悉,而且在可以博弈的环节中,并没有一方处于明显的弱势。

3. 主流品牌对领导品牌的侧翼攻击

为了谋求更大的生存空间,主流品牌时刻都有对领导品牌进行侧翼攻击的冲动。面对领导品牌相对厚实的家底和可掌控的资源,主流品牌大多采取对领导品牌某一点进行集中式的偷袭。这种奇兵突进的形式,既是主流品牌衡量自身做出的最优选择,也通常会对领导品牌形成相当致命的影响,某些时候甚至会造成市场大溃败的局面。在侧翼攻击方面,一个著名的经典案例,就是汉堡王针对麦当劳"牛肉在哪里"的攻击战役。

4. 新创品牌对优秀品牌的攀附型攻击

这种攻击的目的非常明显,就是为了提高自身知名度,在市场获取一处容身之地。通常情况下,这些新创建的品牌都会选择这个行业里声誉卓然的优秀品牌进行攻击。这种攻击有可能也有杀伐性的影响,但更多的是一种无形之中的攀附。某些时候,这些攻击者甚至像个"不讲道理的坏孩子",不一定要扳倒大人的手腕,但一定要引起大家的注意。汽车业的吉利对豪华品牌宾利发起的攻击,大抵上就是如此。

5. 替代型产品对行业的攻击

在迈克尔·波特的竞争战略里,替代产品是一个品牌的五大威胁力量之一,这些替代型产品有时候是大行业的一个分支,比如农夫山泉矿泉水对纯净水行业的攻击;某些时候则是改朝换代的产品升级,比如早餐奶对豆浆的替代。这种攻击通常不会形成某个品牌一时的危机,却会给整个行业造成局部的紧张。攻击者能从中强行打开一扇门,呼吸利润的空气。

作为一种正常的营销手段,攻击性营销本不应承载太多的道德性评价。但遗憾的是,因为指导性理论或运作规范的缺失,操盘者的心胸过于狭隘、手段不够光明磊落等多种原因,在实际的操作过程中,攻击性营销已经表现出了"道德沦陷"的趋势。一些有着相当声誉的跨国品牌,也令人失望地丢掉了其应有的道德风范。

四、经济影响方面的典型伦理问题

(一)转移定价

转移定价又称转让定价或划拨定价,它是指跨国公司根据全球营销目标在各关联企业之间转移商品、劳务或技术交易时所采用的一种内部交易定价。这种转移定价服务于跨国公司的整体利润追求,不符合市场交易规律;价格的制定是由公司少数高级管理人员决定的,不受国际市场供求关系的影响;价格的适用仅限公司内部,实际转移的是成本费用或利润收入。跨国公司通过转移定价,达到转移公司利润、减少税负、规避风险、应对东道国外汇管制以及减轻配额限制影响等目的,从而获取整体的、长期的最大利润。

跨国公司的转移定价行为对中国有巨大的危害,它不仅会造成税收流失,减少财政收入,使中国在国际收支中处于不利地位,而且这种侵吞中国合资者、合作者利益的行为会降低外商直接投资,破坏公平竞争的市场环境且扰乱正常的经济秩序,更为重要的是转移定价策略使其账面显示低利润甚至"亏损",在一定程度上造成了在中国投资无利可图的假象。这必然影响那些正考虑来华投资外商的积极性,不仅损害了中国投资环境在国际上的声誉,还对引进更多境外资金和先进技术极为不利。

转移定价的危害极大,因此每个国家都制定了相应的政策并采取了一些法律手段来防止企业采取不正当的手段转移利润,逃避税收。《中华人民共和国企业所得税法》第六章"特别纳税调整"专门就关联方交易转让定价做出了规定:一是明确了关联企业可以共同研发无形资产并进行成本分摊;二是明确引入国际通行的预约定价协议;三是首次在实体法中把转移定价税务管理从外资企业扩展到内资企业;四是明确了关联企业需就其关联交易进行纳税申报的义务。

(二)逃税

跨国公司的逃税问题一直是很多国家所头疼的一件事,具体来说,跨国公司的逃税方式除了转移定价以外,避税港的利用也是主要方式之一。避税港一般是指那些对所得和财产不征税或按很低的税率征税的国家和地区,一般可分为无税避税港、低税避税港和特惠避税港三种。跨国公司通过在避税港设立公司,而该公司实际上不从事生产经营活动,只是作为境外的公司的所得和资产进行转移的一个"工具",以达到避税的目的。避税港的采用不仅使跨国投资者获取不正当利益,而且给相关国家造成税收的损失,扰乱了公平的税收秩序,助长了洗钱等腐败活动。

归根结底,跨国公司的逃税问题更多的是一种商业伦理问题,而不是法律问题。因其形式上的合法性与实质上的违法性,不能简单地判定其合法或违法。确切地说,它是一种"脱法"行为,是指行为虽抵触法律目的,但在法律上却无法加以适用的情形。这就使得这一问题的解决更多地需要依赖于跨国公司的道德自律,跨国公司应本着对国家负责、对社会负责、对全球经济健康发展负责的态度,来正确认识和处理避税问题。

(三)腐败和贿赂

所谓腐败,即社会学统称的腐败犯罪,是指经济类犯罪和法纪类犯罪,具体包括贪污受贿性犯罪和渎职、侵权类犯罪两类。中国检察机关每年立案侦查的职务犯罪的案件都达 4 万件之多。其中贪污受贿性犯罪包含了 12 个具体罪名,分别是贪污罪、挪用公款罪、受贿罪、行贿罪、巨额财产来源不明罪、隐瞒境外存款罪、私分国有资产罪、单位受贿罪、贿赂单位罪、介绍贿赂罪、单位行贿罪和私分罚没财物罪。归纳起来,这 12 个具体罪名主要是占有型职务犯罪、挪用型职务犯罪和贿赂型职务犯罪三种，他们很多也是因商业贿赂而起的。

在一些行业和领域，商业贿赂在一定程度上已成为"潜规则"。为遏制商业贿赂发展态势，中央近年来多措并举、重拳出击，并将其作为反腐倡廉的重中之重来治理，然而由于商业贿赂涉及面广，系统复杂，加之立法局限，执法取证困难等一系列因素，破解这一社会"顽症"依然任重道远。我们认为，治理商业贿赂，根本在于治"权"。遏制权力寻租行为，让权力运行阳光透明，是商业贿赂的根本解决之道。

五、文化方面的典型伦理问题

(一)文化渗透

跨国公司的文化渗透是指跨国公司在海外地区经营的过程中，一方面通过公司文化对本公司的员工进行渗透，另一方面通过公司的经营和形象对消费者及公众进行渗透，使得人们渐渐适应并且慢慢地成为该文化的维护者和执行者的过程。这种渗透一般是隐性的，在潜移默化中影响公众的思想及行为，而且这种渗透具有扩散性，以"一传十、十传百"的态势影响着公众。

(二)文化歧视

文化歧视指的是跨国公司依仗其母国的国际地位，在生产经营过程中有意或无意地表现出来的对东道国的文化歧视行为。某些跨国公司在东道国的经营过程中采取与母国完全相同的模式，而忽略了东道国的传统文化，这在很大程度上不仅会造成东道国员工的不适应与反感，而且会给其本身的正常发展带来影响。

文化歧视并不是一个静态的概念，而是随着时间和环境的变化而演变的。在全球化进程加速的今天，文化歧视的现象日趋严重，尤其是在跨文化交流中，由于语言和文化隔阂，各民族往往习惯以本民族的文化和价值观作为标准来衡量和评判其他文化，这种现象被称为文化偏见。

2019年，汉堡王为了在新西兰推广新品"越南甜辣嫩脆堡"，在社交媒体 Instagram 上发布了一段广告短片，片中顾客手握巨型筷子吃汉堡，动作笨拙，配上的广告词为"带着你的味蕾一路来到胡志明市，品尝我们的越南风味甜辣嫩堡，这是我们全球风味的一部分。"此后，这段广告引发网友的强烈不满，认为视频中用筷子吃汉堡的动作，让筷子这一亚洲餐具看起来"笨拙""低级"和"愚蠢"。海内外网友指责汉堡王"对文化不敏感"和"种族歧视"。之后，汉堡王已经将争议广告移除并道歉。该公司市场部负责人伍德布里奇表示："我们对这则冒犯到(亚裔)社区的广告表示诚挚歉意。它并不能体现我们追求多元化以及包容性的品牌价值观。"①

六、治理对策

针对国际经营中出现的非伦理行为，不仅相当一部分发展中国家需要思考如何应对，基

---

① 该案例来源网络，具体链接 https://news.sina.com.cn/c/2019-04-09/doc-ihvhiqax1229631.shtml.

于长期发展的利益要求,发达国家也越来越多地考虑这一问题。国际经营中产生的伦理问题是多方面原因所引起的,因此,为了维护全球的共同利益,需要各方面的共同努力。

(一)增强社会责任感,自觉遵守相关国际标准

跨国公司在寻求利润最大化的同时,必须增强企业的社会责任感,自觉践行企业的社会责任,自觉遵守相关标准与法规。跨国公司承担的责任从过去的股东价值最大化提升到强化包括股东、社会和环境责任在内的公司责任体系。它们不仅对公司股东负责,而且要对企业所处的社会和环境负责,它们要承担全球责任。

(二)积极应对文化冲突问题,同东道国共同发展

文化冲突问题是国际经营中特别重要的问题,从一定程度上来说,处理好了文化问题就已经成功了一半。因此,跨国公司要做好跨文化适应的工作,在调整企业经营理念文化的同时责任理念也会得到提升。跨国公司正确处理好文化冲突问题,有利于实现跨国公司本身与东道国经济的共同发展。

(三)同跨国公司合作竞争,在学习借鉴中成长

企业应积极同跨国公司合作竞争。跨国公司的出现使得企业间的竞争上升到软件的竞争,理念以及道德水准成为企业制胜不可或缺的软实力。跨国公司发展新趋势告诉我们,市场竞争的规则正在改写。经济全球化发展新时期的竞争从过去的"弱肉强食、你死我活",发展到"合作竞争、互利共赢",竞争目标则从过去的"唯利是图"转变为"和谐发展"。面对跨国公司的竞争,企业应当与跨国公司合作竞争,加速企业的国际化进程。

(四)加快法律法规健全进程,规范市场环境

很多跨国公司在华出现的一些非伦理行为,有一部分原因在于中国的法律法规不完善,给了它们可乘之机。政府需要加快完善法律法规的进程,在招商引资过程中规范操作,不可操之过急,绝不能因跨国公司某些方面的优势而盲目引进。同时加大执法力度,对不法行为决不姑息,规范市场环境。

(五)做"严苛"的消费者,强化外部监督

中国目前存在消费者维权意识不强的情况,一方面与长期习惯有关,更重要的是另一方面的原因:维权通常无疾而终,让消费者形成一种"习得性无助"的状况。因此,增强消费者的维权意识,帮助消费者在维权道路上取得成功是目前急需做的一件事。同时,发挥社会舆论、新闻媒体等外部监督机制的作用,对跨国公司出现的非伦理行为予以坚决还击,促使其减少非伦理行为。

第八章　人工智能下的伦理与道德问题

习　语

人工智能是新一轮科技革命和产业变革的重要驱动力量,加快发展新一代人工智能是事关我国能否抓住新一轮科技革命和产业变革机遇的战略问题。要深刻认识加快发展新一代人工智能的重大意义,加强领导,做好规划,明确任务,夯实基础,促进其同经济社会发展深度融合,推动我国新一代人工智能健康发展。

——2018 年 10 月 31 日,习近平在中央政治局第九次集体学习时的讲话

【开篇案例】全球首例自动驾驶汽车致死事故

当地时间 2018 年 3 月 18 日晚上,美国亚利桑那州一名女子被优步自动驾驶汽车撞伤,之后不幸身亡。路透社报道称,这是全球首例自动驾驶车辆致人死亡的事故,或对该项新技术的引入形成冲击。一名优步发言人称,优步将暂停其在美国和加拿大的自动驾驶项目。

路透社报道还称,事发时,尽管有一名司机坐在方向盘后面,但是,这辆车当时正处于自动控制模式。坦佩警方声明称,该车当时正朝北行驶,而该女子正在人行横道外从西往东走。另据福克斯新闻网报道,优步当地时间 19 日在推特账号声明称,将全力配合当地警方进行调查。美国国家公路交通安全管理局在推特账号表示,将派出工作组对此事展开调查。

(资料来源:http://world.people.com.cn/n1/2018/0320/c1002-29877140.html,有改动)

近年来,人工智能应用于自动驾驶汽车、医疗、传媒、金融、工业机器人以及互联网服务等越来越多领域和场景,其影响范围越来越广。各国产业巨头已经投入大量的精力和资金,并纷纷推出不同的人工智能平台与产品。这些发展一方面带来了效率的提升、成本的降低,另一方面也给社会带来了全新的伦理问题。

第一节　人工智能带来的社会伦理挑战

人工智能（Artificial Intelligence，AI）起源于人类的幻想，1651 年英国学者霍布斯在《利维坦》一书中指出可以制造一种"人工动物"，正因如此，历史学家戴森称霍布斯为人工智能的先驱。早期的人工智能只能基于预先设定的程序完成一些需要进行大量计算的具体任务，如下象棋、拼接图案、进行图片分类、回答简单问题等。当前借助深度学习等最新技术，一些人工智能设备实现了全自动化，能够自主推理解决现实生活中的问题，如语言翻译、自动交易、人脸识别、无人驾驶等。人工智能技术的开发和应用将深刻改变人类的生活，不可避免会冲击现有的伦理与社会秩序，带来一些伦理与社会问题。

一、人工智能的发展会带来一定的失业担忧

在许多领域，人工智能有望在一些特定类型的工作中取代人类，如流水线生产、汽车驾驶等。早在 20 世纪 80 年代，人工智能发展和应用尚未成熟之时，就已有学者对人工智能可能引发的就业问题进行了讨论。诺贝尔经济学奖得主列昂季耶夫曾预测未来三四十年将有大量工人被人工智能取代，从而形成巨大的就业与转业问题，就像 19 世纪大量马匹被机械取代一样，只不过这些后果将发生在人的身上罢了，除非政府能够对新技术带来的红利进行再分配。然而，多数人对人工智能发展的经济影响持乐观态度，认为人工智能在取代现有工作岗位的同时，还会创造出很多新的就业机会，就像机器大工业出现后，大量农民转变为工人那样。

从长远来看，人工智能将是推动社会生产力前进的强大动力，能够创造出大量的新的社会财富，使人类拥有更多的可自由支配的时间。但是，人们对人工智能引发失业问题的担忧并非只是杞人忧天，至少这种担忧隐含着一个深层次的问题，即如何让每个人都能够从人工智能所创造的财富中获得收益，而不是一部分人获得财富与自由，另一部分人却失去工作，陷入生活相对贫困之中。

二、人工智能的发展可能会侵犯人的隐私

人工智能的发展离不开大量数据的积累，通过大量数据训练算法，可使人工智能具备更加显著的问题解决能力，但这也使个人的隐私受到了威胁。大数据并非只是针对数据规模，它通常具有 3V 性质，即海量（Volume）、多样（Variety）和实时（Velocity）。在大数据技术和设备的支持下，个人的很多重要信息，如健康信息、位置信息和网络痕迹等，都可以被实时地采集和保存。应用数据挖掘技术，数据掌控者可以基于不完整的、模糊的碎片数据很方便地提取出一些有用的个人信息。这样，个人便失去了对自身隐私的控制，一些隐私甚至处于随时被窥探的状态。例如，谷歌旗下的一家位于伦敦的公司已获取了三家医院近 160 万病人的医疗数据，其中就涉及非常敏感的个人健康信息[①]。

[①]　该数据来源网络，具体链接 https://news.qq.com/rain/a/20220525A03N0600.

现有的商业模式高度依赖对消费者数据的分析,因此消费者通过让渡隐私权获取相应收益的行为会受到多方鼓励。随着人工智能技术的发展,这些主动提供的个人信息,与不经意间暴露的个人信息以及被非法窃取的个人信息一道,都有可能被用于牟利。因此,如何在人工智能的发展过程中加强对个人数据的管控和对个人隐私的保护,已成为必须予以关注的问题。

三、人工智能可能隐含着各种算法偏见

人工智能的算法虽说只是一种数学表达,看似与价值无涉,但实际上却不可避免地存在着主观偏见。这种偏见的来源是多方面的,既有可能来自训练系统的数据输入,又有可能来自编程人员的价值观嵌入。当算法使用过去的数据来预测未来时,计算结果便会受到所输入的数据和所设定的模型的影响。如果偏见已存在于算法之中,经深度学习后,这种偏见还有可能在算法中得到进一步加强,形成一个"自我实现的歧视性反馈循环"。

与人类决策相比,基于人工智能的决策有望极大地减少重要决策中的偏见。但我们也应注意到,人的偏见是个体的、局部的,而人工智能算法的偏见则是系统的,一旦形成将会产生广泛的影响。因此,有必要尽最大努力将那些违反社会共识与法律规范的偏见从人工智能的算法中清除出去。

四、人工智能的应用可能会对人身、财产安全构成威胁

人工智能机器对任务的解读可能会出现偏差,这将导致人工智能机器根据错误的理解,以错误的方式来完成任务,比如我们将人工智能机器的任务设定为让我们微笑,其可能以麻痹人类面部肌肉的方式来实现。当人工智能机器将在特定环境中学习到的行动策略应用到新的环境,可能会带来负面后果,如清洁机器人将在工厂环境中学习到的粗放工作方式应用到家庭环境,可能会破坏物品。

人工智能技术可能被用于武器开发,借助人脸识别、自动控制等技术开发的人工智能武器,可以实现全自动攻击目标。这将给我们的人身安全与自由构成极大威胁。除此之外,人工智能还有许多其他值得探讨的安全问题。这些问题都应在技术产品商业化之前,予以妥善解决。

五、人工智能的发展可能会引发机器权利争论

未来的人工智能机器可能具备人类的思维和情感,并深入参与社会生活。这时,我们必须考虑是否以及如何保护人工智能机器的道德地位和法律权利。

在家庭领域,若人类与人工智能机器人建立了情感联系,我们可能需要以人道方式对待它们。陪伴型机器人不仅具备人类的外貌特征,也可以对人类的情感进行识别与回应。在外貌方面,机器人与人类的相似程度一旦超过一定界限,人与机器之间可能产生移情作用。在情感方面,软银公司开发的机器人已可以通过面部表情和语调来判断人类情感,实现了机器与人的情感互动。

在商业领域,人工智能创作引发了知识产权问题的广泛讨论。20世纪50年代,美国就

曾出现"机器创作"的法律属性争论,然而最终美国版权局明确规定其保护范围仅限于人的创作。人工智能的发展将使机器人具备更强的创作能力,如何界定这些知识产品的法律归属是一个亟待解决的问题。例如,谷歌机器人可以作画,机器人"薇薇"可以创作诗歌。在这方面,日本政府计划对机器人的创作权予以保护,并拟修订著作权法。

六、人工智能有可能获得完全的道德自主性

未来,随着人工智能道德自主性的提升,人工智能将从完全由人做出道德判断到获得完全的道德自主性。如何赋予人工智能道德判断能力,是开发人工智能技术面临的一个现实问题。道德是人类社会中特有的现象,因此,将人类的道德规范写入人工智能程序是解决这一问题最直接的方式。这时,人工智能程序作为人类的道德代理来完成任务,其道德行为在人类的可控范围之内。

如果技术进一步发展,人工智能可能具备完全的道德自主性。美国达特茅斯学院的摩尔教授认为达到这一状态的标准是人工智能程序具备成年人的平均道德水平。在这一阶段,人工智能将自主制定行动策略,自主做出道德选择,其行为将不受人类控制。这将给现有的社会秩序与伦理规范带来强烈冲击。为了避免出现这一局面,需将人工智能的道德自主性限定在合理范围,使其行为可被人类预期。

第二节　人工智能伦理问题的来源与伦理风险

一、人工智能伦理问题的来源

人工智能伦理在公众讨论中最有名的雏形,来自科幻小说作家阿西莫夫提出的机器人三定律。三定律所要处理的核心问题是人的主体性问题,这也是探讨人工智能伦理和治理的核心问题。关于人工智能伦理和治理,无论是算法决策相关的问题、数据与隐私相关的问题以及社会影响相关的问题,都涉及人的主体性问题。

从人工智能现有能力或技术潜力与它给人类社会带来的负面后果的角度来看,会产生两大类问题:其一,人工智能被赋予对人类事务做决策的能力,但它对决策结果的伦理判断能力不足;其二,人类缺乏引导人工智能发挥作用的终极伦理准则。

第一类问题来自我们对人工智能系统对其决策结果的伦理意义缺乏判断的忧虑。人工智能往往被用来解决一个具体问题,而且只能通过已有的有限数据来做出决策,往往无法像人一样理解更广的社会和伦理语境。因此,我们对人工智能缺乏对决策后果的伦理意义的认知有恐惧,这是完全可以理解的。当人工智能决策的后果涉及一个结果和另外一个结果之间的比较时,往往造成难以预料的后果。例如,人可能给人工智能系统一个获取食物的指令,结果这个系统却杀死了人的宠物。这是因为人工智能对某个结果的伦理意义无法完全理解,以至于错误地执行了指令。我们对人工智能对决策结果的伦理判断能力不足的忧虑,在人工智能技术本身缺乏透明度(黑箱问题)时就更加严重了。人工智能采纳的机器学习往往因为算法(例如机器学习)和算力限制,无法回溯机器做出决定的具体机制。无法回溯会

带来我们在事先预测后果和事后做出纠正的能力的局限,导致我们在决定是否应用人工智能技术的问题上踌躇不决。

第二类问题来自我们对人工智能的潜力的忧虑。人工智能可能成为人类全部决定的参与者和影响者,但我们尚且不知道有没有任何已知的伦理准则能指引上述行为。人类创造的"上帝"无力护理这个世界,这让我们恐惧、震惊。我们担心随着人工智能的发展,它会导致已有的社会问题进一步恶化,同时带来新的社会问题。

二、人工智能的伦理风险

根据人工智能伦理风险的具体性质与特征,可从算法、数据和应用三个方面来梳理人工智能的伦理风险。对伦理风险的治理,需要立法和政策明确各相关主体的责任,包括信息提供者、信息处理者和系统协调者。此外,人工智能还可能对社会产生远期发展的风险,如对既有的就业、市场竞争秩序、产权等法律制度的挑战,甚至生产方式的根本变革,这些我们将其归入长期和间接的伦理风险之中。

(一)算法方面

算法方面的风险主要包括算法安全问题、算法可解释性问题、算法歧视问题和算法决策困境问题。算法安全问题产生于算法漏洞被黑客攻击和恶意利用的挑战,同时算法从设计、训练到使用中面临可信赖性问题和算法随时可对可靠性带来挑战。

算法可解释性涉及人类的知情利益和主体地位,对人工智能的长远发展意义重大。电气和电子工程师协会(IEEE)在 2016 年和 2017 年连续推出的《人工智能设计的伦理准则》白皮书,在多个部分都提出了对人工智能和自动化系统应有解释能力的要求。美国计算机协会美国公共政策委员会在 2017 年年初发布了《算法透明性和可问责性声明》,提出了七项基本原则,其中一项即为"解释",希望鼓励使用算法决策的系统和机构,对算法的过程和特定的决策提供解释。2017 年,美国加州大学伯克利分校发布了《对人工智能系统挑战的伯克利观点》,从人工智能的发展趋势出发,总结了九项挑战和研究方向。其中之一,即第三项,就是要发展可解释的决策,使人们可以识别人工智能算法输入的哪些特性引起了某个特定的输出结果。

与可解释性问题常常同时出现的是算法歧视问题,即在看似中立的算法中,由于算法设计者的认知存在某种偏见,或者训练算法使用了有问题的数据集等原因,带来了人工智能系统决策出现带有歧视性的结果。这类例子媒体时有报道,例如在金融领域,降低弱势群体的信贷得分、拒绝向"有色人种"贷款、广告商更倾向于将高息贷款信息向低收入群体展示等。

算法歧视主要分为人为造成的歧视、数据驱动造成的歧视与机器自我学习造成的歧视。人为造成的歧视,是指由于人为原因而使算法将歧视或偏见引入决策过程。数据驱动造成的歧视,是指由于原始训练数据存在偏见,所以算法执行时将歧视带入决策过程。算法本身不会质疑其所接收到的数据,只是单纯地寻找、挖掘数据背后隐含的模式或者结构。如果数据一开始就存在某种选择上的偏见或喜好,那么算法会获得类似于人类偏见的输出结果。机器自我学习造成的歧视,是指机器在学习的过程中会自我学习到数据的多维特征,即便不是人为地赋予数据集某些特征,或者程序员或科学家刻意避免输入一些敏感的数据,但是机器在自我学习的过程中,仍然会学习到输入数据的其他特征,从而将某些偏见引入决策过程,这就是机器自我学习造成的歧视。

算法决策困境源于人工智能自学习能力导致的算法结果的不可预见性。要减少或杜绝算法决策困境,除了提高算法的可解释性,还可以引入相应的算法终结机制。

(二)数据方面

数据方面的风险主要包括侵犯隐私的风险和个人敏感信息识别与保护的风险。在现代社会,隐私保护是信任和个人自由的根本,同时也是人工智能时代维持文明与尊严的基本方式。人工智能时代下,侵犯隐私的风险更大,受害者也更多。

传统法律规范对隐私的保护集中于对个人在私人领域、私人空间活动的保护,以及个人私密的、非公开的信息保护。在个人信息的基础之上,法律规范区分普通个人信息和个人敏感信息。法律通常对个人敏感信息予以更高的保护,例如对个人敏感信息的处理需要基于个人信息主体的明示同意,或重大合法利益或公共利益的需要等,严格限制对个人敏感信息的自动化处理,并要求对其进行加密存储或采取更为严格的访问控制等安全保护措施。个人敏感信息在授权同意范围外扩散,或者个人信息的扩散超出收集、使用个人信息的组织和机构控制范围,以及使用者超出授权使用(如变更处理目的、扩大处理范围等),都可能对个人信息主体权益带来重大风险。

人工智能技术的应用极大地扩展了个人信息收集的场景、范围和数量。图像识别、语音识别、语义理解等人工智能技术实现海量非结构化数据的采集,而人工智能与物联网设备的结合丰富了线下数据采集的场景。例如,家用机器人、智能冰箱、智能音箱等各种智能家居设备走进人们的客厅、卧室,实时地收集人们的生活习惯、消费偏好、语音交互、视频影像等信息;各类智能助手在为用户提供更加便捷服务的同时,也在全方位地获取和分析用户的浏览、搜索、位置、行程、邮件、语音交互等信息;支持面部识别的监控摄像头,可以在公共场合且个人毫不知情的情况下,识别个人身份并实现对个人的持续跟踪。这些都需要法律进一步地规范。

(三)社会方面

与社会相关的伦理风险主要包括算法滥用和误用。算法滥用和误用是指在人们利用算法进行分析、决策、协调、组织等一系列活动中,其使用目的、使用方式、使用范围等出现偏差并引发不良影响或不利后果的情况。例如,人脸识别算法能够提高治安水平,加快发现犯罪嫌疑人的速度等,但是如果把人脸识别算法应用于发现潜在犯罪人或者根据脸型判别某人是否存在犯罪潜质,就属于典型的算法滥用。由于人工智能系统的自动化属性,算法滥用将放大算法所产生的错误效果并不断强化,成为一个系统的重要特征。

算法滥用主要是算法设计者出于经济利益或者其他动机的操纵行为,平台和使用者过度依赖算法或将算法的应用盲目拓展到算法设计未曾考虑的领域等。电商平台算法设计者推荐不符合用户利益的产品,或者娱乐平台为了自身的商业利益对用户的娱乐或信息消费行为进行诱导,导致用户沉迷等,都是算法设计者操纵行为的展现。在医疗领域,过度依赖人工智能平台的读图诊断,导致误诊;在安防领域,过度依赖人工智能平台导致犯罪误判,都直接关系到公民的人身安全与自由。

应当注意的是,与社会相关的伦理问题有如下特性:其一,它们与个人切身利益密切相关,如算法应用在犯罪评估、信用贷款、雇佣评估等关切人身利益的场合,对个人切身利益的影响广泛。其二,它们带来的问题通常难以短时间应对,例如,深度学习是一个典型的"黑箱"算法,如果以深度学习为基础建立的模型存在歧视,应对时难以查清原因。其三,在商业应用中出现这类问题时,由于资本的逐利性,公众权益容易受到侵害。

三、人工智能伦理基本原则

2017 年 1 月在美国加利福尼亚州的阿西洛马召开的"有益的人工智能"会议提出的"阿西洛马人工智能原则",以及电气和电子工程师协会组织开展的人工智能伦理标准的工作受到了较多的关注。此前,各国也提出了机器人原则与伦理标准。人工智能伦理原则,不仅应当由人工智能系统的研发和应用的人类主体遵守(包括在研究机构、行业领域的科技企业和科技工作者),而且这些原则应当嵌入人工智能系统本身。

(一)人的根本利益原则

人的根本利益原则,即人工智能应以实现人的根本利益为终极目标。这一原则体现为对人权的尊重、对人类和自然环境利益最大化以及降低技术风险和对社会的负面影响。人的根本利益原则要求如下:

(1)在对社会的影响方面,人工智能的研发与应用以促进人类向善为目的,这也包括和平利用人工智能及相关技术,避免致命性人工智能武器的军备竞赛。

(2)在人工智能算法方面,人工智能的研发与应用应符合人的尊严,保障人的基本权利与自由;确保算法决策的透明性,确保算法设定避免歧视;推动人工智能的效益在世界范围内公平分配,缩小数字鸿沟。

(3)在数据使用方面,人工智能的研发与应用要关注隐私保护,加强个人数据的控制,防止数据滥用。

(二)责任原则

责任原则,即在人工智能相关的技术开发和应用方面建立明确的责任体系,以便在人工智能应用结果导致人类伦理或法律的冲突问题时,人们能够从技术层面对人工智能技术开发人员或设计部门问责,并在人工智能应用层面建立合理的责任体系。

在责任原则下,人工智能技术开发应遵循透明度原则,人工智能技术应用则应当遵循权责一致原则。

(三)透明度原则

透明度原则要求在人工智能的设计中,应保证人类了解自主决策系统的工作原理,从而预测其输出结果,即人类应当知道人工智能如何以及为何做出特定决定。

透明度原则的实现有赖于人工智能算法的可解释性、可验证性和可预测性。

(四)权责一致原则

权责一致原则,是指在人工智能的设计和应用中应当保证问责的实现,即在人工智能的设计和使用中,留存相关的算法、数据和决策的准确记录,以便在产生损害结果时能够进行审查并查明责任归属。

权责一致原则的实现需要建立人工智能算法的公共审查制度。公共审查能够提高相关政府、科研和商业机构采纳的人工智能算法被纠错的可能性。合理的公共审查能够保证一方面必要的商业数据应被合理记录,相应算法应受到监督,商业应用应受到合理审查,另一方面商业主体仍可利用合理的知识产权或者商业秘密来保护本企业的利益。

第三节　人工智能伦理风险的治理对策

一、开展立法研究,构建适配法律法规体系

欧盟为有效应对人工智能伦理风险,率先加强立法研究,着重明晰关键领域人工智能应用过程中的法律主体和相关权益与责任,在创设适配智能时代法律法规体系方面进行了有益探索。2016 年 5 月,欧盟议会颁布《就机器人民事法律规则向欧盟委员会提出立法建议(草案)》,要求欧盟评判人工智能导致的重大影响。2019 年 4 月,欧盟又出台《可信 AI 伦理指南》和《算法责任与透明治理框架》等文件,既为欧盟人工智能战略构建恰当的伦理和法律框架,也为后续完善法规奠定基础,这凸显了欧盟促推 AI 治理之努力。

我国针对人工智能伦理风险,未雨绸缪,建章立制工作业已展开。2020 年 7 月,国家标准化管理委员会、中央网信办、国家发展改革委、科技部、工业和信息化部联合颁发《国家新一代人工智能标准体系建设指南》,将人工智能安全/伦理标准列入其中,这对积极应对人工智能伦理问题具有指导性意义。此外,许多国家也倡议对人工智能进行立法。

然而,国际社会针对人工智能的立法规范,虽已初备纲领性意见,但立法纲领、量化标准、惩处具体措施尚未完善。目前,人工智能领域只具备行业标准,仍未形成完整成型的法律体系。人工智能立法任重而道远,不仅要制定以人为本的纲领性法规,而且仍需针对不同领域的人工智能进一步细化法律规范。以无人驾驶汽车为例,交通事故肇发后,该怎样判断主体责任、如何定责？都需要相应的人工智能法律法规体系来加以规范。

二、拟设伦理准则,规范人工智能技术研发

2019 年两会期间,就科技伦理建设,腾讯公司总裁马化腾认为要"进一步加强科技伦理对科技活动的引导和规范",力促科技活动发展更加利国利民。人工智能在设计初始,理应遵循人类社会的基本道德伦理标准,即在系统研发阶段,必须设计合理算法,把符合人类道德标准的核心代码嵌入人工智能系统之中。那么,什么样的算法,才真正符合人类道德标准？这需要依靠阿西莫夫的"机器人学三定律"来衡量:机器人不可危害人类个体或坐视人类个体受伤;在同第一定律不冲突前提下,机器人必须听从人类的指令;在不违反第一和第二定律条件下,机器人可以履行自我保护之义务。人工智能最基本的伦理标准,即人工智能的权益不得高于人权,无论人工智能是否能衍生出自我意识。

研发人工智能,究其本质,就是为了推动经济社会健康发展,大大便利人民生活。因此

人工智能技术开发,必须以实现人类根本利益作为最终目标,即遵循人类根本利益原则。如果赋予人工智能高于人类之权益,则与其研发初心完全相悖。人工智能伦理困境的治理,一方面,必须以技术发展与规则制定为主题主线,打造涵盖技术、政策、道德、法律等多层次的伦理治理体系。另一方面,需要建构人工智能技术研发的伦理防范机制:一是加强开发者思想道德教育,提升其道德素养,使科研人员在研发中自觉遵守必要的伦理规则,避免怀抱损害人权之目的进行工作。二是完善人工智能技术研发规范,进一步打破人工智能涉及学科之间的隔离墙,制定多学科交叉研究及成果应用的伦理规范,便于评判机器人的道德风险。三是组建人工智能监管委员会,对人工智能系统行为是否逾越人类社会伦理道德规范进行有效监督管理,严肃处理不合规、不达标的研发主体。

三、加快科技创新,优化人工智能学习模型

现有的人工智能学习模型,仍处在一种"暗箱"状态。因为人工智能系统运行过程中发生变异,人们难以诠释其原因,即人们很难控制人工智能自我学习的方向。要推动人工智能自主选择向善发展,就必须提升科技水平,优化人工智能学习模型:其一,亟须开发一种工作模式更透明、产生结果诠释性更强的智能计算模型,创新一类可判读、可理解、可预测、可稳靠的智能系统,大大降低人工智能系统行为的不可预知性及不确定性。其二,对于新研发的人工智能算法,尽量使其研发过程逐步透明化,并在投入使用之前进行必要的风险评估,避免"技术先行"。然后,制定专业完整的测试链,依据用户测试结果,不断修正人工智能产品。其三,创建严格的监管体系,加强对人工智能产品生产全过程的管控监督,以确保产业链的完整与安全。

四、提升安全标准,力推人工智能产品认证

稳妥可靠的人工智能系统,理应具有高标准的安全性能,不仅能适用于复杂环境,易于理解、操作、使用,而且可有效防范抵御各类蓄意侵袭和攻击,积极排除因异常操作或恶毒破坏而产生的安全事故。设计研发新型人工智能系统,必须力推产品安全认证:一要制定应急预案,防范化解人工智能产品生产、使用过程中可能存在的风险。二要提升人工智能产品开发安全标准,并强化产品安全认证,从技术维度扩增人工智能系统的安全性、稳靠性、强健性,例如升级芯片设计安全标准,严控组成零部件质量,提高质检标准等。三要严格把关产品使用安全性能,并实施专业化运行维护,实时监测人工智能系统运行的各个环节,对于产品使用中的误操作,需预设一定的容错率;对于肆意破坏的恶意行为,可通过专业监测,及时通报厂商或有关监督机构。

五、加强伦理宣教,拓展人工智能可接受度

伦理风险之所以列入风险的重要议题,是主观认知同客观实际紧密结合的结果。风险因素通过各种中介传递以后,公众个体能从价值、心理和文化等方面来感知,并形成风险判断,放大或缩减伦理风险,最终形成公众伦理风险感知。目前普通公众对人工智能引发的伦理风险知之不多,甚至对人工智能技术产生误解,担忧其抢占人类本身的工作职位,质疑人

工智能系统的安全性与稳定性等,从而造成心理恐慌。为了提升人工智能可接受度,务必加强伦理宣传教育:其一,开展人工智能技术科普工作,强化公众的基本认知。可以把人工智能伦理课程纳入学校教育,让人工智能伦理规则深入学子之心;可以举办人工智能伦理科普宣传活动,引导公众关注其基本伦理规则,了解设计研发人工智能应遵循的规范条件。其二,唤起公众监管人工智能产品的自觉意识。公众作为人工智能技术产品的直接使用者和受益者可以不断收集其消费意见,既能用以引导和监管人工智能技术向善发展,又能增强公众对人工智能产品的可接受度。其三,公开透明人工智能伦理政务信息,增强公众对人工智能产品发生事故的知情权和敏感性,允许公众针对特定事件提出合理解决的意见与建议。

六、促推全球共治,应对人工智能伦理挑战

如何回应人工智能迅猛发展所引发的风险与挑战,是整个人类社会共同面临的问题。世界各国应当在构建人类命运共同体的理念指导下,携起手来,深化人工智能伦理风险全球治理:其一,厘清研发主体、政府机构、国际组织三者的相关职责,引领各国有序参加人工智能的伦理研究及顶层设计;其二,大力开展机器人伦理与安全风险等问题研究的国际性合作,增强人工智能领域法律体系、伦理规范、行业监管等方面的互动交流与国际协作;其三,发挥各国合力,确立人类公认的、国际统一的人工智能技术与安全标准,让人工智能技术更好地为全人类造福。

附　　录

附录 1

中华人民共和国反不正当竞争法

（1993 年 9 月 2 日第八届全国人民代表大会常务委员会第三次会议通过
2017 年 11 月 4 日第十二届全国人民代表大会常务委员会第三十次会议修订
根据 2019 年 4 月 23 日第十三届全国人民代表大会常务委员会第十次会议
《关于修改〈中华人民共和国建筑法〉等八部法律的决定》修正）

第一章　总　　则

第一条　为了促进社会主义市场经济健康发展，鼓励和保护公平竞争，制止不正当竞争行为，保护经营者和消费者的合法权益，制定本法。

第二条　经营者在生产经营活动中，应当遵循自愿、平等、公平、诚信的原则，遵守法律和商业道德。

本法所称的不正当竞争行为，是指经营者在生产经营活动中，违反本法规定，扰乱市场竞争秩序，损害其他经营者或者消费者的合法权益的行为。

本法所称的经营者，是指从事商品生产、经营或者提供服务（以下所称商品包括服务）的自然人、法人和非法人组织。

第三条　各级人民政府应当采取措施，制止不正当竞争行为，为公平竞争创造良好的环境和条件。

国务院建立反不正当竞争工作协调机制，研究决定反不正当竞争重大政策，协调处理维护市场竞争秩序的重大问题。

第四条　县级以上人民政府履行工商行政管理职责的部门对不正当竞争行为进行查处；法律、行政法规规定由其他部门查处的，依照其规定。

第五条　国家鼓励、支持和保护一切组织和个人对不正当竞争行为进行社会监督。

国家机关及其工作人员不得支持、包庇不正当竞争行为。

行业组织应当加强行业自律，引导、规范会员依法竞争，维护市场竞争秩序。

第二章　不正当竞争行为

第六条　经营者不得实施下列混淆行为，引人误认为是他人商品或者与他人存在特定联系：

（一）擅自使用与他人有一定影响的商品名称、包装、装潢等相同或者近似的标识；

（二）擅自使用他人有一定影响的企业名称（包括简称、字号等）、社会组织名称（包括简称等）、姓名（包括笔名、艺名、译名等）；

（三）擅自使用他人有一定影响的域名主体部分、网站名称、网页等；

（四）其他足以引人误认为是他人商品或者与他人存在特定联系的混淆行为。

第七条　经营者不得采用财物或者其他手段贿赂下列单位或者个人，以谋取交易机会或者竞争优势：

（一）交易相对方的工作人员；

（二）受交易相对方委托办理相关事务的单位或者个人；

（三）利用职权或者影响力影响交易的单位或者个人。

经营者在交易活动中，可以以明示方式向交易相对方支付折扣，或者向中间人支付佣金。经营者向交易相对方支付折扣、向中间人支付佣金的，应当如实入账。接受折扣、佣金的经营者也应当如实入账。

经营者的工作人员进行贿赂的，应当认定为经营者的行为；但是，经营者有证据证明该工作人员的行为与为经营者谋取交易机会或者竞争优势无关的除外。

第八条　经营者不得对其商品的性能、功能、质量、销售状况、用户评价、曾获荣誉等作虚假或者引人误解的商业宣传，欺骗、误导消费者。

经营者不得通过组织虚假交易等方式，帮助其他经营者进行虚假或者引人误解的商业宣传。

第九条　经营者不得实施下列侵犯商业秘密的行为：

（一）以盗窃、贿赂、欺诈、胁迫、电子侵入或者其他不正当手段获取权利人的商业秘密；

（二）披露、使用或者允许他人使用以前项手段获取的权利人的商业秘密；

（三）违反保密义务或者违反权利人有关保守商业秘密的要求，披露、使用或者允许他人使用其所掌握的商业秘密；

（四）教唆、引诱、帮助他人违反保密义务或者违反权利人有关保守商业秘密的要求，获取、披露、使用或者允许他人使用权利人的商业秘密。

经营者以外的其他自然人、法人和非法人组织实施前款所列违法行为的，视为侵犯商业秘密。

第三人明知或者应知商业秘密权利人的员工、前员工或者其他单位、个人实施本条第一款所列违法行为，仍获取、披露、使用或者允许他人使用该商业秘密的，视为侵犯商业秘密。

本法所称的商业秘密，是指不为公众所知悉、具有商业价值并经权利人采取相应保密措施的技术信息、经营信息等商业信息。

第十条　经营者进行有奖销售不得存在下列情形：

（一）所设奖的种类、兑奖条件、奖金金额或者奖品等有奖销售信息不明确，影响兑奖；

（二）采用谎称有奖或者故意让内定人员中奖的欺骗方式进行有奖销售；

（三）抽奖式的有奖销售，最高奖的金额超过五万元。

第十一条　经营者不得编造、传播虚假信息或者误导性信息,损害竞争对手的商业信誉、商品声誉。

第十二条　经营者利用网络从事生产经营活动,应当遵守本法的各项规定。

经营者不得利用技术手段,通过影响用户选择或者其他方式,实施下列妨碍、破坏其他经营者合法提供的网络产品或者服务正常运行的行为:

(一)未经其他经营者同意,在其合法提供的网络产品或者服务中,插入链接、强制进行目标跳转;

(二)误导、欺骗、强迫用户修改、关闭、卸载其他经营者合法提供的网络产品或者服务;

(三)恶意对其他经营者合法提供的网络产品或者服务实施不兼容;

(四)其他妨碍、破坏其他经营者合法提供的网络产品或者服务正常运行的行为。

第三章　对涉嫌不正当竞争行为的调查

第十三条　监督检查部门调查涉嫌不正当竞争行为,可以采取下列措施:

(一)进入涉嫌不正当竞争行为的经营场所进行检查;

(二)询问被调查的经营者、利害关系人及其他有关单位、个人,要求其说明有关情况或者提供与被调查行为有关的其他资料;

(三)查询、复制与涉嫌不正当竞争行为有关的协议、账簿、单据、文件、记录、业务函电和其他资料;

(四)查封、扣押与涉嫌不正当竞争行为有关的财物;

(五)查询涉嫌不正当竞争行为的经营者的银行账户。

采取前款规定的措施,应当向监督检查部门主要负责人书面报告,并经批准。采取前款第四项、第五项规定的措施,应当向设区的市级以上人民政府监督检查部门主要负责人书面报告,并经批准。

监督检查部门调查涉嫌不正当竞争行为,应当遵守《中华人民共和国行政强制法》和其他有关法律、行政法规的规定,并应当将查处结果及时向社会公开。

第十四条　监督检查部门调查涉嫌不正当竞争行为,被调查的经营者、利害关系人及其他有关单位、个人应当如实提供有关资料或者情况。

第十五条　监督检查部门及其工作人员对调查过程中知悉的商业秘密负有保密义务。

第十六条　对涉嫌不正当竞争行为,任何单位和个人有权向监督检查部门举报,监督检查部门接到举报后应当依法及时处理。

监督检查部门应当向社会公开受理举报的电话、信箱或者电子邮件地址,并为举报人保密。对实名举报并提供相关事实和证据的,监督检查部门应当将处理结果告知举报人。

第四章　法律责任

第十七条　经营者违反本法规定,给他人造成损害的,应当依法承担民事责任。

经营者的合法权益受到不正当竞争行为损害的,可以向人民法院提起诉讼。

因不正当竞争行为受到损害的经营者的赔偿数额,按照其因被侵权所受到的实际损失确定;实际损失难以计算的,按照侵权人因侵权所获得的利益确定。经营者恶意实施侵犯商业秘密行为,情节严重的,可以在按照上述方法确定数额的一倍以上五倍以下确定赔偿数额。赔偿数额还应当包括经营者为制止侵权行为所支付的合理开支。

经营者违反本法第六条、第九条规定,权利人因被侵权所受到的实际损失、侵权人因侵权所获得的利益难以确定的,由人民法院根据侵权行为的情节判决给予权利人五百万元以下的赔偿。

第十八条　经营者违反本法第六条规定实施混淆行为的,由监督检查部门责令停止违法行为,没收违法商品。违法经营额五万元以上的,可以并处违法经营额五倍以下的罚款;没有违法经营额或者违法经营额不足五万元的,可以并处二十五万元以下的罚款。情节严重的,吊销营业执照。

经营者登记的企业名称违反本法第六条规定的,应当及时办理名称变更登记;名称变更前,由原企业登记机关以统一社会信用代码代替其名称。

第十九条　经营者违反本法第七条规定贿赂他人的,由监督检查部门没收违法所得,处十万元以上三百万元以下的罚款。情节严重的,吊销营业执照。

第二十条　经营者违反本法第八条规定对其商品作虚假或者引人误解的商业宣传,或者通过组织虚假交易等方式帮助其他经营者进行虚假或者引人误解的商业宣传的,由监督检查部门责令停止违法行为,处二十万元以上一百万元以下的罚款;情节严重的,处一百万元以上二百万元以下的罚款,可以吊销营业执照。

经营者违反本法第八条规定,属于发布虚假广告的,依照《中华人民共和国广告法》的规定处罚。

第二十一条　经营者以及其他自然人、法人和非法人组织违反本法第九条规定侵犯商业秘密的,由监督检查部门责令停止违法行为,没收违法所得,处十万元以上一百万元以下的罚款;情节严重的,处五十万元以上五百万元以下的罚款。

第二十二条　经营者违反本法第十条规定进行有奖销售的,由监督检查部门责令停止违法行为,处五万元以上五十万元以下的罚款。

第二十三条　经营者违反本法第十一条规定损害竞争对手商业信誉、商品声誉的,由监督检查部门责令停止违法行为、消除影响,处十万元以上五十万元以下的罚款;情节严重的,处五十万元以上三百万元以下的罚款。

第二十四条　经营者违反本法第十二条规定妨碍、破坏其他经营者合法提供的网络产品或者服务正常运行的,由监督检查部门责令停止违法行为,处十万元以上五十万元以下的罚款;情节严重的,处五十万元以上三百万元以下的罚款。

第二十五条　经营者违反本法规定从事不正当竞争,有主动消除或者减轻违法行为危害后果等法定情形的,依法从轻或者减轻行政处罚;违法行为轻微并及时纠正,没有造成危害后果的,不予行政处罚。

第二十六条　经营者违反本法规定从事不正当竞争,受到行政处罚的,由监督检查部门记入信用记录,并依照有关法律、行政法规的规定予以公示。

第二十七条　经营者违反本法规定,应当承担民事责任、行政责任和刑事责任,其财产不足以支付的,优先用于承担民事责任。

第二十八条　妨害监督检查部门依照本法履行职责,拒绝、阻碍调查的,由监督检查部门责令改正,对个人可以处五千元以下的罚款,对单位可以处五万元以下的罚款,并可以由公安机关依法给予治安管理处罚。

第二十九条　当事人对监督检查部门作出的决定不服的,可以依法申请行政复议或者提起行政诉讼。

第三十条　监督检查部门的工作人员滥用职权、玩忽职守、徇私舞弊或者泄露调查过程中知悉的商业秘密的,依法给予处分。

第三十一条　违反本法规定,构成犯罪的,依法追究刑事责任。

第三十二条　在侵犯商业秘密的民事审判程序中,商业秘密权利人提供初步证据,证明其已经对所主张的商业秘密采取保密措施,且合理表明商业秘密被侵犯,涉嫌侵权人应当证明权利人所主张的商业秘密不属于本法规定的商业秘密。

商业秘密权利人提供初步证据合理表明商业秘密被侵犯,且提供以下证据之一的,涉嫌侵权人应当证明其不存在侵犯商业秘密的行为:

(一)有证据表明涉嫌侵权人有渠道或者机会获取商业秘密,且其使用的信息与该商业秘密实质上相同;

(二)有证据表明商业秘密已经被涉嫌侵权人披露、使用或者有被披露、使用的风险;

(三)有其他证据表明商业秘密被涉嫌侵权人侵犯。

第五章　附　　则

第三十三条　本法自 2018 年 1 月 1 日起施行。

附录 2

中华人民共和国反垄断法

(2007 年 8 月 30 日第十届全国人民代表大会常务委员会第二十九次会议通过
根据 2022 年 6 月 24 日第十三届全国人民代表大会常务委员会第三十五次会议
《关于修改〈中华人民共和国反垄断法〉的决定》修正)

第一章　总　　则

第一条　为了预防和制止垄断行为,保护市场公平竞争,鼓励创新,提高经济运行效率,维护消费者利益和社会公共利益,促进社会主义市场经济健康发展,制定本法。

第二条　中华人民共和国境内经济活动中的垄断行为,适用本法;中华人民共和国境外的垄断行为,对境内市场竞争产生排除、限制影响的,适用本法。

第三条　本法规定的垄断行为包括:

(一)经营者达成垄断协议;

(二)经营者滥用市场支配地位;

(三)具有或者可能具有排除、限制竞争效果的经营者集中。

第四条　反垄断工作坚持中国共产党的领导。

国家坚持市场化、法治化原则,强化竞争政策基础地位,制定和实施与社会主义市场经济相适应的竞争规则,完善宏观调控,健全统一、开放、竞争、有序的市场体系。

第五条　国家建立健全公平竞争审查制度。

行政机关和法律、法规授权的具有管理公共事务职能的组织在制定涉及市场主体经济活动的规定时,应当进行公平竞争审查。

第六条　经营者可以通过公平竞争、自愿联合,依法实施集中,扩大经营规模,提高市场竞争能力。

第七条　具有市场支配地位的经营者,不得滥用市场支配地位,排除、限制竞争。

第八条　国有经济占控制地位的关系国民经济命脉和国家安全的行业以及依法实行专营专卖的行业,国家对其经营者的合法经营活动予以保护,并对经营者的经营行为及其商品和服务的价格依法实施监管和调控,维护消费者利益,促进技术进步。

前款规定行业的经营者应当依法经营,诚实守信,严格自律,接受社会公众的监督,不得利用其控制地位或者专营专卖地位损害消费者利益。

第九条　经营者不得利用数据和算法、技术、资本优势以及平台规则等从事本法禁止的垄断行为。

第十条　行政机关和法律、法规授权的具有管理公共事务职能的组织不得滥用行政权力,排除、限制竞争。

第十一条　国家健全完善反垄断规则制度,强化反垄断监管力量,提高监管能力和监管体系现代化水平,加强反垄断执法司法,依法公正高效审理垄断案件,健全行政执法和司法衔接机制,维护公平竞争秩序。

第十二条　国务院设立反垄断委员会，负责组织、协调、指导反垄断工作，履行下列职责：

（一）研究拟订有关竞争政策；

（二）组织调查、评估市场总体竞争状况，发布评估报告；

（三）制定、发布反垄断指南；

（四）协调反垄断行政执法工作；

（五）国务院规定的其他职责。

国务院反垄断委员会的组成和工作规则由国务院规定。

第十三条　国务院反垄断执法机构负责反垄断统一执法工作。

国务院反垄断执法机构根据工作需要，可以授权省、自治区、直辖市人民政府相应的机构，依照本法规定负责有关反垄断执法工作。

第十四条　行业协会应当加强行业自律，引导本行业的经营者依法竞争，合规经营，维护市场竞争秩序。

第十五条　本法所称经营者，是指从事商品生产、经营或者提供服务的自然人、法人和非法人组织。

本法所称相关市场，是指经营者在一定时期内就特定商品或者服务（以下统称商品）进行竞争的商品范围和地域范围。

第二章　垄断协议

第十六条　本法所称垄断协议，是指排除、限制竞争的协议、决定或者其他协同行为。

第十七条　禁止具有竞争关系的经营者达成下列垄断协议：

（一）固定或者变更商品价格；

（二）限制商品的生产数量或者销售数量；

（三）分割销售市场或者原材料采购市场；

（四）限制购买新技术、新设备或者限制开发新技术、新产品；

（五）联合抵制交易；

（六）国务院反垄断执法机构认定的其他垄断协议。

第十八条　禁止经营者与交易相对人达成下列垄断协议：

（一）固定向第三人转售商品的价格；

（二）限定向第三人转售商品的最低价格；

（三）国务院反垄断执法机构认定的其他垄断协议。

对前款第一项和第二项规定的协议，经营者能够证明其不具有排除、限制竞争效果的，不予禁止。

经营者能够证明其在相关市场的市场份额低于国务院反垄断执法机构规定的标准，并符合国务院反垄断执法机构规定的其他条件的，不予禁止。

第十九条　经营者不得组织其他经营者达成垄断协议或者为其他经营者达成垄断协议提供实质性帮助。

第二十条　经营者能够证明所达成的协议属于下列情形之一的,不适用本法第十七条、第十八条第一款、第十九条的规定:

(一)为改进技术、研究开发新产品的;

(二)为提高产品质量、降低成本、增进效率,统一产品规格、标准或者实行专业化分工的;

(三)为提高中小经营者经营效率,增强中小经营者竞争力的;

(四)为实现节约能源、保护环境、救灾救助等社会公共利益的;

(五)因经济不景气,为缓解销售量严重下降或者生产明显过剩的;

(六)为保障对外贸易和对外经济合作中的正当利益的;

(七)法律和国务院规定的其他情形。

属于前款第一项至第五项情形,不适用本法第十七条、第十八条第一款、第十九条规定的,经营者还应当证明所达成的协议不会严重限制相关市场的竞争,并且能够使消费者分享由此产生的利益。

第二十一条　行业协会不得组织本行业的经营者从事本章禁止的垄断行为。

第三章　滥用市场支配地位

第二十二条　禁止具有市场支配地位的经营者从事下列滥用市场支配地位的行为:

(一)以不公平的高价销售商品或者以不公平的低价购买商品;

(二)没有正当理由,以低于成本的价格销售商品;

(三)没有正当理由,拒绝与交易相对人进行交易;

(四)没有正当理由,限定交易相对人只能与其进行交易或者只能与其指定的经营者进行交易;

(五)没有正当理由搭售商品,或者在交易时附加其他不合理的交易条件;

(六)没有正当理由,对条件相同的交易相对人在交易价格等交易条件上实行差别待遇;

(七)国务院反垄断执法机构认定的其他滥用市场支配地位的行为。

具有市场支配地位的经营者不得利用数据和算法、技术以及平台规则等从事前款规定的滥用市场支配地位的行为。

本法所称市场支配地位,是指经营者在相关市场内具有能够控制商品价格、数量或者其他交易条件,或者能够阻碍、影响其他经营者进入相关市场能力的市场地位。

第二十三条　认定经营者具有市场支配地位,应当依据下列因素:

(一)该经营者在相关市场的市场份额,以及相关市场的竞争状况;

(二)该经营者控制销售市场或者原材料采购市场的能力;

(三)该经营者的财力和技术条件;

(四)其他经营者对该经营者在交易上的依赖程度;

(五)其他经营者进入相关市场的难易程度;

(六)与认定该经营者市场支配地位有关的其他因素。

第二十四条　有下列情形之一的,可以推定经营者具有市场支配地位:

（一）一个经营者在相关市场的市场份额达到二分之一的；

（二）两个经营者在相关市场的市场份额合计达到三分之二的；

（三）三个经营者在相关市场的市场份额合计达到四分之三的。

有前款第二项、第三项规定的情形，其中有的经营者市场份额不足十分之一的，不应当推定该经营者具有市场支配地位。

被推定具有市场支配地位的经营者，有证据证明不具有市场支配地位的，不应当认定其具有市场支配地位。

第四章　经营者集中

第二十五条　经营者集中是指下列情形：

（一）经营者合并；

（二）经营者通过取得股权或者资产的方式取得对其他经营者的控制权；

（三）经营者通过合同等方式取得对其他经营者的控制权或者能够对其他经营者施加决定性影响。

第二十六条　经营者集中达到国务院规定的申报标准的，经营者应当事先向国务院反垄断执法机构申报，未申报的不得实施集中。

经营者集中未达到国务院规定的申报标准，但有证据证明该经营者集中具有或者可能具有排除、限制竞争效果的，国务院反垄断执法机构可以要求经营者申报。

经营者未依照前两款规定进行申报的，国务院反垄断执法机构应当依法进行调查。

第二十七条　经营者集中有下列情形之一的，可以不向国务院反垄断执法机构申报：

（一）参与集中的一个经营者拥有其他每个经营者百分之五十以上有表决权的股份或者资产的；

（二）参与集中的每个经营者百分之五十以上有表决权的股份或者资产被同一个未参与集中的经营者拥有的。

第二十八条　经营者向国务院反垄断执法机构申报集中，应当提交下列文件、资料：

（一）申报书；

（二）集中对相关市场竞争状况影响的说明；

（三）集中协议；

（四）参与集中的经营者经会计师事务所审计的上一会计年度财务会计报告；

（五）国务院反垄断执法机构规定的其他文件、资料。

申报书应当载明参与集中的经营者的名称、住所、经营范围、预定实施集中的日期和国务院反垄断执法机构规定的其他事项。

第二十九条　经营者提交的文件、资料不完备的，应当在国务院反垄断执法机构规定的期限内补交文件、资料。经营者逾期未补交文件、资料的，视为未申报。

第三十条　国务院反垄断执法机构应当自收到经营者提交的符合本法第二十八条规定的文件、资料之日起三十日内，对申报的经营者集中进行初步审查，作出是否实施进一步审查的决定，并书面通知经营者。国务院反垄断执法机构作出决定前，经营者不得实施集中。

国务院反垄断执法机构作出不实施进一步审查的决定或者逾期未作出决定的,经营者可以实施集中。

第三十一条　国务院反垄断执法机构决定实施进一步审查的,应当自决定之日起九十日内审查完毕,作出是否禁止经营者集中的决定,并书面通知经营者。作出禁止经营者集中的决定,应当说明理由。审查期间,经营者不得实施集中。

有下列情形之一的,国务院反垄断执法机构经书面通知经营者,可以延长前款规定的审查期限,但最长不得超过六十日:

(一)经营者同意延长审查期限的;

(二)经营者提交的文件、资料不准确,需要进一步核实的;

(三)经营者申报后有关情况发生重大变化的。

国务院反垄断执法机构逾期未作出决定的,经营者可以实施集中。

第三十二条　有下列情形之一的,国务院反垄断执法机构可以决定中止计算经营者集中的审查期限,并书面通知经营者:

(一)经营者未按照规定提交文件、资料,导致审查工作无法进行;

(二)出现对经营者集中审查具有重大影响的新情况、新事实,不经核实将导致审查工作无法进行;

(三)需要对经营者集中附加的限制性条件进一步评估,且经营者提出中止请求。

自中止计算审查期限的情形消除之日起,审查期限继续计算,国务院反垄断执法机构应当书面通知经营者。

第三十三条　审查经营者集中,应当考虑下列因素:

(一)参与集中的经营者在相关市场的市场份额及其对市场的控制力;

(二)相关市场的市场集中度;

(三)经营者集中对市场进入、技术进步的影响;

(四)经营者集中对消费者和其他有关经营者的影响;

(五)经营者集中对国民经济发展的影响;

(六)国务院反垄断执法机构认为应当考虑的影响市场竞争的其他因素。

第三十四条　经营者集中具有或者可能具有排除、限制竞争效果的,国务院反垄断执法机构应当作出禁止经营者集中的决定。但是,经营者能够证明该集中对竞争产生的有利影响明显大于不利影响,或者符合社会公共利益的,国务院反垄断执法机构可以作出对经营者集中不予禁止的决定。

第三十五条　对不予禁止的经营者集中,国务院反垄断执法机构可以决定附加减少集中对竞争产生不利影响的限制性条件。

第三十六条　国务院反垄断执法机构应当将禁止经营者集中的决定或者对经营者集中附加限制性条件的决定,及时向社会公布。

第三十七条　国务院反垄断执法机构应当健全经营者集中分类分级审查制度,依法加强对涉及国计民生等重要领域的经营者集中的审查,提高审查质量和效率。

第三十八条　对外资并购境内企业或者以其他方式参与经营者集中,涉及国家安全的,除依照本法规定进行经营者集中审查外,还应当按照国家有关规定进行国家安全审查。

第五章　滥用行政权力排除、限制竞争

第三十九条　行政机关和法律、法规授权的具有管理公共事务职能的组织不得滥用行政权力,限定或者变相限定单位或者个人经营、购买、使用其指定的经营者提供的商品。

第四十条　行政机关和法律、法规授权的具有管理公共事务职能的组织不得滥用行政权力,通过与经营者签订合作协议、备忘录等方式,妨碍其他经营者进入相关市场或者对其他经营者实行不平等待遇,排除、限制竞争。

第四十一条　行政机关和法律、法规授权的具有管理公共事务职能的组织不得滥用行政权力,实施下列行为,妨碍商品在地区之间的自由流通:

(一)对外地商品设定歧视性收费项目、实行歧视性收费标准,或者规定歧视性价格;

(二)对外地商品规定与本地同类商品不同的技术要求、检验标准,或者对外地商品采取重复检验、重复认证等歧视性技术措施,限制外地商品进入本地市场;

(三)采取专门针对外地商品的行政许可,限制外地商品进入本地市场;

(四)设置关卡或者采取其他手段,阻碍外地商品进入或者本地商品运出;

(五)妨碍商品在地区之间自由流通的其他行为。

第四十二条　行政机关和法律、法规授权的具有管理公共事务职能的组织不得滥用行政权力,以设定歧视性资质要求、评审标准或者不依法发布信息等方式,排斥或者限制经营者参加招标投标以及其他经营活动。

第四十三条　行政机关和法律、法规授权的具有管理公共事务职能的组织不得滥用行政权力,采取与本地经营者不平等待遇等方式,排斥、限制、强制或者变相强制外地经营者在本地投资或者设立分支机构。

第四十四条　行政机关和法律、法规授权的具有管理公共事务职能的组织不得滥用行政权力,强制或者变相强制经营者从事本法规定的垄断行为。

第四十五条　行政机关和法律、法规授权的具有管理公共事务职能的组织不得滥用行政权力,制定含有排除、限制竞争内容的规定。

第六章　对涉嫌垄断行为的调查

第四十六条　反垄断执法机构依法对涉嫌垄断行为进行调查。

对涉嫌垄断行为,任何单位和个人有权向反垄断执法机构举报。反垄断执法机构应当为举报人保密。

举报采用书面形式并提供相关事实和证据的,反垄断执法机构应当进行必要的调查。

第四十七条　反垄断执法机构调查涉嫌垄断行为,可以采取下列措施:

(一)进入被调查的经营者的营业场所或者其他有关场所进行检查;

(二)询问被调查的经营者、利害关系人或者其他有关单位或者个人,要求其说明有关情况;

(三)查阅、复制被调查的经营者、利害关系人或者其他有关单位或者个人的有关单证、

协议、会计账簿、业务函电、电子数据等文件、资料;

（四）查封、扣押相关证据;

（五）查询经营者的银行账户。

采取前款规定的措施,应当向反垄断执法机构主要负责人书面报告,并经批准。

第四十八条　反垄断执法机构调查涉嫌垄断行为,执法人员不得少于二人,并应当出示执法证件。

执法人员进行询问和调查,应当制作笔录,并由被询问人或者被调查人签字。

第四十九条　反垄断执法机构及其工作人员对执法过程中知悉的商业秘密、个人隐私和个人信息依法负有保密义务。

第五十条　被调查的经营者、利害关系人或者其他有关单位或者个人应当配合反垄断执法机构依法履行职责,不得拒绝、阻碍反垄断执法机构的调查。

第五十一条　被调查的经营者、利害关系人有权陈述意见。反垄断执法机构应当对被调查的经营者、利害关系人提出的事实、理由和证据进行核实。

第五十二条　反垄断执法机构对涉嫌垄断行为调查核实后,认为构成垄断行为的,应当依法作出处理决定,并可以向社会公布。

第五十三条　对反垄断执法机构调查的涉嫌垄断行为,被调查的经营者承诺在反垄断执法机构认可的期限内采取具体措施消除该行为后果的,反垄断执法机构可以决定中止调查。中止调查的决定应当载明被调查的经营者承诺的具体内容。

反垄断执法机构决定中止调查的,应当对经营者履行承诺的情况进行监督。经营者履行承诺的,反垄断执法机构可以决定终止调查。

有下列情形之一的,反垄断执法机构应当恢复调查:

（一）经营者未履行承诺的;

（二）作出中止调查决定所依据的事实发生重大变化的;

（三）中止调查的决定是基于经营者提供的不完整或者不真实的信息作出的。

第五十四条　反垄断执法机构依法对涉嫌滥用行政权力排除、限制竞争的行为进行调查,有关单位或者个人应当配合。

第五十五条　经营者、行政机关和法律、法规授权的具有管理公共事务职能的组织,涉嫌违反本法规定的,反垄断执法机构可以对其法定代表人或者负责人进行约谈,要求其提出改进措施。

第七章　法　律　责　任

第五十六条　经营者违反本法规定,达成并实施垄断协议的,由反垄断执法机构责令停止违法行为,没收违法所得,并处上一年度销售额百分之一以上百分之十以下的罚款,上一年度没有销售额的,处五百万元以下的罚款;尚未实施所达成的垄断协议的,可以处三百万元以下的罚款。经营者的法定代表人、主要负责人和直接责任人员对达成垄断协议负有个人责任的,可以处一百万元以下的罚款。

经营者组织其他经营者达成垄断协议或者为其他经营者达成垄断协议提供实质性帮助

的,适用前款规定。

经营者主动向反垄断执法机构报告达成垄断协议的有关情况并提供重要证据的,反垄断执法机构可以酌情减轻或者免除对该经营者的处罚。

行业协会违反本法规定,组织本行业的经营者达成垄断协议的,由反垄断执法机构责令改正,可以处三百万元以下的罚款;情节严重的,社会团体登记管理机关可以依法撤销登记。

第五十七条 经营者违反本法规定,滥用市场支配地位的,由反垄断执法机构责令停止违法行为,没收违法所得,并处上一年度销售额百分之一以上百分之十以下的罚款。

第五十八条 经营者违反本法规定实施集中,且具有或者可能具有排除、限制竞争效果的,由国务院反垄断执法机构责令停止实施集中、限期处分股份或者资产、限期转让营业以及采取其他必要措施恢复到集中前的状态,处上一年度销售额百分之十以下的罚款;不具有排除、限制竞争效果的,处五百万元以下的罚款。

第五十九条 对本法第五十六条、第五十七条、第五十八条规定的罚款,反垄断执法机构确定具体罚款数额时,应当考虑违法行为的性质、程度、持续时间和消除违法行为后果的情况等因素。

第六十条 经营者实施垄断行为,给他人造成损失的,依法承担民事责任。

经营者实施垄断行为,损害社会公共利益的,设区的市级以上人民检察院可以依法向人民法院提起民事公益诉讼。

第六十一条 行政机关和法律、法规授权的具有管理公共事务职能的组织滥用行政权力,实施排除、限制竞争行为的,由上级机关责令改正;对直接负责的主管人员和其他直接责任人员依法给予处分。反垄断执法机构可以向有关上级机关提出依法处理的建议。行政机关和法律、法规授权的具有管理公共事务职能的组织应当将有关改正情况书面报告上级机关和反垄断执法机构。

法律、行政法规对行政机关和法律、法规授权的具有管理公共事务职能的组织滥用行政权力实施排除、限制竞争行为的处理另有规定的,依照其规定。

第六十二条 对反垄断执法机构依法实施的审查和调查,拒绝提供有关材料、信息,或者提供虚假材料、信息,或者隐匿、销毁、转移证据,或者有其他拒绝、阻碍调查行为的,由反垄断执法机构责令改正,对单位处上一年度销售额百分之一以下的罚款,上一年度没有销售额或者销售额难以计算的,处五百万元以下的罚款;对个人处五十万元以下的罚款。

第六十三条 违反本法规定,情节特别严重、影响特别恶劣、造成特别严重后果的,国务院反垄断执法机构可以在本法第五十六条、第五十七条、第五十八条、第六十二条规定的罚款数额的二倍以上五倍以下确定具体罚款数额。

第六十四条 经营者因违反本法规定受到行政处罚的,按照国家有关规定记入信用记录,并向社会公示。

第六十五条 对反垄断执法机构依据本法第三十四条、第三十五条作出的决定不服的,可以先依法申请行政复议;对行政复议决定不服的,可以依法提起行政诉讼。

对反垄断执法机构作出的前款规定以外的决定不服的,可以依法申请行政复议或者提起行政诉讼。

第六十六条　反垄断执法机构工作人员滥用职权、玩忽职守、徇私舞弊或者泄露执法过程中知悉的商业秘密、个人隐私和个人信息的,依法给予处分。

第六十七条　违反本法规定,构成犯罪的,依法追究刑事责任。

第八章　附　则

第六十八条　经营者依照有关知识产权的法律、行政法规规定行使知识产权的行为,不适用本法;但是,经营者滥用知识产权,排除、限制竞争的行为,适用本法。

第六十九条　农业生产者及农村经济组织在农产品生产、加工、销售、运输、储存等经营活动中实施的联合或者协同行为,不适用本法。

第七十条　本法自 2008 年 8 月 1 日起施行。

附录3

网络反不正当竞争暂行规定

（2024年5月6日国家市场监督管理总局令第91号公布）

第一章 总 则

第一条 为了预防和制止网络不正当竞争行为，维护公平竞争的市场秩序，鼓励创新，保护经营者和消费者的合法权益，促进数字经济规范持续健康发展，根据《中华人民共和国反不正当竞争法》（以下简称反不正当竞争法）、《中华人民共和国电子商务法》（以下简称电子商务法）等法律、行政法规，制定本规定。

第二条 鼓励和支持经营者依法开展经营活动，公平参与市场竞争。经营者通过互联网等信息网络（以下简称网络）从事生产经营活动，应当遵循自愿、平等、公平、诚信的原则，遵守法律法规规章，遵守商业道德。

经营者不得实施网络不正当竞争行为，扰乱市场竞争秩序，影响市场公平交易，损害其他经营者或者消费者的合法权益。

第三条 国家市场监督管理总局负责监督指导全国网络反不正当竞争工作，组织查处全国范围内有重大影响的网络不正当竞争案件。

县级以上地方市场监督管理部门依法对网络不正当竞争行为进行查处。

市场监督管理部门在查处违法行为过程中，应当坚持依法行政，保证严格、规范、公正、文明执法。

第四条 市场监督管理部门应当会同反不正当竞争工作协调机制各成员单位，贯彻落实网络反不正当竞争重大政策措施，研究网络反不正当竞争工作重大问题，联合查处重大案件，协同推进综合治理。

反不正当竞争工作协调机制各成员单位应当按照职责分工，依法加强金融、传媒、电信等行业管理，采取有效措施，预防和制止网络不正当竞争行为。

第五条 国家鼓励、支持和保护一切组织和个人对网络不正当竞争行为进行社会监督。对涉嫌网络不正当竞争行为，任何单位和个人有权依法向市场监督管理部门举报，市场监督管理部门接到举报后应当及时处理。

行业组织应当加强行业自律，引导、规范会员依法合规竞争。

第六条 平台经营者应当加强对平台内竞争行为的规范管理，发现平台内经营者采取不正当竞争方式，违法销售商品、提供服务，或者侵害消费者合法权益的行为，应当及时采取必要的处置措施，保存有关记录，并按规定向平台经营者住所地县级以上市场监督管理部门报告。记录保存时间自作出处置措施之日起计算，不少于三年。

第二章 网络不正当竞争行为

第七条 经营者不得利用网络实施下列混淆行为，引人误以为是他人商品（本规定所称商品包括服务）或者与他人存在特定联系：

（一）擅自使用与他人有一定影响的域名主体部分、网站名称、网页等相同或者近似的标识；

（二）擅自将他人有一定影响的商品名称、企业名称（包括简称、字号等）、社会组织名称（包括简称等）、姓名（包括笔名、艺名、译名等）作为域名主体部分等网络经营活动标识；

（三）擅自使用与他人有一定影响的应用软件、网店、客户端、小程序、公众号、游戏界面等的页面设计、名称、图标、形状等相同或者近似的标识；

（四）擅自使用他人有一定影响的网络代称、网络符号、网络简称等标识；

（五）生产销售足以引人误认为是他人商品或者与他人存在特定联系的商品；

（六）通过提供网络经营场所等便利条件，与其他经营者共同实施混淆行为；

（七）其他利用网络实施的足以引人误认为是他人商品或者与他人存在特定联系的混淆行为。

擅自将他人有一定影响的商业标识设置为搜索关键词，足以引人误认为是他人商品或者与他人存在特定联系的，属于前款规定的混淆行为。

第八条　经营者不得采取下列方式，对商品生产经营主体以及商品性能、功能、质量、来源、曾获荣誉、资格资质等作虚假或者引人误解的商业宣传，欺骗、误导消费者或者相关公众：

（一）通过网站、客户端、小程序、公众号等进行展示、演示、说明、解释、推介或者文字标注；

（二）通过直播、平台推荐、网络文案等方式，实施商业营销活动；

（三）通过热搜、热评、热转、榜单等方式，实施商业营销活动；

（四）其他虚假或者引人误解的商业宣传。

经营者不得帮助其他经营者实施前款虚假或者引人误解的商业宣传行为。

第九条　经营者不得实施下列行为，对商品生产经营主体以及商品销售状况、交易信息、经营数据、用户评价等作虚假或者引人误解的商业宣传，欺骗、误导消费者或者相关公众：

（一）虚假交易、虚假排名；

（二）虚构交易额、成交量、预约量等与经营有关的数据信息；

（三）采用谎称现货、虚构预订、虚假抢购等方式进行营销；

（四）编造用户评价，或者采用误导性展示等方式隐匿差评、将好评前置、差评后置、不显著区分不同商品的评价等；

（五）以返现、红包、卡券等方式利诱用户作出指定好评、点赞、定向投票等互动行为；

（六）虚构收藏量、点击量、关注量、点赞量、阅读量、订阅量、转发量等流量数据；

（七）虚构投票量、收听量、观看量、播放量、票房、收视率等互动数据；

（八）虚构升学率、考试通过率、就业率等教育培训效果；

（九）采用伪造口碑、炮制话题、制造虚假舆论热点、虚构网络就业者收入等方式进行营销；

（十）其他虚假或者引人误解的商业宣传行为。

经营者不得通过组织虚假交易、组织虚假排名等方式,帮助其他经营者实施前款虚假或者引人误解的商业宣传行为。

第十条 经营者不得采用财物或者其他手段,贿赂平台工作人员、对交易有影响的单位或者个人,以谋取交易机会或者在流量、排名、跟帖服务等方面的竞争优势。

前款所称的财物,包括现金、物品、网络虚拟财产以及礼券、基金、股份、债务免除等其他财产权益。

第十一条 经营者不得利用网络编造、传播虚假信息或者误导性信息,实施下列损害或者可能损害竞争对手的商业信誉、商品声誉的行为:

(一)组织、指使他人对竞争对手的商品进行恶意评价;

(二)利用或者组织、指使他人通过网络散布虚假或者误导性信息;

(三)利用网络传播含有虚假或者误导性信息的风险提示、告客户书、警告函或者举报信等;

(四)其他编造、传播虚假或者误导性信息,损害竞争对手商业信誉、商品声誉的行为。

客户端、小程序、公众号运营者以及提供跟帖评论服务的组织或者个人,不得故意与经营者共同实施前款行为。

本条所称的商业信誉,是指经营者在商业活动中的信用和名誉,包括相关公众对该经营者的资信状况、商业道德、技术水平、经济实力等方面的评价。

本条所称的商品声誉,是指商品在质量、品牌等方面的美誉度和知名度。

第十二条 经营者不得利用互联网、大数据、算法等技术手段,通过影响用户选择或者其他方式,实施流量劫持、干扰、恶意不兼容等行为,妨碍、破坏其他经营者合法提供的网络产品或者服务正常运行。

前款所称的影响用户选择,包括违背用户意愿和选择权、增加操作复杂性、破坏使用连贯性等。

判定是否构成第一款规定的不正当竞争行为,应当充分考虑是否有利于技术创新和行业发展等因素。

第十三条 未经其他经营者同意,经营者不得利用技术手段,实施下列插入链接或者强制进行目标跳转等行为,妨碍、破坏其他经营者合法提供的网络产品或者服务正常运行:

(一)在其他经营者合法提供的网络产品或者服务中,插入跳转链接、嵌入自己或者他人的产品或者服务;

(二)利用关键词联想、设置虚假操作选项等方式,设置指向自身产品或者服务的链接,欺骗或者误导用户点击;

(三)其他插入链接或者强制进行目标跳转的行为。

第十四条 经营者不得利用技术手段,误导、欺骗、强迫用户修改、关闭、卸载其他经营者合法提供的设备、功能或者其他程序等网络产品或者服务。

第十五条 经营者不得利用技术手段,恶意对其他经营者合法提供的网络产品或者服务实施不兼容。

判定经营者是否恶意对其他经营者合法提供的网络产品或者服务实施不兼容,可以综合考虑以下因素：

（一）是否知道或者应当知道不兼容行为会妨碍、破坏其他经营者合法提供的网络产品或者服务正常运行；

（二）不兼容行为是否影响其他经营者合法提供的网络产品或者服务正常运行，是否影响网络生态开放共享；

（三）不兼容行为是否针对特定对象，是否违反公平、合理、无歧视原则；

（四）不兼容行为对消费者、使用该网络产品或者服务的第三方经营者合法权益以及社会公共利益的影响；

（五）不兼容行为是否符合行业惯例、从业规范、自律公约等；

（六）不兼容行为是否导致其他经营者合法提供的网络产品或者服务成本不合理增加；

（七）是否有正当理由。

第十六条　经营者不得利用技术手段，直接、组织或者通过第三方实施以下行为，妨碍、破坏其他经营者合法提供的网络产品或者服务正常运行：

（一）故意在短期内与其他经营者发生大规模、高频次交易，或者给予好评等，使其他经营者受到搜索降权、降低信用等级、商品下架、断开链接、停止服务等处置；

（二）恶意在短期内批量拍下商品不付款；

（三）恶意批量购买后退货或者拒绝收货等。

第十七条　经营者不得针对特定经营者，拦截、屏蔽其合法提供的信息内容以及页面，妨碍、破坏其他经营者合法提供的网络产品或者服务正常运行，扰乱市场公平竞争秩序。拦截、屏蔽非法信息，频繁弹出干扰用户正常使用的信息以及不提供关闭方式的漂浮视窗等除外。

第十八条　经营者不得利用技术手段，通过影响用户选择、限流、屏蔽、搜索降权、商品下架等方式，干扰其他经营者之间的正常交易，妨碍、破坏其他经营者合法提供的网络产品或者服务的正常运行，扰乱市场公平竞争秩序。

经营者不得利用技术手段，通过限制交易对象、销售区域或者时间、参与促销推广活动等，影响其他经营者的经营选择，妨碍、破坏交易相对方合法提供的网络产品或者服务的正常运行，扰乱市场公平交易秩序。

第十九条　经营者不得利用技术手段，非法获取、使用其他经营者合法持有的数据，妨碍、破坏其他经营者合法提供的网络产品或者服务的正常运行，扰乱市场公平竞争秩序。

第二十条　经营者不得利用技术手段，对条件相同的交易相对方不合理地提供不同的交易条件，侵害交易相对方的选择权、公平交易权等，妨碍、破坏其他经营者合法提供的网络产品或者服务正常运行，扰乱市场公平交易秩序。

以下情形不属于前款规定的不正当竞争行为：

（一）根据交易相对人实际需求且符合正当的交易习惯和行业惯例，实行不同交易条件；

（二）针对新用户在合理期限内开展的优惠活动；

（三）基于公平、合理、无歧视的规则实施的随机性交易。

第二十一条　经营者不得利用技术手段，通过下列方式，实施妨碍、破坏其他经营者合法提供的网络产品或者服务正常运行的行为：

（一）违背用户意愿下载、安装、运行应用程序；

（二）无正当理由，对其他经营者合法提供的网络产品或者服务实施拦截、拖延审查、下架，以及其他干扰下载、安装、运行、更新、传播等行为；

（三）对相关设备运行非必需的应用程序不提供卸载功能或者对应用程序卸载设置不合理障碍；

（四）无正当理由，对其他经营者合法提供的网络产品或者服务，实施搜索降权、限制服务内容、调整搜索结果的自然排序等行为；

（五）其他妨碍、破坏其他经营者合法提供的网络产品或者服务正常运行的行为。

第二十二条　经营者不得违反本规定，实施其他网络不正当竞争行为，扰乱市场竞争秩序，影响市场公平交易，损害其他经营者或者消费者合法权益。

第二十三条　具有竞争优势的平台经营者没有正当理由，不得利用技术手段，滥用后台交易数据、流量等信息优势以及管理规则，通过屏蔽第三方经营信息、不正当干扰商品展示顺序等方式，妨碍、破坏其他经营者合法提供的网络产品或者服务正常运行，扰乱市场公平竞争秩序。

第二十四条　平台经营者不得利用服务协议、交易规则等手段，对平台内经营者在平台内的交易、交易价格以及与其他经营者的交易等进行不合理限制或者附加不合理条件。主要包括以下情形：

（一）强制平台内经营者签订排他性协议；

（二）对商品的价格、销售对象、销售区域或者销售时间进行不合理的限制；

（三）不合理设定扣取保证金，削减补贴、优惠和流量资源等限制；

（四）利用服务协议、交易规则对平台内经营者的交易进行其他不合理限制或者附加不合理条件。

第二十五条　平台经营者应当在服务协议、交易规则中公平合理确定收费标准，不得违背商业道德、行业惯例，向平台内经营者收取不合理的服务费用。

第二十六条　判定构成妨碍、破坏其他经营者合法提供的网络产品或者服务正常运行，可以综合考虑下列因素：

（一）其他经营者合法提供的网络产品或者服务是否无法正常使用；

（二）其他经营者合法提供的网络产品或者服务是否无法正常下载、安装、更新或者卸载；

（三）其他经营者合法提供的网络产品或者服务成本是否不合理增加；

（四）其他经营者合法提供的网络产品或者服务的用户或者访问量是否不合理减少；

（五）用户合法利益是否遭受损失，或者用户体验和满意度是否下降；

（六）行为频次、持续时间；

（七）行为影响的地域范围、时间范围等；

（八）是否利用其他经营者的网络产品或者服务牟取不正当利益。

第三章　监 督 检 查

第二十七条　对网络不正当竞争案件的管辖适用《市场监督管理行政处罚程序规定》。

网络不正当竞争行为举报较为集中,或者引发严重后果或者其他不良影响的,可以由实际经营地、违法结果发生地的设区的市级以上地方市场监督管理部门管辖。

第二十八条　市场监督管理部门应当加强对网络不正当竞争行为的监测,发现违法行为的,依法予以查处。

市场监督管理部门在查办网络不正当竞争案件过程中,被调查的经营者、利害关系人及其他有关单位、个人应当如实提供有关资料或者情况,不得伪造、销毁涉案数据以及相关资料,不得妨害市场监督管理部门依法履行职责,不得拒绝、阻碍调查。

第二十九条　市场监督管理部门基于案件办理的需要,可以委托第三方专业机构对与案件相关的电子证据进行取证、固定,对财务数据进行审计。

第三十条　对于新型、疑难案件,市场监督管理部门可以委派专家观察员参与协助调查。专家观察员可以依据自身专业知识、业务技能、实践经验等,对经营者的竞争行为是否有促进创新、提高效率、保护消费者合法权益等正当理由提出建议。

第三十一条　市场监督管理部门及其工作人员、第三方专业机构、专家观察员等对参与调查过程中知悉的商业秘密负有保密义务。

市场监督管理部门的工作人员滥用职权、玩忽职守、徇私舞弊或者泄露调查过程中知悉的商业秘密的,依法给予处分。

第四章　法 律 责 任

第三十二条　平台经营者违反本规定第六条,未按规定保存信息,或者对平台内经营者侵害消费者合法权益行为未采取必要措施的,由市场监督管理部门依照电子商务法第八十条、第八十三条的规定处罚。

第三十三条　经营者违反本规定第七条的,由市场监督管理部门依照反不正当竞争法第十八条的规定处罚。

第三十四条　经营者违反本规定第八条、第九条的,由市场监督管理部门依照反不正当竞争法第二十条的规定处罚。

第三十五条　经营者违反本规定第十条的,由市场监督管理部门依照反不正当竞争法第十九条的规定处罚。

第三十六条　经营者违反本规定第十一条的,由市场监督管理部门依照反不正当竞争法第二十三条的规定处罚。

第三十七条　经营者违反本规定第十二条至第二十三条,妨害、破坏其他经营者合法提供的网络产品或者服务正常运行的,由市场监督管理部门依照反不正当竞争法第二十四条的规定处罚。

第三十八条　平台经营者违反本规定第二十四条、第二十五条的,由市场监督管理部门依照电子商务法第八十二条的规定处罚。

第三十九条　经营者违反本规定第二十八条的,由市场监督管理部门依照反不正当竞争法第二十八条的规定处罚。

第四十条　法律、行政法规对网络不正当竞争行为的查处另有规定的,依照其规定。

经营者利用网络排除、限制竞争,构成垄断行为的,依照《中华人民共和国反垄断法》处理。

第四十一条　经营者违反本规定,有违法所得的,依照《中华人民共和国行政处罚法》第二十八条的规定,除依法应当退赔的外,应当予以没收。

第四十二条　违反本规定涉嫌构成犯罪,依法需要追究刑事责任的,市场监督管理部门应当按照有关规定及时将案件移送公安机关处理。

第五章　附　　则

第四十三条　本规定自 2024 年 9 月 1 日起施行。

参 考 文 献

[1] 刘祖强.商业伦理道德建设视域下的食品安全问题探究:评《食品安全问题及其治理研究》[J].食品安全质量检测学报,2023,14(19):325.

[2] 鲁美娟,陈珊珊,温欣.思政元素融入会计专业学位研究生课程教学探究:以"商业伦理与会计职业道德"为例[J].西部素质教育,2023,9(18):5-8.

[3] 王小鑫.大数据时代中国商业伦理的困境及对策研究[J].江苏商论,2023(9):3-8.

[4] 徐井柱,冷姝,李妍.中国式商业伦理价值认同及现代治理[J].中国外资,2023(14):102-104.

[5] 鲁美娟,温欣,陈珊珊.财会专业课程思政教学改革探索:以商业伦理与会计职业道德为例[J].现代商贸工业,2023,44(16):174-176.

[6] 龚丽佳.课程思政融入商业伦理通识课教学全过程的研究[J].产业与科技论坛,2023,22(12):149-150.

[7] 姜昕,李晶.落实立德树人背景下商业伦理课程教学研究[J].老字号品牌营销,2023(10):175-177.

[8] 李垚.电商行业"直播带货"的商业伦理体系构建:以辛巴糖水燕窝事件为例[J].产业创新研究,2023(9):100-102.

[9] 朱峰.本质上是商业伦理与商业利益的冲突评《执业药师的"两难选择"》[J].中国药店,2023(5):13.

[10] 曹宽.文书视域下的清水江流域商业伦理研究[D].贵阳:贵州师范大学,2023.

[11] 王媛媛.商科大学生商业伦理教育现状与发展对策研究:以西安翻译学院为例[J].成才,2023(8):35-36.

[12] 郎一峰.商业伦理、会计职业道德培育与企业治理效率关系研究[J].中国管理信息化,2023,26(8):146-148.

[13] 周宇莹.疫情下海底捞商业伦理行为分析[J].现代商贸工业,2023,44(9):67-70.

[14] 陈志宏.基于商业伦理视角的"海天味业"双标门事件的案例分析[J].经济师,2023(4):58-59.

[15] 叶陈毅.会计信用文化视域下的现代商业伦理研究:内涵、机理与路径[J].会计之友,2023(7):2-10.

[16] 赵忠威.浅谈商业伦理在航材管理中的应用[J].民航管理,2023(3):77-81.

[17] 孙令怡.基于商业伦理与会计职业道德视角 A 公司财务舞弊分析研究[J].中外企业文化,2023(1):52-54.

[18] 李鹏辉,王明康,吴文娟.商业伦理视角下的食品安全问题[J].食品工业,2023,44

(1):325-329.

[19] 靳瑞祺,刘静.欣泰电气企业商业伦理问题研究[J].现代商业,2023(1):189-192.

[20] 刘胜辉,曾丽,谢紫文.商业伦理嵌入"一流"财会审专业课程思政教育路径研究[J].商业会计,2022(22):116-119.

[21] 周祖城.高校企业社会责任与商业伦理教育形成健康发展态势[J].可持续发展经济导刊,2022(增刊2):105-107.

[22] 罗一民.张謇商业伦理观的五大内核[J].宏德学刊,2022(2):293-298.

[23] 林红珍,万泳辰.关于Q公司霸王合同的商业伦理及法律问题探索:以L计划为例[J].武汉冶金管理干部学院学报,2022,32(3):29-32.

[24] 叶超琼.论商业伦理文化和企业社会责任文献综述[J].河北企业,2022(9):118-120.

[25] 高利芳,曲晓辉.商业伦理与职业道德高等教育的调查与反思[J].财会月刊,2022(16):52-59.

[26] 韩盼盼,杨思瑞.基于舞弊三角理论的商业伦理与道德风险治理探究:以瑞幸咖啡为例[J].西部财会,2022(6):43-46.

[27] 刘森森.《屠场》中的商业伦理分析[D].无锡:江南大学,2022.

[28] 郑琳琳.互联网+时代的商业伦理课程教育研究[J].福建电脑,2022,38(5):43-46.

[29] 邹斌,宋京津.PBL法下思政元素融入专业课堂设计:以MPAcc《商业伦理与会计职业道德》课程为例[J].绿色财会,2022(5):52-56.

[30] 白灿.生态圈商业伦理指标体系研究[D].太原:太原科技大学,2022.

[31] 时亚男.商业伦理视角下电商平台治理研究:以淘宝天猫平台为例[D].长春:吉林大学,2022.

[32] 蒋明.《从19世纪至今的商业伦理:经济学家的观点》(第八章)英汉翻译实践报告[D].烟台:鲁东大学,2022.

[33] 袁梅.基于金正大财务造假案的商业伦理与会计职业道德分析[J].会计师,2022(8):38-40.

[34] 陈宏辉,杨嘉诚.构建意义驱动的数字时代商业伦理:服务主导逻辑的视角[J].清华管理评论,2022(4):62-70.

[35] 王亚.理查德·鲍尔斯《赢利》中的商业伦理研究[D].大连:大连外国语大学,2022.

[36] 邓欣宇,吴瑕,何捷,等.科研服务型企业商业伦理决策研究:基于江西中洪博元生物技术有限公司案例[J].投资与合作,2022(3):110-112.

[37] 马旭军,白灿,王立君.中西方文化视域下的商业伦理指标体系研究[J].经济问题,2022(3):90-94.

[38] 高梦雅.要重视企业会计信息失真背景下的商业伦理及职业道德建设[J].企业观察家,2022(2):84-86.

[39] 管彤,顾天竹,耿睿.商业伦理视角下的外卖行业食品安全问题[J].财富时代,2022(1):222-224.

[40] 李柯萱,秦茵.中国商业伦理重塑研究[J].南宁师范大学学报(哲学社会科学版),

2022,43(1):121-124.

[41] 张莉,韩玺,闫泽斌.商学院引入《商业伦理》课程的意义与建议:以广东财经大学为例
[J].创新创业理论研究与实践,2022,5(1):80-82.

[42] 于艳红,张文阳.经管类大学生商业伦理教育现状及对策研究[J].投资与合作,2021
(12):213-214.

[43] 武坤泽.商业伦理视角下的消费者数据保护问题研究[J].商场现代化,2021(23):
20-22.

[44] 应益华."三全育人"视域下商学院商业伦理教育与课程思政融合研究[J].教育观察,
2021,10(46):64-68.

[45] 马思源.瑞幸咖啡商业伦理与社会责任分析[J].中国管理信息化,2021,24(23):
20-21.

[46] 傅守祥,金添靓.论莎剧经典《威尼斯商人》的基督教商业伦理[J].浙江艺术职业学院
学报,2021,19(4):117-123.

[47] 莫艺璇,曾美怡,曾月香.《巴比特》的商业伦理批评解读[J].今古文创,2021(44):
4-6.

[48] 陈茂泽.杜维明对当代儒家商业伦理的建构:一个精神人文主义的视角[J].石河子大
学学报(哲学社会科学版),2021,35(5):56-64.

[49] 吴捕快.问道商业伦理[J].董事会,2021(增刊2):35-39.

[50] 戚啸艳,杨兴月,胡明,等.商业伦理与社会责任[M].南京:东南大学出版社,2021.

[51] 周国华.新商业伦理和文化的变革[J].中外企业文化,2021(9):11-14.

[52] 王海洋,伍旭中.明清时期鲁商与徽商商业伦理的相似性及新时代启示[J].合肥师范
学院学报,2021,39(5):38-42.

[53] 罗文萱.公司治理中的商业伦理:基于瑞幸财务舞弊的案例分析[J].新会计,2021
(9):32-37.

[54] 李万琦.浅谈电商大战中的商业伦理问题[J].现代营销(经营版),2021(9):108-109.

[55] 张鑫.古典经济学视域下奥斯丁小说《桑迪顿》中的经济叙事与商业伦理[J].常州工
学院学报(社科版),2021,39(4):65-68.

[56] 高鹤,翟梓琪.专业课程与课程思政相结合取得新突破[N].中国会计报,2021-08-
27(11).

[57] 穆冬枚.商业伦理与会计诚信[J].商业观察,2021(22):35-37.

[58] 张严严,郭志文,赵琳.大学生商业伦理敏感性调查[J].市场周刊,2021,34(8):147-149.

[59] 钱小军.以可持续发展引领我国商业伦理实践[J].可持续发展经济导刊,2021(增刊
2):99-100.

[60] 胡鹏林.云游戏的源流、运营机制与商业伦理[J].同济大学学报(社会科学版),2021,
32(3):65-72.

[61] 汪美林,章洁倩.关于会计政策选择的商业伦理与会计职业道德思考[J].中国集体经
济,2021(19):135-136.

[62] 陈依凡.卡里尔·邱吉尔戏剧中的商业伦理研究[D].桂林:广西师范大学,2021.

[63] 王岚,孙凡.商业伦理角度下网购消费者数据保护问题研究[J].中国储运,2021(6):203-204.

[64] 蔡军,郭媚.浅谈蚂蚁金服事件中存在的商业伦理问题[J].现代商业,2021(15):10-12.

[65] 王亚,刘丹.理查德·鲍尔斯《赢利》中的景观隐喻与商业伦理[J].新纪实,2021(15):63-66.

[66] 孙波.电商行业亟须重建商业伦理[N].深圳商报,2021-05-26(A01).

[67] 宋京津.数字经济时代MPAcc专业课程教学改革探索:以PBL法在商业伦理与会计职业道德课程教学中的运用为例[J].商业会计,2021(9):113-116.

[68] 龚驰航.晋商商业伦理观研究[D].乌鲁木齐:新疆师范大学,2021.

[69] 宋宁宁.互联网时代企业盈余管理的商业伦理与会计职业道德思考:以康美药业盈余管理为例[J].今日财富(中国知识产权),2021(4):133-134.

[70] 彭瑶,赵诗宇.藏格控股财务造假分析:基于商业伦理的视角[J].绿色财会,2021(4):26-29.

[71] 杨慧丹.上市公司财务造假事件研究:基于商业伦理与会计职业道德的视角[J].投资与合作,2021(3):64-65.

[72] 蒋诗语,付雨凡.直播带货视角下的商业伦理研究[J].现代营销(下旬刊),2021(3):170-172.

[73] 陈白.坚守商业伦理是个人信息保护第一防线[N].经济观察报,2021-03-08(008).

[74] 李璐瑶.新兴媒体产业商业伦理问题探讨:由新浪微博热搜榜整改事件引发的思考[J].中国集体经济,2021(7):105-106.

[75] 王璟珉,张晴.倡导商业价值塑造注重社会责任树立:"商业伦理"(双语)课程思政建设探索[J].山东教育(高教),2020(12):34-35.

[76] 杨兴月,高凯丽.商业伦理教育融入高校经管类人才培养的思考[J].商业经济,2020(12):74-76.

[77] 黄嫱.微文化视域下传统商业伦理的传播与传承[J].山东工商学院学报,2020,34(6):10-17.

[78] 本刊编辑部.会计职业道德研究重大创新:《商业伦理与会计职业道德》研究概要与学者评价[J].新会计,2020(12):6-13.

[79] 施若,高潇淋."万福生科财务造假"案例分析:基于商业伦理与职业道德角度[J].中国管理信息化,2020,23(21):10-11.

[80] 朱道辉,刘彤.不良资产处置中的商业伦理及道德风险研究[J].现代商业,2020(30):73-75.

[81] 李璇.J集团借壳上市信息披露违规研究:基于商业伦理与会计职业道德的视角[J].北方经贸,2020(10):83-85.

[82] 宋函璟.有关盈余管理的商业伦理与会计职业道德思考:以ST百特盈余管理为例[J].广西质量监督导报,2020(9):129-130.

［83］ 张建华.高职商科专业融入商业伦理价值观教育的思考［J］.花炮科技与市场,2020,26(3):149.

［84］ 刘英杰,田雨.晋商乔氏家训商业伦理思想向度及其当代价值［J］.晋阳学刊,2020(4):125-130.

［85］ 周璐.论我国商学院商业伦理教育目标体系的构建［J］.大陆桥视野,2020(7):119-121.

［86］ 韩凤侠.商业伦理与企业生命力［J］.上海企业,2020(6):81-83.

［87］ 郑磊,于梦晓,张乐凡.大数据下的商业伦理:电商不诚信行为分析［J］.东北财经大学学报,2020(3):90-97.

［88］ 张苗苗.基于商业伦理的企业文化建设现状与对策:以知识产权企业为例［J］.现代企业,2020(3):120-121.

［89］ 胡莹莹.试论文化企业的商业伦理与社会责任［J］.营销界,2020(7):55-56.

［90］ 岳庆平.评《新时代中国商业伦理精神》［J］.商业经济,2020(1):195-196.

［91］ 黄滨,聂薇.商业伦理的追求与迷失:从商业伦理视角看《威尼斯商人》和《黑暗的心》［J］.长江大学学报(社会科学版),2020,43(1):86-90.

［92］ 岑长庆.论中华优秀传统文化对商业伦理建设的重要指导作用［J］.才智,2019(36):3.

［93］ 房秀丽,朱祥龙.论儒家"诚信"观对建构现代商业伦理的启示［J］.山东工商学院学报,2020,34(2):5-12.

［94］ 张冬梅.高校通识课堂融入社会主义核心价值观的教学模式探索:以《商业伦理》为例［J］.赤峰学院学报(汉文哲学社会科学版),2019,40(11):145-147.

［95］ 周书令.社交媒体应用对商业伦理教育效果的影响机制研究［D］.天津:天津大学,2019.

［96］ 韩林涛.语言产业视阈下翻译技术商业伦理的基本原则［J］.上海翻译,2019(5):52-57.

［97］ 胡慧莲.论传统道德与企业家的行为规范:评《新时代中国商业伦理精神》［J］.山西农经,2019(17):146.

［98］ 张艳琴.浅析企业社会责任与商业伦理的重建［J］.市场论坛,2019(9):48-50.

［99］ 段毅.商贸类高职院校商业伦理教育效果评价研究［J］.营销界,2019(34):252-253.

［100］ 张津琛.商业伦理与企业发展:以海尔集团为例［J］.中国市场,2019(23):95-96.

［101］ 黄明.关于管理层财务舞弊的商业伦理探讨:以辉山乳业为例［J］.金融经济,2019(14):133-134.

［102］ 曲洪,刘富丽.利用"雨课堂"有效引导学生建立正确商业伦理观:以"商务英语阅读"为例［J］.科教导刊(下旬),2019(21):88-90.

［103］ 王刚.我国商业伦理的现状研究［J］.淮海工学院学报(人文社会科学版),2019,17(7):102-104.

［104］ 武利珍,张晋光.试论晋商商业伦理对城市文明建设的作用［J］.山西财政税务专科学校学报,2019,21(3):45-48.

［105］ 陈忠海.中国古代的商业伦理观［J］.中国发展观察,2019(12):63-64.

［106］ 沈敏荣.现代商业与"善的艺术":现代商业伦理的构造分析［J］.兰州学刊,2019(6):

20－28.

[107] 徐颖.道德认同路径下商业伦理课程对企业管理人员道德表现提升作用的研究[D].上海:上海外国语大学,2019.

[108] 武美仙.基于利益相关者理论的网约车商业伦理问题及对策研究[D].太原:太原理工大学,2019.

[109] 魏志远,李园.明代商业伦理的建构:以明代商书为例[J].历史教学问题,2019(2):24－32.

[110] 冯慧."犹太价值观对商业伦理及职业选择的影响"翻译实践报告[D].重庆:四川外国语大学,2019.

[111] 郭艾林.商业伦理与会计职业道德在新技术下的影响[J].商讯,2019(9):182.

[112] 郭立新.商业伦理、品牌责任与企业合规管理[J].销售与市场(营销版),2019(2):46－49.

[113] 胡顺杰.论"三言"商贾小说中的商业伦理[J].泉州师范学院学报,2019,37(1):73－77.

[114] 安军普.浅谈商业伦理与市场经济条件的适配性问题[J].环渤海经济瞭望,2019(2):33－34.

[115] 陆赟.生态危机与社会责任:乔纳森·弗兰岑《强震》中的商业伦理[J].江苏理工学院学报,2019,25(1):28－33.

[116] 赵南迪.古代商业伦理对当今企业经营的启示[J].广西质量监督导报,2019(1):76－77.

[117] 刘彦麟.浅谈企业建立正确的商业伦理道德的重要性[J].现代营销(下旬刊),2019(1):22.

[118] 施国强,王娜,吴蓉娟,等.商业伦理教育运用于高校课程思政工作的实践研究[J].高教学刊,2019(2):176－178.

[119] 章景然,张晓华.宗教商业伦理的实践价值:以近代早期贵格会为例[J].宗教与美国社会,2018,18(1):85－101.

[120] 蔡鑫.弘扬企业家精神推动高质量发展:浅谈新时代商业伦理对企业家的要求[J].中国商论,2018(36):174－175.

[121] 周钰婷,陈一雷.商业伦理与"美国优先":马梅特的戏剧带给人们的警示[J].南京工程学院学报(社会科学版),2018,18(4):34－38.

[122] 李军,张运毅.基于儒商文化视角构建新时代商业伦理探析[J].东岳论丛,2018,39(12):178－184

[123] 耿焕丽.商业伦理视角下的我国食品安全问题研究[D].青岛:青岛大学,2018.

[124] 刘建准,王春玲.基于案例分析法的商业伦理与企业社会责任课程设计研究[J].教育教学论坛,2018(47):53－54.

[125] 王利华."微商兴起"引发的商业伦理问题及对策[J].大众投资指南,2018(22):25－26.

[126] 张晴,王璟珉,夏兆敏,等.翻转课堂在《商业伦理》双语课中的应用分析[J].教育教学论坛,2018(46):190-191.

[127] 焦玉琴.江西万寿宫与净明道商业伦理[J].世界宗教研究,2018(5):116-123.

[128] 王晓岭.研究型教学建设探析:以商业伦理与社会责任课程为例[J].经济师,2018(10):204-206.

[129] 王刚.我国商业伦理的缺失与重建研究[J].广西质量监督导报,2018(9):15.

[130] 桂从路.塑造良好商业伦理,才是最好公关[J].作文与考试,2018(26):7-8.

[131] 黄岚.商业伦理判断中的外语效应研究[D].成都:西南财经大学,2018.

[132] 李锋.商业伦理批评:美国文学研究的新视角[J].外国语文研究,2018,4(1):33-40.

[133] 姚玲.基于商业伦理价值观的高职商科课程体系构建[J].海峡科技与产业,2018,31(2):115-117.

[134] 耿聃聃.概念整合视角下的语义空白填补汉译实践报告:以《21世纪商业伦理》(节选)为例[D].沈阳:沈阳理工大学,2018.

[135] 陈诗萌.基于晋商商业伦理的我国现代商业伦理体系构建[J].中外企业家,2017(32):48.

[136] 范征.高职商科专业融入商业伦理价值观教育的思考[J].中外企业家,2017(30):183-184.

[137] 严品.浅析现代商业伦理规范的建设策略[J].中国高新区,2017(19):197.

[138] 赵益.16至18世纪通俗小说中的商业伦理和社会伦理建设[J].社会科学文摘,2017(9):114-116.

[139] 胡晨虹.浅析晋商商业伦理[J].今日财富,2017(18):63-64.

[140] 刘文书,陶怡佳,陈倩.当代企业管理中的商业伦理问题分析[J].现代商贸工业,2017(26):117-118

[141] 赵军,李娜娜.商业伦理与企业家刑事法律风险控制:基于两例个案研究[J].净月学刊,2017(5):12-19.

[142] 王堃.从生活儒学到儒家商业伦理的诗性构建[J].当代儒学,2017(1):432-434.

[143] 郭伟.利他主义:保障市场经济良性发展的基本行为准则和商业伦理规范:论市场经济体制对个体经济行为模式的基本约束条件[J].科学与管理,2017,37(4):74-78.

[144] 本刊编辑部.2017年全国会计案例与商业伦理研讨会举行[J].会计之友,2017(15):137.

[145] 李瑞玉.我国企业商业伦理的思考[J].全国流通经济,2017(19):8-9.

[146] 陈国营.基于中国传统文化的商业伦理困境破解策略研究[J].中国商论,2017(15):179-181.

[147] 刘从舟.传统儒家伦理与现代商业伦理[J].商业文化,2017(17):9-19.

[148] 章金萍,陈亮.商业伦理教育与研究[M].北京:中国人民大学出版社,2017.

[149] 王堃.中国商业伦理的形成与发展[J].人民论坛,2017(13):142-143.

[150] 肖岳峰,林琳.企业商业伦理的定量研究[J].财会通讯,2017(11):75-78.

[151] 钟美玲.马克思商业伦理思想及其时代价值研究:基于电子商务视角[D].福州:福建师范大学,2017.

[152] 陆晓禾.信誉楼:中国本土商业伦理的实践样本[J].伦理学研究,2017(2):1-5.

[153] 史超.商业伦理的博弈论分析:以食品生产企业为例[J].时代金融,2017(5):150-151.

[154] 高全喜.传统儒家商业伦理如何应对现代性的挑战?[J].天府新论,2017(1):147-153.

[155] 王广.《像丽思酒店一样大的钻石》之商业伦理叙事[J].广东外语外贸大学学报,2017,28(1):45-50.

[156] 刘迪.儒商与中国传统商业伦理[N].文汇报,2017-01-20(W09).

[157] 肖岳峰,林琳.我国企业商业伦理的会计核算评价:以 TZG 公司为例[J].会计之友,2017(1):57-60.

[158] 李少威.秦朔在全球视野下重塑中国商业伦理[J].南风窗,2016(26):38-40.

[159] 董然,田雪枫,李泰丰.文化企业的商业伦理与社会责任[J].科技创业月刊,2016,29(23):39-40.

[160] 肖岳峰,林琳.企业商业伦理会计核算初探[J].财会月刊,2016(29):38-41.

[161] 薛勇民,王晋丽.明清时期儒家伦理视域下的商业伦理初探:以晋徽商为例[J].兰州学刊,2016(10):124-129.

[162] 李光,姚玉秀.晋商业伦理道德对现代职业教育的启示[J].河北大学成人教育学院学报,2016,18(3):49-52.

[163] 张路旎.浅谈"微商"的商业伦理[J].时代金融,2016(26):196-197.

[164] 王莫辞.新技术呼唤新商业伦理[J].走向世界,2016(39):112.

[165] 张超,杜鸣皓.百度的阿喀琉斯之踵:公众公司与商业伦理[J].中国品牌,2016(9):45-47.

[166] 房清江."因恶获益"令商业伦理一地鸡毛[N].中国商报,2016-09-06(02).

[167] 刘艳.从道德角度论我国高等院校商业伦理教育的必要性[J].高教探索,2016(增刊1):15-16.

[168] 徐灿宇,梁丽丽.商业伦理探究:基于华锐风电财务造假的案例分析[J].新会计,2016(8):41-43.

[169] 季皓.关于商业伦理教育的几点思考[J].高教学刊,2016(14):57-58.

[170] 章凯.中西方商业伦理有何不同[J].人民论坛,2016(21):62-63.

[171] 王吉鹏.重塑商业伦理,创造新商业文明[J].时代经贸,2016,13(18):24-25.

[172] 郭会斌,李魁,陈芳丽.传统商业伦理在服务型企业的嵌入:基于六家"中华老字号"的扎根研究[J].管理案例研究与评论,2016,9(3):199-211.

[173] 刘佳飞,王丛歌.企业网络营销中的商业伦理构建[J].今日财富,2016(11):81.

[174] 吕倩.论艺术市场商业伦理的建构[J].大众文艺,2016(10):269.

[175] 朱硕婧.《中国村落的教化性景观》和《中国商业伦理发展面临的挑战》翻译项目报告[D].合肥:安徽大学,2016.

[176] 王丽,陈绍娥.商业伦理与经济利益博弈的案例解析及建议[J].商业会计,2016(7):

97 - 98.

[177] 韩建平.中国企业国际化的商业伦理建设研究:以 H.B.Fuller 公司为例[D].广州:广东外语外贸大学,2016.

[178] 陈绪江.我看中国商业伦理现实[J].商业文化,2016(8):54 - 58.

[179] 向睿力.众筹中的商业伦理道德问题探讨[J].经贸实践,2016(6):27.

[180] 周程,和鸿鹏.人工智能带来的伦理与社会挑战[J].人民论坛,2018(2):26 - 28.